처음으로
기독교인이라
불렸던
사람들

DESTROYER OF THE GODS

Copyright © 2016 by Baylor University Press, Waco, Texas 76798

All Rights Reserved. Authorized translation from the English language edition published by Baylor University Press.

All rights reserved

Korean translation copyright © 2017 by Lee&Woo Publishing Company

Korean translation rights arranged with BAYLOR UNIVERSITY PRESS through EYA(Eric Yang Agency).

이 책의 한국어판 저작권은 EYA(Eric Yang Agency)를 통한 BAYLOR UNIVERSITY PRESS사와의 독점계약으로 '주식회사 도서출판 이와우'가 소유합니다. 저작권법에 의하여 한국 내에서 보호를 받는 저작물이므로 무단전재 및 복제를 금합니다.

처음으로 기독교인이라 불렸던 사람들

기독교 본연의 모습을 찾아
떠나는 여행

래리 허타도 지음
이주만 옮김

옮긴이 **이주만**

서강대학원 영어영문과를 졸업했으며, 현재 번역가들의 모임인 (주)바른번역의 회원으로 활동 중이다. 옮긴 책으로는 『얼라이언스』, 『심플이 살린다』, 『회색 코뿔소가 온다』, 『사장의 질문』, 『다시 집으로』, 『경제학은 어떻게 내 삶을 움직이는가』, 『이루지 못한 목표의 불안이 사라지는 책』, 『나는 즐라탄이다』, 『승부의 신』, 『모방의 경제학』, 『리퀴드 리더십』, 『법은 왜 부조리한가』, 『복잡한 문제 깔끔하게 정리하기』, 『케인스를 위한 변명』, 『화폐의 심리학』, 『돈에 관한 모든 것』, 『그라운드스웰, 네티즌을 친구로 만든 기업들』 등이 있다.

처음으로 기독교인이라 불렸던 사람들
기독교 본연의 모습을 찾아 떠나는 여행

초판 1쇄 발행   2017년 9월 25일

지은이	래리 허타도
옮긴이	이주만
펴낸곳	도서출판 이와우
주소	경기도 고양시 일산동구 숲속마을 1로 29-37 서광 미르프라자 2층 211호
전화	031-901-9616
이메일	editorwoo@hotmail.com
홈페이지	www.ewawoo.com
디자인	책은우주다
인쇄·제본	(주)현문

출판등록   2013년 7월 8일 제2013-000115호

※ 일러두기 – 본 도서는 한국 독자들의 편의를 위해 원서의 구성 일부를 편집했음을 알려드립니다.
※ 정가는 뒤표지에 있습니다.
※ 이 책은 저작권법에 의하여 보호를 받는 저작물이므로 무단전재와 복제를 금합니다.
※ 잘못된 책은 구입하신 서점에서 교환해 드립니다.

ISBN 978-89-98933-25-8 (03230)

차례

서문 6

들어가는 말 10

1장   기이한 종교의 탄생 31

2장   이교도들은 기독교를 왜 위험한 종교로 봤을까 65

3장   이전에는 없었던 '책의 종교' 133

4장   새로운 삶의 법칙을 말하다 185

맺음말 241

부록 250

참고문헌 258

서문

서기 3세기까지 사람들은 초기 기독교가 독특하며 해괴하기까지 하다고 여겼다. 나는 로마 시대의 문화적 배경에서 몇 가지 요소를 중심으로 그 이유를 간단히 기술하고자 이 책을 쓰기 시작했다. 작업을 하다 보니 과거에 초기 기독교를 괴상하게 보이게 만들었던 요인들이 오늘날 현대인들이 믿는 종교의 기본 개념을 형성하고 있다는 사실을 다시 확인하게 됐다. 이 책에서는 역사적 관점에서 이 문제를 다루고자 한다. 주로 서기 3세기까지 나타난 현상에 초점을 맞출 생각인데, 이는 내가 지난 수십 년간 탐구해온 주제인 동시에 기독교 역사를 통틀어 가장 재미있고 흥미로운 시기로 여겨지기 때문이다. 초기 기독교의 특징이 이제는 (특히 현대 서구 세계에서는) 많은 사람들에게 검토할 필요도 없는 상식이 되었다는 사실을 개관하고자 한다.

학계는 물론 일반 대중 사이에도 모든 종교는 기본적으로 동일하다는 전제가 깔려 있다. 신앙과 의식에 사소한 차이가 있지만 근본적으로는 하나의 범주에 속한다고 생각한다. 여러 대학의 종교학부에서는 모두 암묵적으로 이런 생각을 대변하고 있다. 훌륭한 대학의 교재 중에서 종교를 다루는 부분을 보면 이러한 견해를 분명히 드러내는 경우가 많다. 세상의 여러 종교를 일반화하고 거기에 맞는 사례를 선별적으로 고르면 이 견해를 뒷받침하는 것도 가능하다. 하지만 시대적으로나 문화적으로 보다 폭넓게 다양한 사례를 분석해보면 이런 관점에는 오류가 있다.

일부 종교와 종교 공동체는 서로 긴밀한 유사성을 보여주기도 한다. 그리고 현대 학자들이 '종교'라고 일컫는 인간의 활동은 역사적으로 다양한 사회와 문화 속에서 비슷한 역할을 수행해왔다. 기독교를 예로 들어보자. 1500여 년의 유럽사 속에서 기독교는 제도화되었고, 대체로 기득권의 일부가 되어 협력 관계에 있는 정권의 정통성을 유지하는 데 기여했다. 요컨대 기독교는 사회 제도로 기능하면서 사회 구조를 지탱하고, 지원하고, 수호하는 역할을 맡았다. 이 같은 배경 속에서 기독교 문화가 보편화되고, 특히 유럽 학자들 사이에서는 종교라 하면 으레 사회를 통합하고 수호하는 보수적 역할을 담당한다는 견해가 주류를 형성했다.

초기 기독교의 300년 역사를 깊이 살펴보면 그러나 사뭇 다른 그림이 펼쳐진다. 실제로 이 시기에 기독교의 독특한 신앙과 구체적인 행동 강령이 형성되었는데 당시 기독교는 기득권과는 거리가 아주 멀었다. 이 흥미로운 시대에 기독교는 당시 사람들 사이에서 통용되던 종교, 경건, 정체성, 올바른 행동에 대해 도전하는 위험천만한 운동으로 비쳤으며, 그렇게 간주되었다. 고대 로마 사회에서 많은 이들은 사회 질서를 위협하는 기독교를 비종교적이고, 불경하고, 용납할 수 없는 종교 운동으로 생각했다. 초기 기독교 문서에 나타난 관점에서 봐도 기독교는 그 당시 대중이 인정하고 실천하던 대부분의 기존 종교를 자신들의 종교적인 이유로 철저하게 거부했다!

로마 시대의 문화와 가치에 들어맞지 않은 종교는 비단 초기 기독교만이 아니었다. 그러나 내가 아는 바로는 여러 종교 운동 중에서도 초기 기독교는 가장 특별하고 가장 영향력이 컸다. 이 책에서는 바로 그러한 초기 기독교의 특징을 집중적으로 다룰 것이다. 초기 기독교는 그 자체로 매력적인 주제일뿐더러, 그동안 우리가 '종교'라는 하나의 범주 아래 포함시킨 과거와 현재의 여러 현상 속에는 한데 묶일 수 없는 요소가 상당수 포함되어 있음을 보여주는 사례 연구이기도 하다. 사실 종교는 끔찍할 정도로 사악할 수 있다. 수십 년 전에 한 선배와 대화를 나눈 적이 있다. 그때 선배는 종교 간의 차이점은 극미하다고 단언했다. 모든 종교는 선하기 때문에 모두 용인하는 게 좋다는 취지였다. 나는 이렇게 대답했다. "한 마디만 하죠. 거기에 존스타운도 해당하나요?" (혹시 나이가 어려 존스타운Jonestown을 모르는 독자는 구글에서 검색해보기 바란다.) 초기 기독교와 존스타운 사이에 어떤 유사성이 있다는 의미가 아니다. 내 말의 핵심은 '종교'라는 게 그만큼 다양하다는 것이다.

백 번 듣는 것이 한 번 보는 것만 못하다고 했다. 나는 독자들을 로마 시대로 초대해 초기 기독교가 그 당시에 매우 이색적인 종교 운동이었음을 보여주려고 한다. 이 책은 전문적인 논문이 아니다. 다양한 독자들을 대상으로 기획되었고, 이 주제에 흥미를 느끼는 사람이라면 누구나 이해할 수 있게 설명하고자 노력했다.

1장부터 3장에서 소개한 기본 개념들은 홍콩의 중국신학대학원에서 했던 강의Josephine So Lectures 내용이다(2015년 1월). 홍콩에 머무는 동안 나의 편의를 봐준 친구들에게 감사하다는 말을 전하고 싶다. 3장의 핵심 논거는 글로스터셔 대학교의 국제성경해석연구소International Centre for Biblical Interpretation에서 진행했던 강연(2015년 5월), 그리고 캘거리 대학교에서 진행했던 피터 크레이기 기념 강연(2016년 1월)에서도 동일하게 다룬 바 있다. 두 대학에서 베풀어준 호의에 감사한다.

이 책의 초고를 읽고 유익한 의견을 제시했을 뿐 아니라 서지학적으로 길라잡이가 되어준 얀 브레머Jan B. Bremmer에게도 감사한다. 고대 세계에 대한 그의 지식과 연구 성과는 놀라운 수준이다. 에든버러 대학교 동기인 필리파 타운센드Philippa Townsend에게도 감사한다. 그는 2장의 일부 내용에 대해 귀중한 의견을 주었다. 또한 베일러 대학교 출판부의 케리 뉴먼Carey Newman과 그의 직원들에게 감사한다. 이 책을 출간하는 데 그들의 전문성을 유감없이 발휘하며 헌신해주었다. 이 책을 아내에게 바친다. 지난 37년간 아내와 나눈 우정은 내가 받은 지상 최고의 선물이다.

2016년 1월, 에든버러에서

들어가는 말

이른바 '기독교 이후' 시대(post-Christian age, 20세기 이후 – 옮긴이)임에도 불구하고 저 옛날 이상한 종교 운동이 어떻게 기독교로 성장했는지 그 시작에 대한 다양한 궁금증이 오늘날도 학자들을 매료시키고 있다. (…) 기독교가 태동한 초기 몇 세기에 관심을 갖는 것은 고대의 수수께끼에 대한 단순한 호기심 그 이상의 이유가 있다. 이 수수께끼를 풀어내는 과정은, 자신을 기독교인이나 종교인으로 인식하건 인식하지 않건 간에 이름 없는 소규모 예수 운동에 의해 지각 변동을 겪은 문화적 가치관에서 벗어나 사고하는 것은 불가능하다는 우리의 인식을 깨뜨린다. (웨인 믹스Wayne A. Meeks의 『기독교 도덕률의 기원 The Origins of Christian Morality』 중에서)

이 책은 우리가 망각해버린 문화적 맥락을 다룬다. 사실상 나는 두 가지 논점을 강조했는데, 하나는 과거에 대한 것이고 다른 하나는 현재에 대한 것이다. 나는 로마 시대에 초기 기독교가 유별난 종교일 수밖에 없었던 몇 가지 특징을 집중적으로 다뤘다. 당시 많은 사람들의 눈에 초기 기독교는 특이하고 기이했으며, 어떤 면에서는 위험해 보이기까지 했다. 예를 들면 기독교 운동은 로마 시대 사람들이 떠올렸을 '종교'라는 개념에 들어맞지 않았다. 로마 시대의 비평가들은 기독교를 그릇된 '미신'이라고 폄하했다.

하지만 고대 로마 시대에 많은 사람들이 이상하게 여기고 반감을 느꼈던 바로 그 초기 기독교의 특징들은 오늘날 많은 나라에서 종교를 떠올릴 때 당연하게 전제하는 요소가 되었다. 현대인은 이런 개념들이 한때—그리고 인류사라는 거대한 맥락에서 살펴보면 여전히—얼마나 특이하고 심지어 괴이한 생각으로 여겨졌는지 인식조차 하지 못할 가능성이 크다. 이뿐만 아니라 우리 중 다수는 오늘날 우리에게 상식이나 다를 바 없는 종교 개념이 로마 사회를 떠들썩하게 했던 초기 기독교 운동에서 기원했다는 사실도 알지 못할 테다. 본문에서 우리는 로마 시대로 돌아가 초기 기독교가 얼마나 독특한 종교 운동이었는지를 구체적으로 살펴볼 것이다. 그 여정을 시작하기에 앞서 '기독교'로 알려진 이 종교 운동이 어떻게 탄생했는지 간략하게 정리하고자 한다.

'기독교'의 탄생

서기 30년경에 새로운 종교 운동이 하나 등장했다. 처음에는 로마가 다스리던 유대 땅의 유대인들이 구성원이었고, 그들의 신앙과 관행의 중심에는 예수라는 사람이 있었다. 정확한 시기에 대해서는 학자들 사이에서도 의견이 분분하지만, 확실히 1세기 후반부터 외부인들에 의해 이 운동에 참여한 추종자들이 '그리스도인'으로 불리기 시작했다. 2세기경에는 이 종교 운동이 '그리스도교(기독교)'로 알려지기 시작했다. 예수는 지상에서 사는 동안 이들 추종자들에게 스승이었으며, 추종자들은 예수를 메시아Messiah 또는 메시아로 선택받은 자Messiah-designate로 여겼을 가능성이 높다. 예수가 십자가에서 처형당한 직후 추종자들 사이에서는 하나님이 예수를 죽음에서 일으켜 하늘의 영광스러운 보좌에 앉히셨으니, 예수가 메시아이자 곧 주님이라는 굳건한 확신이 생겨났다.

이 같은 확신으로 인해 예수 추종자들 사이에서는 새로운 열정이 솟아났고, 몇 년 사이에 이 종교 운동은 다마스쿠스와 안디옥(안티오크, 고대 시리아에 있던 지역) 같은 지역으로 확산되었다. 10~20년 사이에 이 운동은 현재의 터키와 그리스, 그리고 로마에 있는 여러 도시들로 전파되었고, 멀리 알렉산드리아(이집트) 같은 지역까지 전파된 것으로 보인다. 처음에는 유대인들이 시작했던 이 종교 운동은 민족을 초월해 비유대계 사람들에게도 전파되면서 과거에는 '이교도'였던 '이방인' 개종자들이 생겨났다.

이 종교 운동을 일으켰던 유대인들을 향한 비난과 반감은 초창기부터 있었다. 일부 유대인들은 그들의 전통적인 종교에 반하는 불순한 운동이라고 생각했던 모양이다. 이러한 반감으로 추종자들은 목숨을 잃기도 했다. 서기 42년경에 헤롯 아그립바(로마가 지배한 유대 땅을 다스리던 유대인 통치자)가 세베대의 아들 야고보(예수의 측근 추종자들 중 한 명, 요한의 형제)의 처형을 명한 사건이나, 서기 62년경에 예루살렘 교회의 지도자이자 예수의 형제였던 '의로운 자' 야고보가 대제사장 아나니아의 명으로 처형된 사건이 있다. 비유대계 사람(이방인)들이 다수를 차지했던 도시들에서는 주로 그 친척이나 지인 들에 의해 예수 추종자들이 빈번하게 핍박을 당했고, 일부 지역에서는 예수 운동 신봉자들을 고소해 법정에 세우는 일도 발생했다.

이 모든 사건은 초기 예수 운동이 지역을 초월해 수적으로 성장했음을 반영한다. 로마에 살던 기독교 신자들은 네로의 통치(서기 54~68년)하에서 자행된 악랄한 학살의 피해자들이 되어 여러 끔찍한 방식으로 죽임을 당했다. 당시 로마에 있던 기독교인들은 쉽게 그 정체가 눈에 띄었던 것이 틀림없다. 실제로 타키투스Tacitus는 네로 황제의 명령으로 "엄청난 수"의 기독교인들이 고발당했음을 언급했다(『연대기Annals』15권 44절).

이러한 학살이나 지방 당국의 핍박과 괴롭힘이 지속되었음에도 예수 운동은 수십 년에 걸쳐 꾸준히 성장했다. 오늘날 학자들이 자주 인용하는 추정치를 예로 들어 말하자면, 서기 40년경에 기독교인은 1000명가량이었고, 서기 100년에는 7000~1만 명가량 되었다. 서기 200년경에는 20만 명가량 되었고, 서기 300년경에는 500~600만 명이나 되었던 것으로 추정된다. 기독교인 집단 혹은 '공동체들'이 존재했던 지역을 조사한 최근 추정치에 따르면, 서기 100년경에 100여 곳이 있었고(이들 지역에는 대부분 가정집을 기반으로 성장한 공동체가 여럿 있었다), 서기 200년경에는 200~400여 곳이 있었다. 기독교 작가 터툴리안Tertullian에 따르면 3세기 초에 이르러서는 "모든 도시에서 대다수"를 차지할 만큼 기독교 신자들이 많았다고 주장했다(『스카풀라에게 보낸 편지To Scapula』 2장). 과장된 수사적 표현일지도 모르지만 그의 주장 뒤에는 그만한 근거가 있는 것으로 보인다. 기독교는 놀라울 만큼 성장했고 그 시기에 꾸준하게 증가했다.

기독교가 성장해 세간의 이목을 끌면서 기독교는 일반 시민들은 물론 로마 당국과도 지속적으로 갈등을 일으켜 관계가 악화되었다. 본문에서 살펴보겠지만 기독교인들에 대한 이교도의 지배적인 견해는 부정적이었다. 일반 대중 사이에서는 근거 없는 황당한 소문이 나돌았고, 상류층 사이에서는 기독교를 연구한 비평가들의 조롱과 비판이 무성했다. "사악한 신종 미신"은 기독교에 대한 부정적 견해를 단적으로 보여주는 표현으로 서기 2세기 초 로마의 작가, 수에토니우스Suetonius가 한 말이다.

이에 대응해 서기 2세기와 3세기의 몇몇 기독교 작가들은 대담하게도 로마의 정치인들과 일반 대중을 향해 그들의 신앙을 옹호하는 글을 발표했다. 학자들이 '변증론자(Apologist, 그리스어로 아폴로기아apologia는 변호를 의미)'라고 칭하는 이 기독교 작가들은 기독교에 가해진 비난을 반박했을 뿐만 아니라 당시의 지식인들에게 기독교 신앙을 적극 옹호하고 주창했다. 이들의 변증론은 기독교인들이 처했던 상황 그리고 자신들의 독특한 종교적 입장을 분명히 밝히고 이를 정당화하기 위해 기울였던 노고에 대한 귀중한 통찰을 제공한다. 기독교를 공개적으로 옹호하는 일은 위험 부담이 컸다. 비판과 악의적인 소문에 시달리는 것은 물론 고발을 당하거나 심지어 처형당할 수도 있었다. 요컨대 "기독교도 변증론자들은 이 일에 목숨을 걸어야 했다." 이 같은 위험을 감수한 변증론자들이 있었기에 기독교 신앙을 본격적으로 옹호하는 장문의 글이 오늘날 우리에게 전해진 것이다.

서기 3세기에는 로마 황제의 지원을 받아 제국 전역에 걸쳐 공식적으로 기독교인을 말살하려는 정책이 시행되기도 했다. 특히 서기 250년에 데키우스 황제는 폭압적으로 기독교인을 박해했다. 서기 303년 디오클레티아누스 황제 치하에서 가장 가혹한 기독교 박해가 벌어졌고, 그로부터 얼마 지나지 않은 4세기 초에 놀랍게도 콘스탄티누스 황제가 사실상 기독교를 공인한다. 이후 기독교는 테오도시우스 황제에 의해 로마 제국의 국교로 승격되었다.

기독교의 '승리'로 자주 언급되는 이 이야기는 수없이 다양한 관점에서 분석되고 회자되었다. 하지만 기독교는 콘스탄티누스 황제가 공인한 이후에 번성한 것이 아니다. 일찍부터 기독교 운동을 말살하려고 노력했음에도 불구하고 기독교가 이미 세력을 크게 확장했기 때문에 콘스탄티누스 황제가 종교로 인정했을 가능성이 크다. 초기 기독교의 성공은 여러 연구서에서도 지적하고 있듯이 확실히 놀라운 사회적인 현상이었다. 비슷한 기간에 크게 성공을 거둔 종교들 중에서 "서기 100~400년에 기독교가 거둔 성공은 서구 역사 전체를 통틀어 으뜸이라고 할 만하다." 간단히 말해 "로마 제국에서 기독교에 비견할 만한 속도로 성장한 종교는 하나도 없었다." 물론 몇 세기 뒤에 등장한 이슬람교는 기독교만큼 놀라운 속도로 전파되며 번성했지만, 초창기에는 적들을 칼로 위협해서 세력을 넓힌 경우가 많았다. 반면에 가장 중요한 시기였던 초기 3세기 동안 기독교가 성공을 거둔 배경에는 설교라든가 지적인 논쟁을 통한 설득 작업, 예수의 이름으로 나타나는 '기적', 그리고 순교를 비롯해 기독교인들의 행실로 증명하는 도덕적 권면이 있었다. 하지만 기독교가 로마 제국의 국교로 채택된 이후 여러 정권을 거치면서 황제들이 때로 국가 권력을 이용해 다른 종교 집단을 탄압한 사실이 있는 만큼 이 이야기를 아름답게만 포장할 수는 없다.

역사 속의 독특한 기독교

사회적 탄압에도 불구하고 이름 없는 소규모 종교 운동이 어떻게 그렇게 단기간에 놀라울 정도로 성장해 그와 같은 지위를 획득했는가? 이는 지금까지도 빈번하게 제기되는 중요한 질문이다. 여기서 내가 하고자 하는 작업의 목적은 그 질문에 답변을 제공하는 것도 아니고, 기독교의 놀라운 성장을 새삼스레 평가하자는 것도 아니다. 그보다 나는 고대 그리스 및 로마의 환경 속에서 유별나고, 주목할 만하고, 심지어는 이상해 보였던 초기 기독교의 몇 가지 특징을 강조하고 싶다. 아울러 로마 시대에는 특이하기만 했던 기독교의 특징들이 오늘날 종교를 떠올릴 때 당연하게 전제하는 요소가 되었다는 점도 지적하고 싶다. 그리고 나는 이것이 대부분 기독교의 영향 때문이라고 주장한다.

초기 기독교가 당시의 여러 종교 집단과 얼마나 유사했는지, 또는 얼마나 달랐는지에 대한 조사는 많이 이루어졌다. 기독교는 하늘에서 뚝 떨어진 것이 아니고 역사 속에서 발생해 성장한 만큼 여느 역사적 현상을 다루는 것처럼 다룰 수도 있다. 기독교에는 로마 시대의 문화적 환경과 닮은 요소들이나 빚진 요소들이 있다. 유대교에서만 영향받은 것은 아니지만, 특히 유대교의 전통은 장차 '기독교'로 성장할 종교 운동의 모체 역할을 했다. 이 둘의 유사성을 부정할 생각은 없고, 대신 나는 몇 가지 차이점을 강조하고 싶다. 이런 차이점들이 지금까지 제대로 조명받지 못했고, 바로 이 차이점들이 근대 세계의 틀을 형성하는 데 기여했다고 생각하기 때문이다.

특히 서기 1세기와 2세기를 집중적으로 살피고, 3세기 역사도 일부 살펴볼 생각이다. 역사적으로 모든 종교 운동에는 나름대로 독특한 특징이 있었을 것이다. 그러나 내가 이 책에서 보여주고자 하는 것은, 내부 구성원이든 외부인이든 초창기 기독교를 바라볼 때 여느 종교와는 매우 다르고, 독특하고, 괴상하고 심지어 혐오감을 느끼는 경우도 있었다는 사실이다. 본문에서 참조한 여러 저작물을 봐도 알겠지만 로마 시대에 유난히 눈에 띄었던 초기 기독교의 독특한 특징들을 언급한 학자들은 나뿐만이 아니다. 그러나 내가 아는 한, 이 책에서 집중적으로 논의한 초기 기독교의 특징들을 다른 저작물들에서는 제대로 조명한 적이 없다.

이 주제를 다뤄본 사람이라면 다들 인정할 테지만 초기 기독교를 분석하는 일은 순수하게 역사를 분석하는 작업으로 끝나지 않는다. 이념적으로든 신학적으로든 자신들이 중요하게 여기는 관심사가 개입하기 때문이다. 기독교의 기원과 관련해서 아무 사심 없이 초인적인 객관성을 유지하는 척할 수 없을뿐더러 그렇게 해서도 안 된다. 실제로 기독교 신앙을 향한 입장과는 별개로 기독교의 기원을 다루는 일에서 철저하게 객관적 입장을 유지하는 사람을 찾기란 무척 어렵다. 나 역시도 아무 사심 없이 객관적으로 기독교의 기원을 다뤘노라고 주장하는 사람이 있다면 그의 말을 수용하기 어려울 것이다.

하지만 나는 초기 기독교가 얼마나 독특했는지를 다루는 작업에 있어서는 바라건대 기독교를 옹호하는 입장이나 기독교 신앙에 대해 공격적이고 회의적인 입장 중 어느 쪽에도 치우치지 않고 이 질문을 다루고 싶다. 사실 나는 이 작업을 하면서 역사적 관점에서 기독교의 기원을 조사하고, 이후 기독교가 세상에 미친 영향을 지적하고자 했다. 역사적으로 중요한 이 종교 운동의 초기 단계에 대한 정보를 제공해, 특히 이 문제를 심도 깊게 고려한 적이 없는 독자들의 이해를 돕는 것이 이 책을 쓴 목표였다. 인생의 선택으로서 기독교를 어떻게 생각하든 간에 역사적 관점에서 초기 기독교를 살펴보는 일은 그만한 가치가 있을 뿐 아니라 흥미로운 작업이다.

로드니 스타크Rodney Stark는 현대적 환경에서 일어난 신흥 종교 운동을 관찰한 광범위한 연구를 바탕으로 오직 소수의 종교 운동만이 '성공', 즉 해당 종교 운동이 여러 세대에 걸쳐 성장하고 번성하는 이유를 분석했다. 성공한 종교 운동의 특징으로 스타크가 상정한 열 가지 요인 중 첫 번째와 세 번째는 특히 여기서 다루려는 주제와도 관련이 있다. 성공한 종교 운동은 그 문화적 환경과 일련의 연속성을 유지해야 하고, 동시에 "중간 정도의 긴장 수위를 유지해야" 한다. 즉, 종교 운동은 그 시대적 배경 속에서 완전히 낯설고 이해할 수 없는 집단으로 인식되어서는 안 된다. 그러나 또 한편으로는 내가 말하는 독특한 요소, 그러니까 개종자들에게 요구하는 특정한 행동 규범을 비롯해 그 시대의 문화적 환경과 구별해주는 특징이 있어야 한다. 해당 종교 집단의 내부자와 외부인 사이에는 분명한 차이가 있어야 한다는 것이다.

고전적인 자유주의 신학을 따르는 현대 기독교는 지배적인 문화의 가치를 긍정하고, 심지어 이를 위해 기독교 신앙과 관행을 변경할 정도로 지배적인 문화와 조화를 이루는 데 많은 관심을 보였다. 그러나 집단으로서 고유한 정체성을 유지하지 않는다면 이 같은 태도에는 위험한 측면이 있다. 한 종교 집단의 신자로서 다른 종교 집단과 자신을 구별해주는 특징(과 행동 지침)이 없다면 해당 종교 집단의 구성원이 되어야 할 이유를 발견하지 못할 테고, 그 집단에 남아 있을 가치도 찾지 못할 것이다.

한편 양적으로 성장하기에는 지나치게 높은 기준을 세웠던 종교 운동 사례로서 셰이커교도Shakers를 살펴보자. 19세기에 신도 수가 5000명에 달하는 전성기를 누렸던 이 공동체 운동은 내가 찾아본 가장 최근 보고서인 2010년도 자료에 따르면 작은 공동체 하나로 줄어들었고, 남은 신자도 3명뿐이었다. 독신주의를 강조한 것이 많은 사람이 이 종교 운동에 참여하기를 꺼리게 만든 요인이었다. 그러니까 해당 종교 집단을 구별해주는 특징은 새로운 신도들을 유치하는 데 중요한 요인이지만, 이 같은 차별성도 일정 수준을 넘어서면 유인 효과가 줄어든다. 독특함을 유지하되 그 배경이 되는 문화적 환경에 도 적응해야 한다.

이는 일부 초기 기독교 문헌에서도 확인할 수 있다. 특히 변증론자들의 작품 가운데 「디오그네투스에게 보내는 서신Epistle to Diognetus」으로 알려진 2세기의 매력적인 작품을 살펴보자. 이 서신을 작성한 무명의 작가는 외부인들에게 기독교 운동을 알리며 이교도들 사이에서 돌고 있는 기독교인들에 대한 악의적인 소문들을 정정했다. 저자는 로마 제국의 많은 신들에 대한 숭배 거부와 같은 기독교의 독특한 특징을 대담하게 정당화하면서(2장 1~10절) 동시에 "기독교인들은 나라와 언어, 관습에서 다른 사람들과 차이가 없으며" 또 "생활 방식이 유별난" 사람들이 아니라고 주장했다(5장 1~2절). 또한 저자에 따르면 기독교인들은 어느 도시에 살든지 "옷과 음식 등 생활 방식은 여러모로 해당 지역의 관습을 따랐지만" 동시에 "그들은 다들 인정하듯이 독특하고 놀라운 시민 의식이 있음을 삶으로 보여준다(5장 4절)."

일례로 저자는 아이가 태어난 직후 부모가 원치 않을 경우 아이를 유기하는 로마인들의 관행을 언급하며 기독교인들은 자녀를 '유기'하지 않는다고 했다. 또 기독교인들은 자신들을 경멸하거나 박해하는 사람들에게 보복하지 않는다고 언급했다(5장 11~15절). 이어서 저자는 유일신 하나님이 '독생자'를 통해 자신을 드러내시고 인류의 죄를 사했다는 확신을 비롯해 기독교인들의 독특한 신념을 논리 정연하게 기술했다(9장 2절).

이 책에서 나는 역사적 관점에서 로마 시대의 초기 기독교가 보여주는 몇몇 특징에 초점을 맞추고자 한다. 오늘날의 환경 속에서 그러한 특징들에 주목하는 것은 매우 중요하다. 앞서도 잠깐 언급했지만 로마 시대의 배경 속에서 초기 기독교를 이해하려는 자연스러운 욕구를 실현하는 과정에서 여러 학자들과 일반 대중은 초기 기독교와 로마 시대 문화의 유사점을 강조한 나머지 초기 기독교의 독특한 요소를 등한시하거나 훼손하는 결과를 낳았던 것으로 보인다. 즉, 독특한 차이점을 제대로 주목하지 않고 초기 기독교가 역사적 배경과 확실히 공유하고 있는 유사점만 강조하는 경향이 있었다. 복음주의나 변증론적 목표에 부합하도록 기독교의 고유한 특징들을 지나치게 단순화하거나 과장했던 입장에 반박하고 기피하고 싶은 욕구 때문이다. 이 같은 반작용의 기원에는 역사적 비평 관점에서 기독교의 기원을 연구했던 학자들이 있었다.

그러나 애초에 그 의도가 무엇이었든지 간에 지금은 지나친 반작용으로 오히려 초기 기독교의 독특한 요소를 제대로 평가하지 못할 지경에 이르렀다. 이제 우리는 로마 시대의 환경에서 초기 기독교가 얼마나 독특했는지 그 특징들을 공평하게 다뤄야 한다. 로마 시대에 초기 기독교를 바라보았던 외부 관찰자들은 기독교가 당시의 문화와는 확실히 다르다고 생각했다. 그러니까 그 차이점들이 무엇이었는지 탐구하는 일은 우리로서는 타당한 작업이다.

초기 기독교의 성장세와 성공을 고려할 때 특히 초기 기독교의 독특한 점들을 들여다보는 작업은 적절한 접근이다. 실제로 로마 시대의 수많은 전통 종교들과 신흥 종교 운동들 중에 두 가지 종교만이 오늘날까지 살아남았다. 바로 유대교와 기독교다. 더욱이 로마 시대에 등장한 수많은 신흥 종교 운동 중에 장기적 관점에서, 즉 로마 시대가 끝나고도 계속 번성하며 성공을 거둔 종교는 기독교뿐이다. 신흥 종교 운동이 상당한 규모로 성장하는 경우도 드물지만 새로운 신앙이 기독교처럼 특정 문명권을 휩쓸어버리는 경우는 더더욱 드물다. 이에 견줄 만한 사례라고는 불교와 이슬람교 정도다. 이런 점에서 초기 기독교의 생존과 번성에 기여한 요소가 무엇이었는지 묻는 것은 적절한 물음이다. 초기 기독교가 중요한 사안에서 로마 시대의 다른 종교 집단들과 비교해 실질적으로 구별되는 점도 없고 놀라운 점도 없다면, 기독교가 살아남아 번성한 것은 더욱 기이한 일이 될 것이다. 초기 기독교가 로마 제국에서 흔히 공유되던 신앙과 가치, 관행을 실질적으로 긍정하고 반영한 종교에 지나지 않았다면, 사람들이 굳이 수고스럽게 기독교인이 되려고 했던 이유는 무엇인가? 하지만 초기 기독교는 실제로 여러 가지 점에서 당시의 다른 종교 집단이나 철학 집단에서는 보기 드문 특징을 보였다.

물론 독특하거나 새롭다는 사실이 그 타당성까지 증명하는 것은 아니다. 예를 들어 초기 기독교의 이런저런 특징들이 새로운 동시에 매우 이상하고, 낯설며, 괴상하게 보이고 심지어 반감을 줄 수도 있다. 이 논의의 요지를 정리하자면, 올바른 역사적 연구라면 과거에 일어난 어떤 현상과 그 현상이 일어난 맥락 간의 유사성을 공정하게 평가하고, 아울러 그 현상에서 나타나는 독특하고 특기할 만한 요소에 대해서도 동등하게 이해하는 작업은 타당하고 나아가 반드시 필요하다는 것이다.

어느 '기독교'를 말하는가?

여기서 간략하게나마 짚고 넘어갈 문제가 또 하나 있다. 바로 초기 기독교의 다양성 문제다. 오늘날 학자들은 기독교의 다양성을 잘 알고 있다. 따라서 초기 기독교를 '정통'과 '이단' 이렇게 이분법적으로 단순하게 구분하는 일을 경계하며 또 그렇게 하는 것이 마땅하다. 특히 2세기 기독교는 매우 다양했기 때문에 일부 학자들은 기독교를 구별해주는 특징들을 거론하는 것 자체를 반대했다. '기독교'가 신앙과 관행에서 하나의 일관된 종교적 입장을 이룬 것으로 비칠 수 있다는 우려 때문이었다.

나 역시 이 책에서 하나의 일관된 종교적 입장이 있다고 전제하지 않았음을 강조하는 바다. 초기 기독교의 다양성을 예시해주듯, 우리에게 보다 익숙한 형태의 기독교를 전파했던 선구자들로 불리는 '원-정통proto-orthodox' 기독교인 외에도, '발렌티누스파Valentinians' 기독교인, 마르키온파Marcionists 기독교인, 그리고 이른바 '영지주의' 기독교인을 비롯해 다양한 종류의 기독교인이 있었다. 경우에 따라서는 종파 간의 차이도 매우 컸다. 예를 들어 마르키온파 신자들은 구약성경을 경전으로 여기지 않았다. 심지어 구약성경의 하나님을 열등하고 무지한 신으로 간주했고, 예수가 이 땅에 와서 새로 알린 하나님과는 다르다고 주장했다.

이 책에서는 여러 기독교 종파 중에서도 특히 두각을 드러내며 훗날 기독교의 전통을 결정지은 기독교 종파, 곧 오늘날 학자들이 원-정통 기독교라 칭하는 기독교의 특징들을 집중적으로 다뤘다. 하지만 원-정통 기독교 역시 당시에는 그 신앙이나 관행에 일관성이 없었다. 초창기에는 일관성을 강제할 수 있는 세계기독교협회라든가 정치적 구조가 존재하지 않았다. 내가 보기에는 초기 200년 동안 원-정통 기독교 안에는 다양한 기독교인과 여러 기독교 공동체가 있었다. 원-정통 기독교의 특징을 대략적으로 규정하자면 (각자 차이점들에도 불구하고) 서로 기꺼이 인정하고, 전통을 중시하고 급진적인 혁신을 미심쩍게 여기고, 구약성경을 경전으로 인정한다. 그리고 배타주의적인 '일신교' 입장을 수용하기 때문에 구약성경의 하나님만이 유일하게 섬길 가치가 있는 정당한 신이라고 주장한다.

사실 신약성경은 원-정통 기독교 공동체들이 산출한 가장 중요하고 영향력 있는 문헌이다. 신약성경은 이들 공동체의 다양성을 반영하고 있다. 신약성경에는 사복음서가 있는데, 이에 비해 마르키온파 기독교는 「누가복음」 하나만 인정했다. 원-정통 기독교는 각각의 차이점을 그대로 두고 사복음서를 모두 정경正經으로 인정했다. 이에 반해 기독교 교사인 타티아누스는 사복음서를 바탕으로 하나의 통일된 복음서를 작성했다. 또한 전통적인 신약성경에는 사도 바울의 모든 서신뿐 아니라 다른 사도들이 작성한 문헌들도 포함되어 있다. 이에 반해 마르키온파 기독교도들은 사도 바울만 정통성 있는 사도로 인정했다. 신약성경을 읽은 독자들이라면 「야고보서」와 바울 서신들의 주요 메시지가 다르다는 사실을 잘 알고 있을 것이다. 또 「요한 1서」나 베드로가 작성했다는 두 편의 서신처럼 사도가 아닌 인물이 작성한 것으로 보이는 문헌들에서도 차이점이 드러난다. 그러나 원-정통 기독교 공동체들은 그런 글들을 전부 '정경'에 포함시켰으며, 여기에서도 다양성을 기꺼이 포용하는 자세가 여실히 드러난다.

초기 2~3세기에 존재했던 경쟁 관계의 다양한 종파들 사이에서 '원-정통' 또는 '가톨릭' 기독교는 콘스탄티누스 황제를 필두로 이후 정권에서 종교 문제에 영향을 미치기 훨씬 전부터 이미 주류를 형성한 것으로 보인다. 즉, 원-정통 또는 가톨릭 기독교는 초창기부터 많은 신자를 끌어모으는 데 성공했고, 로마 제국의 지원이 있기 전부터 이미 탄탄한 기반을 형성한 것이다. 기독교가 발흥하는 데 매우 중요한 시기였던 초기 3세기 동안 기독교는 특정한 관행과 신앙을 중심으로 응집하기 시작했으며, 원-정통 기독교가 주류로 등장해 이후 기독교 전통을 결정지었다는 사실을 우리는 인정해야 한다.

고대 이교도 비평가들은 원-정통 혹은 가톨릭 기독교에 특히 주목하고 이들을 비판했던 것으로 보인다. 이는 이교도들이 기독교의 다른 종파들은 중요하게 여기지 않았음을 나타낸다. 따라서 초기 기독교 종파들 중에 크게 번성하지 못한 다른 종파들도 물론 존중하는 바이지만, 이 책에서는 역사적으로 크게 영향을 미쳤던 기독교 종파를 집중적으로 다룰 생각이다.

요약하며

초기 기독교가 놀랍게 성장했다는 점에서 초창기의 기독교를 규정하고 다른 종교들과 구별해주는 요소들이 무엇이었는지를 살펴보는 작업은 흥미롭다. 또 기독교가 세계사, 특히 서구 국가들에 미친 영향을 고려한다면 더더욱 가치 있고 타당한 작업이라고 하겠다. 기독교는 분명 로마 시대에 일어난 역사적 현상이었으며, 따라서 역사적 관점에서 그 현상을 평가하고, 역사적 배경과 유의미하게 연결시키며 기독교와의 유사점들을 찾으려는 다양한 작업이 진행되어 왔다. 하지만 기독교가 그 시대 배경 속에서 독특하고 남달랐던 점들을 알아보는 작업 역시 역사적 성경 연구에 부합하며, 이러한 시도가 초기 기독교와 시대적 배경 간의 유사점들을 부정하는 것은 아니라고 생각한다.

마지막으로 고대 로마의 시대적 배경에서 특히 주목받았거나 사람들이 기이하게 여겼던 초기 기독교의 특징들이 이후 기독교가 영향을 미친 모든 문화권에서 누구나 당연하게 생각하는 종교적 요소가 되었다는 사실을 지적하고 싶다. 그러니까 초기 기독교의 유별난 특징들을 살펴보는 과정에서 여러분은 우리의 사고를 형성하고 있는 몇몇 요소가 어디서 생겨났는지 보다 잘 이해할 수 있으리라 생각한다. 현재 우리가 너무나 당연시하고 있는 몇몇 개념은 사실 고대 로마 시대로 거슬러 올라가면 매우 낯설고 놀라운 특징들이었다.

1장

기이한 종교의 탄생

• 초기 기독교가 로마 사회라는 틀 안에서 유별난 존재였다는 사실을 가장 잘 드러내주는 증거가 하나 있는데, 그것은 기독교인들의 신앙과 관습을 어떻게 생각했는지를 보여주는 외부 관찰자들의 증언이다. 비록 이들이 일부 사실을 놓치거나 왜곡한 점이 있더라도 이들이 어떻게 생각했는지 살펴보는 것은 흥미롭다. 이 외부 관찰자들은 예외 없이 기독교인들을 가리켜 유별나고, 이상하며, 유해하다고까지 말했다. 이 같은 반응은 유대인들과 이교도들에게서 모두 동일하게 나타나는 것으로 보인다.

유대인들의 반응

로마 시대 유대교 전통에서 발생한 새로운 종교 운동이 기독교의 시발점이다. 그러니 그 당시 유대인들의 반응을 먼저 검토해보도록 하자. 1999년에 출판한 한 에세이에서 나는 예수에게 헌신하는 행위, 즉 예수를 믿는 유대인 신자들을 향한 유대인들의 적대를 보여주는 가장 초기의 증거를 살핀 바 있다. 예수 운동이 태동한 초기부터—당시에는 거의 전부가 유대인으로 구성되었던—다른 이들은 몰라도 경건한 유대인들은 예수 운동을 벌이는 유대인들을 적대시했던 것이 분명하다. 이들은 예수 운동이 유대 민족의 종교 정체성에 위협이 된다고 판단했을 가능성이 크다. 물론 현존하는 증거가 제한되어 있기 때문에 초기 예수 운동에서 구체적으로 어떤 요인이 적대적 반응을 초래했는지 단언하기는 어렵다. 사실 유일한 직접 증거는 초대 교회를 박해한 가장 유명한 사람이라고 해도 무방한 사울이 제공한다. 그는 다소(타르수스) 출신으로 열정적이고 젊은 바리새인이었다. 물론 우리는 이 사람을 사도 바울로 알고 있으며, 얄궂게도 그는 예수 운동의 지지자로서도 가장 명성을 떨친 사람이라고 할 수 있다.

사울에서 바울로

'이방인의 사도'가 되어 여러 교회를 세운 바울은 교인들에게 보낸 몇몇 서신에서 자신이 과거에는 그가 현재 받들고 따르는 이 믿음에 대적하던 자였다고 밝힌다. 바울이 한 말을 그대로 인용하자면, 그는 예수 운동을 펼치는 교회를 '멸하려' 했다(「갈라디아서」 1장 13절). 이 구절에 쓰인 그리스어 동사 포르테인porthein은 그 행위가 포악하고 심지어 폭력적이었음을 의미한다. 사울(바울)은 이 같은 자신의 과거지사를 다른 구절에서도 언급하고 있으며, 이때 저지른 일을 훗날 몹시 자책했노라고 고백했다. 그는 자신을 가리켜 "나는 사도 중에 가장 작은 자라. 나는 하나님의 교회를 박해하였으므로 사도라 칭함받기를 감당하지 못할 자니라(「고린도전서」 15장 9절)"라고 했다. 자신을 낮춘 수사적인 표현으로 볼 수도 있지만, 내가 보기에는 바울이 자신의 회한을 솔직하게 드러낸 표현인 듯하다.

바울은 다른 서신에서도 유대인으로서 자신이 지녔던 정체성에 대해 여러 차례 언급하면서 자신이 바리새인으로서 유대교 율법을 엄격히 준수했다고 밝힌다. 여기서도 그는 자신이 "교회를 박해(「빌립보서」 3장 6절)"한 과거의 행적을 언급하는데, 과거에 그가 품었던 종교적 열심이 어떠한 성질의 것이었는지가 잘 드러난다. 바울이 사용하는 표현, 특히 그가 사용한 '열심(zeal, 한글 성경에서는 이 밖에도 '열성'이나 '질투심'으로 번역된 경우도 있는데 여기서는 열심으로 통일함 – 옮긴이)'이란 단어는 고대 유대인들의 특정한 전통 하나를 연상시킨다. 이 전통에 따르면 하나님의 율법을 공공연하게 위반한 죄인을 응징하는 경우 유대인 동족에게 폭력을 쓰는 것도 정당한 행위로 간주되었으며 오히려 유대인은 이를 촉구하기도 했다. 이 전통은 성경 속 인물 비느하스와 관련이 있다.

「민수기」 25장 1~15절에 나오는 이야기에 따르면, 이스라엘 백성이 미디안 사람들에게 미혹되어 우상 숭배에 빠지자 하나님의 진노가 이스라엘 민족에게 미쳤다. 이 진노를 피하고자 비느하스는 한 이스라엘 남자에게 폭력을 행사해 그의 목숨을 빼앗고, 그 남자가 우상 숭배에 빠지도록 유혹한 미디안 여인도 함께 죽였다. 그 결과 비느하스의 신앙, 특히 그가 보여준 '열심'은 널리 칭송받았고 이후 유대 전통에서는 그가 보여준 열심을 본보기로 삼았다.

시리아의 안티오코스 에피파네스 왕의 통치에 항거해 유대인이 폭동을 일으킨 사건을 언급하고 있는 「마카베오 상」에서도 이 전통을 확인할 수 있다. 공개적으로 우상 숭배를 저지른 유대인 동족을 마타티아스가 살해함으로써 촉발된 이 사건에서 유대인들은 비느하스가 그랬듯 율법에 대한 열심에 사로잡힌 마타티아스를 칭송했다(「마카베오 상」 2장 26절). 또 「시라의 아들 예수의 지혜the Wisdom of Jesus, son of Sirach」 또는 「집회서Ecclesiasticus」로 알려진 문헌(기원전 200년경)에도 이와 비슷한 사례가 등장한다. '훌륭한 사람들'을 칭송하는 대목을 보면, 그중에서 비느하스는 "주님을 경외하는 일에 열심을 다한" 인물로 묘사되었고(「집회서」 45장 23~25절), 그의 행위는 "이스라엘을 위하여 속죄(23절)"한 것으로 평가되었다. 유대인 학자이자 저술가인 알렉산드리아의 필론(Philon of Alexandria, 기원전 50년경~기원후 50년경) 역시 비느하스를 여러 차례 긍정적으로 평가한 바 있다. 이 같은 입장이 가장 또렷하게 드러난 대목에서 필론은 '선행에 대한 열심'을 품은 유대인이라면 특히 우상 숭배를 저지른 동족에게 맞서는 일을 의무로 여겨야 한다고 촉구하고 나서 본받을 인물로 비느하스를 꼽았다.

유대인이 '열심'이란 말과 함께 이른바 비느하스 전통을 떠올린다는 점에 비춰볼 때 우리는 두 가지 사실을 추측할 수 있다. 첫째, 바울이 '열심'으로 교회를 핍박했다고 표현한 점은 당시 그 행위를 무뢰배나 악한이 하는 짓이 아니라 비느하스의 정신을 이어받은 정의로운 행동으로 인식했음을 보여준다. 둘째, 이처럼 열심히 교회를 핍박한 데는 무시하지 못할 정도로 성공을 거둔 초기 예수 운동에서 바울이 어떤 심각한 문제점을 목격했고, 이를 응징해야겠다는 동기가 작동했을 것이라는 사실이다. 모든 유대 백성에게 요구되는 율법에 충실한 삶에 이 예수 운동이 위협이 된다고 바울은 판단했던 것 같다. 그것이 어떤 위협이었든 간에, 예수를 추종하던 초기 유대인 공동체가 끼치는 해악이나 그들의 위법 행위에 맞서 바울이 결단하고 행동에 나섰다고 보는 것이 타당해 보인다.

하지만 사울(바울)은 예수 추종자들이 위배한 행위가 무엇이었는지, 초기에 자신이 '하나님의 교회'를 핍박했던 이유가 무엇이었는지 구체적으로 밝히지 않았다. 그래서 학자들 간에도 다양한 가설이 있다. 혹자들의 주장대로 예수의 초기 추종자들(혹은 몇몇 신도들)이 예루살렘 성전을 비난한 것이 문제였을까? 하지만 이 주장을 뒷받침할 만한 증거는 별로 없다. 아니면 이 경우에도 뒷받침할 증거는 희박하지만, 예수 추종자들이 유대교의 율법을 엄격히 준수하지 않는 모습을 보고 사울(바울)이 분개했을까? 다른 이유도 있겠지만, 바울이 보기에는 예수를 숭배하는 유대인 추종자들이 부당한 행위를 저지른 것만큼은 틀림없고 이에 바울이 분개해 교회를 핍박한 것으로 보인다. 이 같은 행위에는 초기에 예수를 추종하던 유대인 무리가 예수에 대해 주장했던 말들은 물론, 부활한 예수가 특히 중요한 부분을 차지하는 그들의 예배 의식도 포함된다.

우리가 알고 있듯이 초기 유대인 기독교도들은 예수를 메시아(그리스도)라 부르며 환호했고, 그의 수치스러운 죽음은 하나님이 세우신 구원 계획의 하나라고 주장했다. 또 예수를 하나님이 인정한 '아들'로 추앙하고 예수가 '하나님 우편에' 앉게 되었다고 선언했다(「로마서」 1장 3~4절, 「고린도전서」 15장 1~11절, 「사도행전」 2장 32~36절).

그렇다면 신의 계시를 경험하기 전, 그러니까 초창기 기독교 복음의 박해자에서 옹호자로 변화되기 전(「갈라디아서」 1장 15~16절), 바울은 예수를 어떻게 생각했을까? 일부 학자들과 마찬가지로 나는 바울이 예수를 거짓 교사로 여겼을 것으로 생각한다. 예수가 십자가형을 받은 것은 그가 행한 일에 대한 정당한 징계였으며, 따라서 하나님이 내린 저주를 받았다고 바울은 생각했을 것이다. 바울은 갈라디아 교회에 보낸 편지에서 예수가 "우리를 위하여 저주를 받으셨다"라고 말했고, 이어서 예수의 십자가형을 언급하며 성경 말씀을 인용했다. "나무에 달린 자는 하나님께 저주를 받았음이니라(「신명기」 21장 23절)." 내가 보기에는 예수가 하나님의 저주를 받아 죽었다는 이전의 견해를 바울이 재고한 결과가 여기 「갈라디아서」 구절에 드러나 있다. 바울은 계시를 체험하기 전에는 예수를 저주받은 자로 여겼다. 하지만 「갈라디아서」 구절에도 나타나듯이, 이후 바울은 예수의 저주받은 죽음을 근본적으로 다른 관점에서 바라보게 되었다. 예수의 죽음을 신도들을 구원하는 행위이자 신성한 계획의 일환으로 여기게 된 것이다.

예수의 죽음을 생각할 때 주목할 중요한 사실이 있다. 예수는 로마 총독의 명령에 따라 처형되었지만 로마 당국뿐 아니라 유대의 성전 당국도 예수에게 사형을 선고했다는 점이다. 이러한 배경은 바울이 초기에 예수를 저주받은 자로 여겼으리라는 설명에 힘을 실어준다. 유대 당국이 이 사건에 남긴 구체적인 증거는 현재 없지만, 예수가 메시아나 왕을 참칭(僭稱)해 결국 로마의 통치를 위협했다며 로마 총독에게 예수를 반역 혐의로 고발했다고 추론해도 별 무리가 없다.

대제사장 역시 로마의 호의를 입어 직위를 유지하는 만큼, 그를 중심으로 운영되는 유대 당국은 자신들이 인지한 위협을 로마 총독에게 알리는 것이 직무에 포함된다는 사실을 모르지 않았다. 예수가 유대의 왕을 의미하는 메시아를 참칭했다고 고발함으로써 유대 당국은 로마 통치에 위협이 되는 존재를 총독에게 알릴 수 있었을 테고, 그 혐의로 예수는 십자가에서 처형된 것으로 보인다.

로마 당국에 고발한 것과 별개로 유대 성전 당국도 자체적으로 예수를 거짓 교사나 거짓 선지자로 단정했을 가능성이 크다. 로마 총독 앞에서 예수가 유죄를 받도록 고발한 조치는 성전 당국 입장에서는 유대교 전통을 수호하는 조치였을 것이다. 이로써 성전 당국은 예수가 빌라도(폰티우스 필라투스) 총독뿐만 아니라 하나님께도 벌을 받은 죄인임을 강조할 수 있었다. 사울 같은 양심적인 바리새인이라면 하나님이 예수를 부활시켜 그의 무죄를 입증하고 참 메시아로 세웠다는 초기 유대 기독교인들의 주장만큼은 부당하게 느꼈을 뿐 아니라 격분했을 가능성이 크다. 서신에서 주장했듯 조상의 전통에 열심을 냈던 바울은 비록 동족이라 할지라도 유대교 정통성을 크게 위협하는 것처럼 보이는 행위에 대해서는 서슴지 않고 물리적인 수단을 동원할 사람이었다.

유대교 전통에서 볼 때 초기 예수 운동은 심각한 '돌연변이'였으며, 구체적으로 어떤 측면들을 문제 삼았는지에 대해서는 앞으로 자세히 다룰 예정이다. 우선 여기서는 예수 운동을 추종하는 유대인들과 그 밖의 다른 유대인들 사이에 일찍부터 갈등이 만만치 않았다는 점, 그리고 이 같은 갈등이 묘사되어 있는 초기 기독교 문헌들이 주로 예수에게 초점을 맞추고 있다는 사실 정도만 기억해두자. 실제로도 이러한 정황을 입증하는 가장 오래된 증거가 초기 기독교 문헌에 남아 있다.

우리는 앞서 바울 서신을 다루면서 예수 운동에 대항해 직접 행동에 나선 바울 자신의 증언을 살핀 바 있다. 다른 초기 기독교 문헌을 살펴봐도 바울의 행동은 유별난 것이 아니었다. 일례로 「사도행전」 곳곳에는 예루살렘(4장 1~22절, 5장 17~42절, 7장 54~60절, 8장 1~3절)을 비롯해 다른 도시에서도(13장 44~47절, 14장 1~7절, 19~20절) 유대인들이 초기 예수 운동을 박해한 사실이 나타나 있다. 로마가 임명한 분봉왕 유대인 헤롯 아그립바가 서기 42년경에 세베대의 아들 야고보를 처형한 일을 기록한 「사도행전」 12장 2절도 마찬가지다. 이뿐만 아니라 유대인 역사가 요세푸스Josephus가 남긴 외부 자료도 남아 있다. 그는 예루살렘 교회를 이끌던 지도자 중 하나인 예수의 형제 야고보를 유대의 대제사장 아나니아가 처형한 사건을 기록하고 있다.

유대인 기독교도들이 박해를 받은 데는 다른 요인들도 있었겠지만, 그들이 예수에 관해 펼친 주장과 예수를 숭배하는 모습이 크나큰 반감을 불러일으켰고, 그것이 적어도 당시 다수 세력을 형성한 유대인들이 예수 추종자들을 적대시한 근본 원인이었을 것이라고 나는 생각한다. 그 원인이 무엇이었든 간에 로마 시대 유대교 전통에서는 예수를 믿는 초기 유대인 신도들을 새로운 별종으로 여겼던 것만은 틀림없다.

이교도 작가들의 비평

　이교도 작가들이 초기 기독교와 기독교인들에 대해 언급한 문헌에서도 초기 기독교를 이질적으로 바라보며 못마땅하게 여겼음이 드러난다. 여기서 말하는 이교도 작가들은 철학자, 웅변가, 문학가를 비롯한 로마 시대의 지식인들로 당시 문화를 선도하던 엘리트 계층의 일원이었다. 이들이 쓴 글에는 자신들이 속한 계층의 견해가 반영될 가능성이 높았고, 또 글을 쓸 때 자신이 속한 사회 계층의 인식에 영향력을 행사하려는 동기도 있었다. 이교도 작가들의 문헌에서 흥미로운 점은 기독교인들이 사회와 불화하고, 불협화음을 일으키는 사람들이며 당시의 통념에서 벗어나 여기저기 갈등을 조성하고 있다는 사실을 주로 언급하고 있다는 것이다.

　서기 64년에 화재가 발생해 로마를 광범위하게 파괴한 사건이 있었다. 서기 2세기 초반(112년경)에 로마의 작가 타키투스는 당시 사건을 기록하면서 네로 황제가 자신에게 쏟아지는 비난의 화살을 돌리려고 어떻게 했는지 기록했다. 타키투스가 전한 바에 따르면, 네로 황제는 그리스도인들을 화재의 원흉으로 지목하고(『연대기』 15권 44절 2~5행) 그들을 악랄하게 처단하는 작업에 들어갔다. 타키투스의 표현을 빌면 그리스도인들은 "그들의 가증스러운 짓 때문에 미움을 샀"으며, "아주 해로운 혹은 위험한 미신"을 부추긴 사람들이었다. 또한 네로 황제의 지시 아래 "엄청난 수의" 그리스도인이 체포되었으며, "인류에 대한 증오"라는 죄목으로 유죄를 선고받고 나서 여러 끔찍한 방식으로 죽임을 당했다고 타키투스는 주장했다. 그리스도인들은 "온갖 조롱"을 당했을 뿐 아니라 개들에게 물려 사지가 찢겨 죽거나 십자가에 못 박혀 죽었고, 또 화형에 처해져 네로 황제가 저녁에 즐기는 공연을 밝히는 인간 횃불 노릇을 했다.

역사가들은 대부분 타키투스의 기록이 기본적으로 정확하다고 평가하는 편이다. 그러니까 네로 황제 재임기인 서기 60년대쯤에 이미 적어도 로마에서는 예수 운동의 추종자들을 일반 대중 속에서 식별하고 구분하는 일이 가능했다는 말이다. 타키투스가 쓴 글을 보면 예수 운동 신봉자들을 가리키는 말로 '그리스도인(기독교인, 기독基督은 그리스도Kristos의 한자식 표기다-옮긴이)', 라틴어로 '크리스티아니Christiani'라는 용어를 쓰는데, 네로 황제가 그리스도인들을 탄압하던 당시에 이미 일반 대중이 널리 사용하던 용어였음을 지적하는 것으로 보인다.

게다가 그리스도인들은 그 행위가 명확하진 않지만 어떤 '가증스러운 짓'을 저지른다는 혐의를 받았던 모양이다. 사실 초기 기독교 문헌을 보면, 네로 황제가 악명 높은 짓을 저지르기 훨씬 전부터 시골에서는 기독교인들에 대한 악의적인 소문이 끊이지 않았고, 그들을 대놓고 해코지하고 재판에 회부하는 일도 적지 않았음을 알 수 있다. 이를테면 기독교인들이 난교亂交와 근친상간을 저지르고, 인육을 먹는다는 것이었다. 하지만 여러 출처를 통해 확인한 바에 따르면 이는 기독교인들에 대한 터무니없는 혐의였을 가능성이 크다. 나는 이 혐의들에 대해 1장 후반부에서 다시 다룰 예정이다.

타키투스와 같은 시대를 살았던 로마의 역사가 수에토니우스

Suetonius는 네로 황제의 통치를 다룬 글에서 기독교인들을 가리켜 "사악한 신종 미신에 빠진 무리"라면서 그들을 처벌한 사건을 간략히 언급하고 있다(『황제 열전De vita Caesarum』「네로」16장 2절). 타키투스와 수에토니우스 모두 기독교의 성격을 기술하면서 '미신(라틴어로 수페르스티티오 superstitio)'이라는 용어를 썼다. 당시 이 말은 대중이 보기에 극단적이고, 거부감이 들고, 심지어 극악무도한 종교적 신앙과 의식을 뜻했다. 여기서 요점은 두 작가 모두 기독교인들과 그들의 종교가 이질적이고 미풍양속을 해친다고 지적하고 있으며, 따라서 기독교를 믿는 것은 당시 로마 시대의 여러 종교나 신앙 중에서 어느 하나를 선택하는 것과는 차원이 다른 문제였음을 암시하고 있다는 것이다.

플리니우스 Plinius

2세기 초 또 다른 이교도 작가의 글에서도 유사한 인상을 받는다. 타키투스의 친구였던 소小 플리니우스(서기 61~112년)는 서기 110년경에 비티니아-폰토스(Bithynia-Pontus, 오늘날의 터키) 지역에 속주 총독으로 파견되었다. 그는 공무를 수행하면서 트라야누스 황제에게 보낸 서신에서 기독교인으로 고발된 무리를 심문한 사건에 대해 언급했다(「서신Epistles」10장 96절). 「서신」은 외부인이 초기 기독교도 예배 모임을 관찰한 기록으로는 가장 오래된 문헌에 속한다. 「서신」에는 이 밖에도 흥미로운 묘사가 적지 않지만 이 책에서 그 내용을 모두 살필 수는 없다. 여기서는 플리니우스가 기독교인들을 어떻게 생각하고 다뒀는지에 국한해서 설명하려고 한다.

플리니우스는 「서신」에서 기독교인들에 대한 재판을 직접 맡은 것은 이번이 처음이라고 밝혔다(당연히 이 말은 다른 지역에서도 기독교인들에 대한 고발과 재판이 진행되었음을 암시한다). 따라서 그는 기독교인들의 혐의가 구체적으로 어떤 범죄인지 확실하게 알지는 못했다. 그럼에도 그는 기독교인으로 고발당한 자들에게 다소 단호한 조치를 취했다고 황제에게 보고했다. 보고서에 기록한 바에 따르면, 그는 먼저 기독교인들에게 자신들의 신앙을 부인할 기회를 세 번 주었다. 그리고 만약 처벌 위협에도 불구하고 자신들의 신앙을 지키려고 고집을 피우면 속주민일 경우에는 사형에 처하고, 로마 시민인 경우에는 재판을 받을 수 있게 로마로 호송하도록 했다. 플리니우스는 기독교인이라는 사실 자체가 사형까지 선고할 수 있는 처벌 근거가 된다고 판단했으며, 명령과 위협에도 불구하고 일부 기독교인들이 완고한 태도를 보이자 자신이 내린 판결이 정당하다는 생각을 굳혔다.

그 앞에서 기독교 신앙을 부인한 자들 중에는 한 번도 기독교에 몸담은 적이 없다고 주장하는 이들이 있었는가 하면, 한참 전에 기독교를 버렸다고 주장한 자들도 있었다. 이들은 자신의 주장이 사실임을 입증하기 위해 로마의 여러 신들에게 기도를 올리고, 황제의 형상 앞에 향을 피우고 포도주를 바치며 경배하고, 또 "(세평에 따르면) 진실한 기독교인이라면 결코 할 수 없는 행위", 즉 그리스도를 저주해야 했다. 이런 식으로 기독교를 부인하는 이들은 모두 방면했다고 플리니우스는 보고했다(「서신」 10장 96절 5~6행).

그 밖에도 플리니우스는 기독교인 여성 두어 명을 고문해 기독교인들이 집회에 모여 무슨 짓을 했는지 그들에게서 알아냈다고 보고했다. 기독교인들은 그저 "정해진 날" 새벽에 만나 "신에게 하듯 그리스도를 향해 찬가를" 부르고, 행동거지를 올바르게 하겠다는 서약을 맺었다고 기술했다. 그러고 나서 흩어졌다가 같은 날 다시 모여 "아무 해가 없는 평범한 음식"을 함께 나눠 먹었다. 기독교인들에게서 특별한 범죄 요건을 찾아내지는 못했지만 플리니우스는 그들이 "그릇되고 방종한 미신"을 믿는다고 판단했다. 또 그는 자신이 내린 단호한 조처로 인해 기독교의 확산 흐름을 막고, "버려지다 싶은" 이방 신전들도 여러 신들에게 다시 전통적인 예식들을 거행하게 되어 수익을 회복하리라고 전망했다.

플리니우스는 정보를 캐내기 위해 기독교인을 고문하고, 기소당한 자들에게 회심할 것을 강요하고, 이에 응하지 않는 자들을 처형하도록 넘기거나 재판을 위해 로마로 이송하는 등 강력하게 조처했다. 그렇다면 이 같은 조치가 필요할 정도로 기독교인들이 심각한 문제를 일으키는 무리라고 여긴 것은 틀림없다. 여기서 또 하나 주목할 사실은 트라야누스 황제가 보낸 회신이 기본적으로 플리니우스의 처리 방법을 승인하는 내용이었다는 점이다. 기독교인으로 기소되어 혐의가 확증된 자들이 그들의 종교를 부인하고 "우리의 신들을 숭배해" 이를 증명하지 않는 한 기독교인들을 처벌해야 한다는 것에 트라야누스 황제도 동의했다.

당시 폰투스 지역의 여러 도시와 마을에는 수많은 기독교인이 있었는데, 기독교가 세력을 키워 로마의 전통적인 신들에 헌신하는 조직과 그들의 경제 활동에 눈에 띄게 악영향을 끼치고 있다고 플리니우스가 주장했다는 점도 흥미롭다. 물론 플리니우스가 다소 과장해서 말한 것일지도 모른다. 하지만 기독교인들이 그전까지 믿던 신들을 버린 결과로 사회적으로나 경제적으로 실제로 끼친 악영향, 혹은 이 같은 악영향을 겪게 되리라는 두려움이 사람들로 하여금 플리니우스와 지방 관리들에게 기독교인들을 고발하게 만든 이유 중에 하나라고 추정해도 무리가 없을 듯하다. 그 이유는 차차 설명하겠다.

더 이상 다른 신들을 숭배하지 않게 된 기독교인들은 신들에게 제사를 올리던 일도 그만두었고, 빈번하게 신전을 찾던 일도 중단했다. 그리고 이는 여러 사람들에게 경제적으로 악영향을 미쳤다. 일례로 기도를 들어준 신에게 감사하는 의미로 신전에 바치던 헌금이 감소한 것은 물론이고, 신전을 자주 찾는 사람들에게 여러 가지 물품을 만들어 팔던 지역 장인들도 피해를 입었을 것이다. 이들은 소형 신상이나 '봉헌물ex voto'을 팔았고, 신도들은 이런 물건들을 돈을 주고 사서 신들에게 입은 은총에 감사하는 표시로 신전에 바쳤다. 또 신전 당국으로부터 허가를 받아 제물로 쓰일 동물들을 사육하고 판매하던 이들도 있었고, 동물들에게 먹일 사료를 생산하는 사람들도 빼놓을 수 없다. 요컨대 고대 신전은 꽤나 큰 규모의 경제 활동이 이뤄지는 무대였다. 따라서 신들을 배교하거나 제사를 중단하는 행위, 혹은 장차 그렇게 될 가능성이나 불안한 전망에 지나지 않더라도 이는 신전 운영과 관련해 다양한 영역에서 기득권을 누리던 많은 사람들에게 위협으로 다가왔을 것이다. 실제로 이 같은 우려가 일찍이 표출된 사건이 「사도행전」 19장 21~40절에 등장한다. 아데미(아르테미스) 여신의 신상 모형을 제작해 팔던 장인들이 바울의 설교를 듣고 큰 소동을 일으켰는데, 이는 그들의 생계가 위협받을 것을 우려했기 때문이다.

비기독인들이 초기 기독교를 향해 품었던 적대감의 기저에는 경제적 요인이 짙게 깔린 것으로 보인다. 고대 로마에서는 외래 종교라는 이유로 혹은 특정한 이유로 반감을 산 탓에 종교 집단이 억압받는 일이 간혹 있었지만 대개는 '일시적이고 단기적'인 탄압에 그치는 편이었다. 이시스 숭배는 수도 로마에서 수차례 탄압받았지만, 매번 일정 기간이 지나고 나면 도시에서 이시스 숭배를 다시 허용하곤 했다. 유대인들이 로마에서 추방당하는 일도 여러 번 있었지만, 이때도 얼마간의 시간이 지난 후에는 다시 로마에 들어와 거주하도록 허용했다.

로마 당국은 갈수록 비우호적인 태도로 초기 기독교를 거듭 탄압했는데, 당시 그 어떤 외래 종교도 기독교처럼 탄압받은 경우는 없었다. 여러 외래 종교가 어떤 죄목으로 탄압을 받았든 간에 로마인들이 믿는 기존 신앙에 기독교처럼 위협이 되는 종교 또한 없었다. 로마 제국에서는 신흥 종교가 나타나면 으레 그들이 섬기는 여러 신들의 전당에 새로 이름을 하나 더 추가한 정도로 대수롭지 않게 여기곤 했다. 유대교에 대해서도 기독교를 대하듯이 위협적으로 받아들이지는 않았다. 당시 몇몇 유대 문헌을 보면, 이교도가 섬기는 신들에 대한 유대인들의 혐오감이 나타나기는 하지만, 로마 시대에 유대인들이 비유대인들에게 그들의 신앙을 저버리라고 본격적으로 포교 활동을 벌였음을 암시하는 대목은 어디에도 없다. 물론 유대인들은 스스로 다른 신을 숭배하는 일을 삼갔으며, 비유대인들은 이런 태도를 유대인만의 민족적 특징으로 받아들였다. 하지만 초기 기독교는 (태생적으로 민족을 초월하는 종교이고, '우상 숭배'라는 행위를 적극적으로 규탄했기 때문에) 이교도들이 보기에 전혀 새로운 종교였고, 유대교보다 훨씬 위협적이었다.

플리니우스와 트라야누스 황제가 주고받은 서신에서 또 하나 눈에 띄는 대목이 있다. 앞서 언급했듯이 플리니우스는 당시에 떠돌던 기독교인들에 대한 터무니없는 혐의를 확증하는 사실이나 이를 입증하는 범죄 증거를 전혀 찾지 못했노라고 솔직히 인정했다. 그럼에도 플리니우스는 신앙을 포기하지 않는다는 이유만으로 기독교 신앙을 고집하는 자들에게 사형을 선고했다. 이는 비록 공식적으로 법제화된 장치는 아닐지라도 플리니우스 당시에 이미 기독교인들에 대응하는 법리적 양식이 어느 정도 형성되어 있었음을 의미한다. 특히 기독교를 버렸다고 주장한 사람들에게 다른 신들과 황제의 형상 앞에서 예를 올리고, 그리스도를 저주하는 욕설을 퍼부어 그들의 결백을 입증하라고 요구했다는 플리니우스의 언급에 주목해야 한다. 이 처벌 방식은 당시 로마 법정에 새로 도입된 절차로 보인다. 적어도 내가 알기로는 플리니우스 이전에 로마 법정에 끌려 나온 사람들이나 여러 범죄를 처리하는 과정에서는 찾아볼 수 없었던 방식이다.

몇몇 다른 문제를 다룰 때도 그랬지만, 이 문제에서 로마 당국은 초기 기독교를 기존의 외래 종교와는 전혀 다른 문제로 보고 대응 방법에 변화를 주거나 아니면 새로운 방침이 필요하다고 판단한 듯 보인다. 기독교인들을 놓고 사법 처리하는 문제에 관해 플리니우스와 트라야누스 황제 사이에 오간 서신들을 보면 당시 이미 "기독교를 다른 모든 범죄와는 판이한 종류로 분류했다"는 사실을 알 수 있다. 플리니우스 같은 총독들이 판단하기에는 "기독교인이라는 사실이 곧 범죄이고, 이는 회심하면 씻을 수 있는 죄였다." 기독교를 버리고 회심했다는 사실은 플리니우스가 요구했던 의례적 행위를 실행하는 것으로 증명할 수 있었다.

신약성경에서도 기독교를 사실상 범죄로 규정하는 당시의 적대적 분위기를 짐작케 하는 장면을 찾을 수 있다. 「베드로전서」 4장 12~19절에서는 그리스도의 이름으로 치욕을 당하는 신자들에게 지금 일어나고 있는 불 같은 시험을 견뎌내라고 권면한다. 초기 기독교인으로서 베드로의 이름으로 글을 쓰는 이 저자는 살인이나 절도 같은 범죄를 짓고 고통을 당하는 것과 "그리스도인으로서" 고난받는 것은 다르다고 설명한다. 후자가 말하는 고난은 플리니우스의 서신에 나타난 사법 처리 문제를 가리키는 것일 테다. 당시 신도들은 그저 기독교 신앙을 지키려 한다는 이유로 유죄를 선고받았다. 거의 같은 시기에 일어난 대표적인 사건을 하나 예로 들어보자. 플리니우스가 로마 시민권을 지닌 기독교인을 사법 처리한 방식과 유사한 절차를 밟아 안디옥 교회의 지도자인 이그나티우스Ignatius가 체포되어 사형 언도를 받고 로마로 이송된 사건이 있었다. 이그나티우스 사건에서 안디옥 로마 당국은 교회 지도자를 붙잡은 것에 만족하고 기독교인들을 전부 체포하지는 않았다.

플리니우스를 비롯한 로마 당국은 분명 기독교인들이 도리에 맞지 않고 반사회적인 죄를 저지르기 때문에 그들을 처벌할 뿐이라고 생각했을 가능성이 높다. 그럼에도 로마 당국은 기독교 신앙을 고백하는 것 자체를 범죄로 규정했으며, 특별한 절차를 따르는 기독교인에 한해 스스로 혐의를 벗을 수 있도록 했다. 핵심은 로마 당국이 전례가 없는 독특한 사법 절차를 만들어 초기 기독교에 적용했다는 것이다.

갈레노스 Galen

초기 기독교인들을 외부에서 어떻게 여겼는지 서기 2세기에 활동한 또 다른 이교도 작가를 통해 단서를 살펴보자. 당시 유명한 의학자였던 갈레노스(서기 129~199년경)의 저작에서 비교적 긍정적으로 기독교인을 바라보는 견해를 확인할 수 있다. 갈레노스는 이따금 기독교인과 유대교인을 비교하며 함께 거론했다. 그에 따르면 기독교나 유대교 추종자들은 믿음을 동원해야 받아들일 수 있는 신의 계시에 관한 주장에 지나치게 의존하고, 철학적 사유가 미비한 가르침을 따랐다. 사실 갈레노스는 초기 기독교 운동과 그리스 철학을 비교한 최초의 이교도 저자라고 해도 무리가 아닐 것이다.

갈레노스 역시 기독교에 비판적 입장이긴 했지만 그의 견해는 합리적 비판이었다. 우리가 앞서 당시 문헌들을 살폈듯이 기독교에 대한 악랄한 혐의, 이를테면 기독교인들이 식인 풍습과 주지육림에 빠져 있다는 등의 비난은 하지 않았다. 갈레노스는 기독교를 결함이 있는 철학으로 여겼지만, 한편으로는 기독교인들을 높이 평가하기도 했다. 특히 죽음 앞에서도 잃지 않는 용기, 성욕과 음식, 술을 절제하는 모습, 그리고 "정의를 추구하는 그들의 열망"을 높이 평가했다. 마지막 구절이 의미하는 바가 무엇인지는 분명하지 않지만, 나는 이 표현이 순교자 유스티누스Justin Martyr 같은 서기 2세기 사도들의 여러 저작들을 읽고 한 말일 것이라고 추정한다. 유스티누스는 로마 당국을 향해 단지 기독교인이라는 이유 외에 실제 저지른 범죄 사실로 기소하라고 호소하며 기독교인을 공정하게 처우할 것을 담대하게 항변했다.

갈레노스가 기독교인들을 언급하며 칭찬한 미덕은 특히 2세기 철학자들 사이에서 높은 덕목으로 여겨지던 '용기, 절제, 정의'였다. 특히 갈레노스가 인상 깊게 여긴 점은 철학 교육을 받지 않은, 주로 교양 없는 하위 계층에 속하는 기독교인들이 '참된 철학자들의 그것'에 버금가는 태도로 이런 미덕에 헌신했다는 사실이다. 다시 말해 갈레노스는 그 당시 철학하는 엘리트층에게 더 어울리는 자질, 철학 교육을 받아야 형성된다고 여기던 자질을 기독교인들이 보여주었다며 칭찬한 것이다.

마르쿠스 아우렐리우스 Marcus Aurelius

기독교인을 칭찬하는 갈레노스의 저작에는 기독교인을 다소 업신여기는 투의 발언도 보이지만, 적어도 그는 동시대 다른 이들처럼 노골적으로 적대감을 드러내지는 않았다. 마르쿠스 아우렐리우스(서기 121~180년) 황제가 기독교인들을 경멸했던 태도와 대비되는 모습이다. 아우렐리우스 황제는 기꺼이 순교하는 기독교인들을 보며 "순전한 아집(『명상록Meditations』 11장 3절, 쉽게 말해 '골칫거리'라는 뜻)"을 부리는 것이라고 비판했다. 뿐만 아니라 기독교인들을 경멸하는 마르쿠스 아우렐리우스의 태도는 그의 통치하에서 유스티누스 등의 로마 시민권을 지닌 기독교인들이 처형되었다는 배경 속에서 살펴야 한다. 마르쿠스 아우렐리우스 황제는 기독교인들을 경멸했을 뿐 아니라 일부 기독교인에 대해서는 사형 명령도 불사하는 사람이었다.

우리는 그가 철학에 뛰어난 재능을 보였던 학도로서 윤리학을 깊이 탐구하고 다양한 문제에 대한 사유를 기술한 『명상록』의 저자라는 사실에 주목해야 한다. 분명 그는 교양이 높은 사람이었지만 그 교양이 기독교인들에 대한 과격한 조치를 막지는 못했다. 그는 기독교가 로마의 문화, 특히 종교 풍토와 근본적으로 불화한다고 느꼈던 게 틀림없다. 따라서 자신이 단호하게 내린 조처가 분명 합당하다고 여겼을 것이다.

루키아노스 LuKianos

2세기 후반 사모사타 출신의 루키아노스가 쓴 풍자적 작품 『페레그리누스의 죽음The Death of Peregrinus』에는 기독교인들에 대한 경멸이 더 짙게 묻어난다. 주인공 페레그리누스는 한마디로 협잡꾼이다. 기독교로 개종한 척 가장하고 사기를 쳐서 팔레스타인에 거주하는 교인들 사이에서 인정받는 인물이 되었다. 저자인 루키아노스가 묘사하는 기독교인들은 남의 말에 쉽게 잘 속아 넘어가는 부류다. 페레그리누스가 기독교 사회에서 명망을 얻자 누군가 그를 기독교인이라며 로마 당국에 고소했고, 페레그리누스는 체포되어 옥에 갇히는 신세가 되었다. 마을 기독교인들은 그의 석방을 요구했고, 로마 당국이 요청을 들어주지 않자 그의 감방 생활을 편하게 만들어주려고 물심양면으로 애를 썼다. 그들은 옥에 음식을 가져왔고, 심지어 간수들에게 뇌물을 주고 페레그리누스와 함께 감방에서 밤을 새우기도 한다. 그들은 페레그리누스를 예비 순교자로 인정하고 순교를 각오한 신도들에게 하는 관례대로 그를 경외하고 대접한다. 하지만 로마 총독은 페레그리누스를 순교자로 만들어줄 생각이 없었기에 그를 석방한다. 이후 페레그리누스는 마을을 떠나 여러 도시를 여행하며 그곳의 기독교인들에게 환대를 받는다. 그러던 중에 금기 음식, 그러니까 이방신에게 바쳐진 제물이 분명한 음식을 먹는 모습을 교인들에게 들키는 바람에 파문당한다.

페레그리누스가 가상의 인물인지 아니면 실제 인물인지, 또 후자라면 루키아노스가 이 인물을 얼마나 희화한 것인지에 대해서는 학자들 간에 의견이 분분하다. 어느 쪽이든 간에 기독교인들을 조롱하는 루키아노스의 의도만큼은 분명하게 드러나 있다. 루키아노스가 기독교인들의 특징을 어떻게 묘사했는지 살펴보자.

이 가련한 자들은 그들이 죽지 않고 영원히 살 것이라고 무엇보다도 확신하고, 그런 까닭에 죽음을 가벼이 여기며 심지어 자진해서 구속된다. 많은 이들이 그랬다. 더욱이 그들에게 처음으로 도를 전한 자(예수)는 사람들에게 이르기를, 십자가형을 받은 소피스트인 자신을 경배하고 그리스의 신들을 부인해 세상의 법을 어긴 자들은 그의 법 아래에서 모두 한 형제자매라고 설파했다. 명백한 근거도 없이 이 같은 교리를 전통으로 받아들인 기독교인들은 모든 소유를 무분별하게 가벼이 여기고, 그것들을 공동 재산으로 간주한다. 따라서 이 교리를 이용해 이득을 취할 줄 아는 교활한 사기꾼은 이들 무리에 들어와 어리석은 교인들을 속여 금세 재물을 차지한다.

기독교인들이 전통적으로 숭배하던 신들을 저버리고 그 대신 예수를 숭배한 것을 루키아노스가 심각한 위법 행위로 보았다는 사실에 주목하자. 기독교인들의 이 같은 위법 행위는 루키아노스가 그들을 업신여기며 조롱하는 말을 던져도 되는 충분한 사유가 되었던 것으로 보인다.

켈수스 Celsus

2세기의 또 다른 이교도 작가인 켈수스가 서기 175~180년경에 기독교를 전면적으로 비판하면서 쓴 「참된 말씀 The True Word」이라는 글에서도 우리는 같은 종류의 업신여김을 확인할 수 있다. 켈수스가 볼 때 '참된 말씀'이란 변함없이 참된 가르침을 뜻하고, 기본적으로는 그리스의 철학 개념에 영향을 받은 이방 종교를 가리킨다. 켈수스는 이 가르침과 당시 신흥 종교였던 기독교의 가르침을 하나하나 비교했다.

켈수스가 기독교를 비판한 내용이 4분의 3가량 지금까지 전해져 내려오는데, 이는 수십 년 뒤 초기 기독교 작가인 오리게네스 Origen가 그의 주장에 대해 반박하면서 그의 글을 상당 부분 인용했기 때문이다. 인용된 글의 저자가 켈수스라는 사실 외에 우리가 켈수스에 대해 아는 것은 아무것도 없다. 「참된 말씀」이라는 글이 아니었다면 켈수스는 그저 "플라톤 학파 성향이면서도, 추상적 형이상학 개념보다는 실천적 윤리학을 강조한 절충적 입장의 무명 철학자"에 불과했다. 그러니까 얄궂게도 기독교를 공격하는 글을 켈수스가 집필하지 않았거나 오리게네스가 수십 년 뒤 그의 글을 반박하지 않았다면, 켈수스는 역사에서 완전히 잊혔을 사람이었다. 켈수스가 역사에 이름을 남긴 것은 자신이 폄하했던 바로 그 종교 운동 덕분인 것이다!

켈수스는 어쩌면 기독교인들이 "그들의 종교를 부끄럽게 여기도록 만들어" 이교도 신앙으로 개종시키려 했는지도 모른다. 표면적으로는 기독교인들을 독자로 상정하고 켈수스가 글을 쓴 것처럼 보인다. 하지만 오리게네스는 이 글에 대한 반박문을 써달라는 요청을 받았을 때 켈수스의 작품에 대해 한 번도 들은 적이 없다고 말했다. 그러니까 기독교인들을 개종시키려는 바람이 그에게 있었을지는 몰라도, 나는 그가 주로 이교도 상류층을 위해 이 글을 썼다고 본다. 켈수스는 그 당시 지배적인 종교-문화적 세계관에 위협이 되고 있는 신흥 종교를 비평하는 자신의 글에 엘리트 계층이 관심을 가져주길 바라지 않았을까 싶다. 나의 의심을 뒷받침하기라도 하듯 켈수스의 글은 이후 기독교를 비평하는 이교도 작가들 사이에서 널리 읽히며 영향을 끼친 것으로 보인다. 뿐만 아니라 어떤 대의를 옹호 또는 반박하는 글을 쓸 때 공식적으로는 반대편 사람들을 독자로 설정하지만, 정작 그 글의 독자는 이미 그들과 한편에 있는 사람들이 대다수라는 것이 일반적인 관찰 결과다.

저술 동기야 어찌 되었든 켈수스가 구약성경은 물론 경전으로 다뤄졌던 초기 기독교 저작들, 특히 복음서를 섭렵하기 위해 상당한 노력을 기울였던 점은 인정할 만하다. 켈수스는 윤리적 측면에서 더러 기독교인들을 칭찬했지만, 대체로 기독교를 철학적으로나 신학적으로나 부적격하다고 지적했고, 기독교인들을 지적으로 열등한 무리로 묘사했다. 그는 구약의 저작들과 복음서의 글들을 조롱했고, 특히 예수의 생애와 가르침에 대해 혹평했다. 예수가 사생아였고, 그가 이집트에서 마법을 배웠으며, 팔레스타인에 돌아와 신이라고 주장했다는 켈수스의 글은 이 같은 설들을 언급한 문헌 중에 가장 오래된 자료에 속한다. 예수의 기적을 전하는 기록들은 켈수스가 보기에 예수가 사악한 마법사였음을 보여주는 증거일 뿐이었다.

켈수스는 예수의 성육신과 부활에 대한 기독교의 가르침도 조롱했다. 특히 죽은 자가 부활했다는 주장에 대해서는 그 시기의 다른 많은 이교도와 마찬가지로 역정을 냈다. 죽은 뒤에 영혼이 영생을 얻거나 받을 수 있을지는 몰라도, 영혼이 육신과 재결합한다는 것은 말도 안 되는 소리였다.

다른 이교도 비평가들과 마찬가지로 켈수스는 기독교인들을 어리석은 사람들로 그렸고, 그들을 가르치는 교사들을 가리켜 간단한 가르침은 전하지만 철학다운 철학 논쟁에는 참여할 실력이 안 되는 돌팔이 의사나 협잡꾼으로 묘사했다. 그는 기독교인들이 사람들 중에서도 최악의 부류를 공동체에 받아들인다고 단정하며, 그에 반해 당시의 다른 종교 운동은 오랜 기간 훈련과 시험을 거쳐 자기 자신을 정결하게 한 사람들만 받아들인다고 주장했다. 켈수스는 또한 기독교인들이 자녀와 부모 간에 갈등을 조장해 가족을 파괴한다고 비난했고, 기독교인들이 반사회적이며 사회 질서나 국가 질서에 위협이 된다고 주장했다.

나아가 켈수스는 다른 이교도 비평가들과 마찬가지로 전통적인 신들을 숭배하지 않는 기독교의 행태를 비판했다. 그는 기독교인들의 별의별 어리석음에도 불구하고 그들이 다른 신들을 공경하고, 다른 모든 민족—물론, 유대인은 예외이지만—이 인정하는 다신교 문화를 따른다면 기독교인들을 기꺼이 용인할 수 있다고도 이야기했다. 켈수스가 강력히 주장한 바에 따르면 기독교인들은 로마의 신들을 무시함으로써 사회 질서와 정치적 질서의 토대가 되는 신들의 정당성에 의문을 제기했는데 이는 불경죄를 지은 것이며, 따라서 폭동을 선동하는 죄를 지은 것이나 다름없었다. 만약 대중이 정신이 나가 기독교인들을 따른다면 이런 행위는 신들을 분노케 할 것이고, 사회와 정치 질서가 무너져 무정부 상태가 되어 혼란에 빠질 것이라고 켈수스는 강조했다. 그러니까 켈수스는 종교를 선택하는 일에는 중대한 이해관계가 따른다고 전제하고, 여러 관점에서 기독교를 반박하면서 '참된 말씀'을 지지했다.

켈수스의 기독교 비판을 세부적으로 살펴보기에 앞서 우리는 켈수스가 방대한 자료를 조사하고 본격적인 반박문을 집필하는 일에 기꺼이 헌신했다는 큰 그림을 간과해서는 안 된다. 이는 켈수스가 기독교를 반박하는 일을 정당하게 여겼을 뿐 아니라, 어쩌면 그 작업이 시급히 이뤄져야 한다고 판단할 만큼 기독교를 위협적인 대상으로 인식했다고 추론하는 것이 합리적이라는 이야기다. 켈수스는 기독교인들이 남의 말을 쉽게 믿는 단순 무식한 하층민들이라고 규정했고, 그들의 신앙을 경탄할 것이 아니라 불쌍히 여겨야 한다고 보았다. 그러나 내가 보기에 켈수스의 반박문에는 그 행간에 숨겨진 의미가 많다.

기독교가 실제로 이른바 로마 사회의 하층민 찌꺼기들에게만 국한된 일이었으면, 켈수스처럼 문화적으로 교양 있는 상류층에게 위협적으로 비쳤을 리가 없다. 그가 자기 시간을 투자해 장문의 비평을 준비할 필요성을 느꼈을 리도 만무하다. 그런 까닭에 나는 실제로는 당시 로마 사회에서 켈수스가 보기에도 영향력 있는 사회 계층과 집단에서 기독교 개종자들이 생겨나기 시작했을 것이라고 추정한다. 다시 말해 켈수스가 짐작했던 것과 달리 엉뚱한 사회 계층에서 기독교 개종자들이 생겨나고 있었다. 기독교가 실제로 눈에 보이는 위험 요인이 된 것이다! 수십 년 뒤에 신플라톤주의자인 포르피리오스Porphyrios는 15권에 달하는 기독교 비판서를 집필했는데, 켈수스 같은 인사들이 초기에 집필했던 비판서들이 상류 계층에서 개종자가 나오는 것을 비롯해 기독교 운동의 확산을 억제하는 데 기대만큼 효과를 내지 못한 것이 분명하다고 지적했다.

    켈수스 당시에 순교자 유스티누스 같은 기독교인들이 기독교 신앙에 대한 철학적 반박에 대처하고자 기독교를 방어하는 저작들을 발표하고 있었음을 기억해야 한다. 게다가 기독교 반대자들은 눈에 띄는 기독교의 양적인 성장을 골칫거리로 여겼을 가능성이 높다. 초기 기독교의 성장률 수치를 다시 살펴보자. 로마 제국 전체에 고르게 분포한 것은 아니지만, 서기 100년경에는 대략 7000~1만 명, 서기 200년경에는 20여만 명, 서기 300년경에는 500~600만 명에 달했다. 상류층에 침투해 점점 영향력을 넓혀가는 기독교의 양적 성장, 기독교 신앙을 적극적으로 옹호하는 저작 출판 등 여러 가지 요인에 자극받은 켈수스는 기독교를 철저하게 파헤치는 비판서가 필요하다고 판단했을 가능성이 높다.

    서기 2세기 후반에 루키아노스가 기독교인을 풍자하는 장편 『페레그리누스의 죽음』을 쓴 것도 로마 사회에서 기독교인들의 수가 눈에 띄게 증가해 교양 있는 독자들이 그가 쓴 풍자를 이해하고 즐길 수 있으리라 내다봤기 때문일 것이다. 루키아노스 같은 '지식 계급' 사람들이 당시 식자층이 잘 알지도 못하고 하찮게 여기는 종교 운동에 대해 긴 풍자 글을 쓰며 시간을 허비할 턱이 없지 않은가. 요컨대 켈수스와 루키아노스는 그들이 살던 시대에 기독교가 사회적으로 눈에 띄게 성공을 거두고 있었다는 유력한 단서를 의도치 않게 우리에게 제공하는 셈이다.

동기야 무엇이었든 간에 코르넬리우스 프론토(Cornelius Fronto, 서기 95~166년경)도 2세기에 기독교를 비판한 이교도 저자 가운데 한 명이다. 그는 안토니누스 피우스 황제가 임명한 수사학자이자 그의 아들, 곧 마르쿠스 아우렐리우스와 루키우스 베루스의 스승이었다. 안타깝게도 코르넬리우스 프론토가 쓴 기독교 비판서는 현재 전하지 않는다. 하지만 서기 3세기 초에 활동했던 기독교인 작가 미누키우스 펠릭스Minucius Felix는 『옥타비우스Octavius』에서 한 등장인물의 입을 빌어 근친상간과 살인 등의 각종 사악한 짓을 벌이는 기독교인들의 행태에 관해 일장 연설을 하는데, 연설 도중에 코르넬리우스 프론토 역시 이와 같은 연설을 한 적이 있다고 인용한다. 이 인물의 연설을 빌어 보건대, 그의 눈에도 기독교인들은 몹시 혐오스럽고 끔찍한 "나라의 찌꺼기들"이었을 것이다.

앞에서 언급했듯이 기독교인들에 대한 기괴한 비난은 이교도 문헌뿐 아니라 이들의 주장을 반박하기 위해 쓰인 기독교 문헌을 비롯해 여러 초기 문헌에 나타난다. 하지만 근친상간, 식인 풍습, 인신공양 등의 악랄한 혐의는 기독교인들에게만 적용되던 새로운 혐의는 아니었다. 이런 비난은 본래 그리스어를 사용하는 교양 있는 이교도들이 적들을 비방할 때 사용하던 것이었고, 고대 그리스 사회 바깥 혹은 주변부에 있는 집단과 사회를 공격할 때 쓰이던 말들이었다. 그런데 이 비방이 기독교인들에게 적용되면서부터 바뀐 게 있다. 고대 로마 제국의 외부 혹은 주변부가 아닌 그 '내부'에 있는 특정 집단을 대상으로 행해졌다는 것이다. "이는 완전히 새로운 광경이었다." 또 이 같은 혐의는 로마 시대의 많은 이교도들이 기독교인들을 바라볼 때, 이들은 자신들과 다를 뿐만 아니라 사회적으로 인정받는 종교 규범을 따르지 않는 집단, 특히 로마의 신들에게 적절한 예를 갖추지 않는 집단으로 인식했음을 보여준다.

1장을 마무리하며

서기 2세기는 기존의 종교 문화를 수호하려는 사람들과 초기 기독교 간에 극심한 충돌이 발생하고, "기독교에 대한 이교도들의 의혹이 표면화되어, 그들에 대한 풍자와 무자비한 언사가 표출되었던" 시기였다. 또한 순교자 유스티누스 같은 인사들이 로마 당국과 대중을 향해 기독교인과 기독교 신앙을 논리 정연하게 설명하고, 옹호하는 작업에 애썼던 시기이기도 하다. 2세기의 기독교 옹호자들은 당시의 문화적 풍토에 맞서 적극적으로 목소리를 냈고, 이른바 '교리 구축 가속화' 작업이 진행되었다. 2세기 초에는 기독교가 그리 영향력이 크지 않았지만, 신학자 에릭 오스본Eric Osborn이 진단하기로는 2세기 후반 들어서는 "기독교가 로마 제국에서 지배적 위치로 가는 여정을 시작했다."

에릭 오스본이 기독교의 영향력을 과장했다고 느낄 수도 있는데, 아마도 그는 차후 콘스탄티누스 통치하에서 기독교가 결국 '승리'를 거두게 되는 사실을 근거로 이렇게 진술한 것으로 보인다. 그러나 기독교인이든 이교도든 서기 200년에 이 같은 변화를 예견한 이는 아무도 없었다. 어쨌든 로마 사회 상류층에 속한 이교도들이 악의로든 선의로든 기독교에 갈수록 관심을 높였던 때가 2세기였던 것만은 틀림없다.

앞서 살펴봤듯이 초기 기독교에 대한 이교도의 반응은 일반적으로 부정적이었다. 일반 대중과 교양 있는 지식인들의 비평에서부터 근거 없는 고발, 조롱, 비난, 괴롭힘 그리고 플리니우스 총독이 그랬던 것처럼 국가의 승인하에 이루어진 조처까지 기독교를 근절하려는 다각적인 탄압이 있었다. 물론 기독교 외에 다른 외래 종교도 비난을 받고, 일시적이지만 종교 활동을 금지당하는 등 로마 당국에 의해 탄압받기도 했다. 하지만 이 경우에는 임시변통에 가까웠다. 이에 반해 기독교에 대한 탄압은 사회적 차원에서 또 이후에는 정치적 차원에서도 다른 외래 종교에 대한 조치들과는 그 성격이 확연히 달랐다. 켈수스 같은 이교도 비평가들에게 그 시기의 다른 신흥 종교 운동들은 "무시해도 무방한" 세력에 불과했으나, 기독교는 "위험 요소가 너무 많은 사회 현상"이었다. 기독교인들에 대한 처우는 지역마다 달랐고, 황제마다 달랐다. 하지만 그 탄압의 강도나 범위는 전례가 없는 일이었다. 일반 대중은 기독교를 매도하고 식자층은 비판서를 썼다. 초기에는 일부 지역에 그쳤던 당국의 탄압은 차후 로마 제국 전체로 확대되며 근 3세기에 걸쳐 진행되었다.

사실 이 시기의 사회적 박해와 차후 갈수록 심해졌던 정치적 박해를 고려하면, 어떻게 예수 운동이 성장했고 또 어째서 사람들이 기독교로 회심했는지 누구나 의아해할 법하다. 이처럼 적대적인 환경에서 기독교로 개종한 사람들에게는 그만큼 강력한 동기가 있었을 게 틀림없다. 사회적으로 받는 괴로움과 장차 받을 박해에도 불구하고 예수 추종자가 되고 싶을 만큼 초기 기독교가 제공하는 가치가 있었을 것이라는 이야기다. 다시 말해 초기 기독교는 몇 가지 중요한 관점에서 다른 종교와 달랐을 뿐 아니라 예수 추종자가 됨으로써 자신이 사회적으로 치러야 하는 대가를 보상받을 정도의 가치를 제공했음이 틀림없고, 기독교를 받아들인 이들은 이런 가치에 이끌렸다. 여기서 이 주제를 더 자세히 다룰 수는 없지만 기독교의 기원을 연구하는 학계의 최근 경향을 볼 때, 초기 개종자들이 여러 비용을 기꺼이 지불할 만하다고 여기게 만든 가치가 무엇인지 제대로 다루는 작업이 많지 않다는 점을 지적하고자 한다.

지금까지 살펴본 문헌들은 2장에서 다룰 여러 자료와 더불어 초기 로마 시대 사람들이 초기 기독교를 그 당시 여느 종교 운동이나 종교 집단과는 다르게 인식했다는 사실을 보여준다. 실제로 로마 시민의 대다수를 차지했던 수많은 이교도들은 기독교와 기독교인들을 미풍양속을 해치는 유별난 집단으로 여겼다. 이들에게 기독교인들은 그저 여느 종교 집단 가운데 한 집단이 아니었다. 다음 장에서는 초기 기독교의 어떤 요인 때문에 이교도들이 반감을 가졌으며, 기독교를 특이하게 생각했는지 구체적으로 살펴보려고 한다.

2장

이교도들은
기독교를 왜 위험한
종교로
봤을까

오늘날 아무 도시든 길거리에 나가 사람들에게 "신을 믿습니까?"라고 묻는다면 (적어도 대다수 유럽 국가에서는) 세 가지 답변 중 하나를 듣게 될 것이다. "네." "아니오." "글쎄요." 당신에게 '신'이 무엇이냐고 되묻거나 어느 신을 말하느냐고 질문하는 사람은 없을 테다. 신의 존재를 의심하는 현대의 무신론자조차 신은 하나뿐이라고 전제한다! 그러나 유구하고 광범위한 인류 역사를 고려해볼 때 이 전제는 무척 기이한 것이다. 오늘날 세계 대부분의 지역에서 이러한 전제가 만연한 것은 대개 기독교가 문화적으로 끼친 영향 때문이다.

종교 환경이 다양하고 풍성했던 로마 사회에서 초기 기독교는 그 신앙과 종교 관습에서 나머지 종교들과는 달랐다. '이교도'의 전통적인 종교 관습 및 그 당시 새롭게 일어났던 다른 종교 운동과 기독교는 차이점이 많았는데, 기독교는 특히 '살아 계신 참된 신'은 한 분뿐이라고 강경하게 주장하고, 다른 신들을 섬기지 말라고 추종자들에게 요구했다. 이론의 여지는 있지만 초기 기독교는 그저 여러 신들 가운데 어느 한 신을 믿는 신앙이 아니라 여러모로 전혀 다른 종류의 종교였다. 곧 살펴볼 테지만 초기 기독교는 너무 유별나서 로마 시대의 많은 이들은 기독교의 신앙과 관습을 꺼림칙하게 여겼으며 기독교인들이 몹시 불경한 자들이고 심지어 무신론자들이라고 몰아세웠다.

종교

초기 기독교가 처했던 종교 환경을 고려하기 전에 먼저 '종교'라는 용어부터 살펴보자. 본제를 벗어나 단어 하나하나를 따지자는 게 아니라 우리 시대와 로마 시대의 여러 차이점을 보다 선명하게 이해하기 위해서다.

오늘날 우리가 종교라는 용어를 사용하는 방식은 실제로 로마 시대를 이해하는 데 방해가 될 수 있다. 오늘날 종교religion 및 이와 똑같은 뜻으로 쓰이는 서구권의 여러 단어는 적어도 다수의 '서구' 국가에서는 인간의 다른 활동 곧 정치, 경제, 과학 등과 구분할 수 있는 또 하나의 인간 활동으로 인식된다. 또 적어도 대부분의 서구 국가에서는 어떤 종교적 신념과 관습에 동의하고 특정한 종교 집단에 소속되는 것은 흔히 자발적 행위이고, 사적인 일이며, 개인의 자유로운 선택에 달린 일로 생각한다. 당신은 '종교적'인 삶을 선택할 수도 선택하지 않을 수도 있다. 또 종교적인 삶을 선택했을 때, 이 삶의 내용에 무엇을 포함시킬지, 어느 종교를 믿고 따를지도 역시 당신의 선택에 달렸다. 실제로 당신은 하나 또는 그 이상의 종교적 전통에서 몇 가지 요소를 선택적으로 결합해 '일품요리'를 구성하듯 자신만의 종교를 구성할 수도 있다.

흔히 우리가 종교라고 넓게 지칭하는 말 안에는 유대교, 기독교, 이슬람교 등 우리가 분간할 수 있는 형태로 다양한 '종교들'이 있다. 우리가 종교라는 용어를 쓸 때, 그 말은 전쟁이나 음악처럼 인간 활동의 특정한 종이나 속을 지칭하는 셈이다. 종교란 여러 가지 고유한 표현과 양식을 취하지만 본질적으로는 시대와 문화를 초월해 쉽게 인식할 수 있을 만큼 유사하다고 우리는 전제한다. 포괄적 관점에서 정의하자면 종교란 이를테면 신들을 향한, 신들과 관계된 일련의 신앙과 그 의식으로 구성되고, 인간과 물질적 세계를 초월적 세계와 연결하고, 삶에 궁극적 의미를 부여하는 역할을 하는 활동이다.

시대를 초월하는 인간 문화의 보편적인 현상의 하나로서 종교를 규정하는 이런 포괄적 개념이 유럽인의 사고 속에 들어온 것은 그러나 겨우 지난 몇 세기 동안의 일이다. 이는 유럽이 지구를 탐험하며 식민지를 확장한 결과였다. 역사적으로 보면, 식민지 확장 과정에서 만난 민족들과 그 문화의 특징을 포착하고 범주를 나눌 필요가 있었고, 이때 다른 기준도 있었겠지만 종교도 그 역할을 담당한 것으로 보인다. 또 이런 배경에서 종교 개념의 세부 내용은 대체로 기독교에 의해 형성되었다. 유럽인들은 기독교 렌즈를 통해 여러 문화의 관습을 묘사하고 이해할 때가 많았다. 유럽의 식민지 개척자들과 이후 그 문화를 이어받은 후손들이 착각한 것은 종교를 규정하는 기본 틀이나 원형으로 유럽의 기독교를 설정하고, 이를 기준으로 식민지 사람들의 다양한 신앙과 관습을 분류하고 그 특성을 기술할 수 있다고 생각한 점이다.

늘 그랬다고 말할 수는 없지만, 바로 이러한 시도로 인해 다른 종교를 정확히 인식하는 게 아니라 오히려 왜곡하는 결과를 낳았다. 일례로 전통적인 상좌부 불교의 일부 종파에는 특정한 신이 존재하지 않는다. 기독교 전통에서 당연하게 간주하는, 신을 숭배하는 행위인 예배도 거의 찾아보기 힘들다. 또 다른 예로 우리가 오늘날 '힌두교'라 지칭하는 종교는 역사적 발아점이 하나이고 특정한 교리를 갖춘 단일한 종교가 아니다. 실제로는 역사적 기원이 각기 다른 인도의 전통적 신앙과 관습이 다수 혼합되어 있다. 마찬가지로 여러 민족의 전통 종교에서 적어도 일부 종파는 이를테면, 기독교인들처럼 유일신을 숭배하고 예배하거나 신과 우호적 관계를 맺는 것보다는 신들의 심기를 건드리지 않고 화를 피하는 것에 더 관심이 많은 듯하다.

말하자면 종교적 의식은 신들을 달래거나 아예 신들의 이목을 끌지 않을 목적으로 만들어진 경우가 많았다. 전통을 지키며 사는 여러 소수민족에게 그들의 종교 의식이 중요한 것은 분명하지만, 그렇다고 이들이 '궁극의 의미' 같은 것을 표현하거나 획득하고자 종교 의식을 실천한다고 말하는 것은 사실을 다소 호도하는 것이며, 심지어 문화제국주의적 편견일지도 모른다. 여기서 요지는 이런저런 종교의 우월성을 따지려는 게 아니라 우리가 흔히 종교로 전제하는 범위를 훌쩍 벗어나는 색다른 종교 의식과 신앙이 상당히 많다는 것이다.

현대의 대다수 서구인이 일반적으로 떠올리는 종교와 고대 로마 시대 사람들이 생각하는 그것 역시 무척 달랐다. 사실 고대 그리스어나 라틴어 혹은 그 밖의 고대 언어에 현대의 종교라는 개념과 용법을 지닌 단어가 있었는지도 분명치 않다. 그리스어 '유세베이아eusebeia'는 숭배 혹은 공경을 주로 뜻하는데, 이 숭배와 공경의 대상에는 분명 신도 포함되기 때문에 '신앙심piety'이라는 뜻을 내포한다고 볼 수도 있다. 하지만 유세베이아는 부모 혹은 그 밖에 합당한 대상에 대한 공경심도 될 수 있다. 말하자면 유세베이아는 합당한 인물에 대한 공경을 포함해 우리가 몸가짐이나 덕행이라 부르는 것에 더 가까우며, 현대의 종교라는 용어가 흔히 내포하는 개념을 분명하게 지칭하는 단어는 아니다.

현대의 종교라는 용어에 보다 구체적으로 근접하는 단어는 '테오세베이아theosebeia'다. 이 말은 기본적으로 신을 섬기고 숭배하는 것을 의미하기 때문에 그런 점에서 '종교성religiousness'을 의미한다. 초기 기독교 문헌 중에 「디오그네투스에게 보내는 서신Epistle to Diognetus」이 있다. 내용을 보면 '기독교인들의 종교(테오세베이안theosebeian)'를 배우고 싶어 하는 디오그네투스의 궁금증을 풀어주고자 이 편지를 쓴다고 밝히고, 세간의 소문에 반박하며 기독교의 주요한 신념과 예배 양식, 몸가짐 등을 설명한다. 또 다른 그리스어 '트레스케이아thrēskeia' 역시 동물 제사를 드리는 등의 신을 숭배하는 행위와 관련된 특정한 종교 의식을 지칭했다.

우리가 특히 주목해야 할 부분은 고대 사회와 현대 서구 사회에서 종교를 이해하는 방식이 어떻게 달랐는가다. 먼저 현대인은 종교를 삶에서 구분 가능한 독립적인 영역으로 생각하는 경향이 있다. 또 (기독교의 고유한 특징을 기반으로 형성된) 포괄적 관점에서 종교란 모든 시대와 장소를 초월한 근본적이고 보편적인 인간 활동이라고 전제한다. 하지만 이 같은 전제는 기반이 그리 탄탄하지 않고, "역사적으로 면밀하게 검토해보면 금세 부서질 얇디얇은 판자"에 불과하다.

고대 로마 사회에서 종교적 삶이 어떤 형태였는지 구체적으로 살펴보기 전에 '이우다이스모스ioudaïsmos'라는 그리스어를 살펴보자. 이 단어는 흔히 영어로 'Judaism(유대교)'이라고 번역되었다. 하지만 이 번역은 오해의 소지가 있다. 현대인에게 유대교는 특정한 종교를 뜻한다. 그러니까 기독교 같은 다른 여러 종교와 구분할 수 있는 신앙 및 종교 의식 체계나 전통을 의미한다. 예컨대 신약성경에서 사도 바울이 갈라디아 교회에 서신을 보내 "이전에 유대교에 있을 때"를 언급한 대목이 있는데(「갈라디아서」 1장 13절), 현대인의 시선으로 보면 그가 한 말의 의미를 오해하기 십상이다. 바울이 과거에는 유대교라는 특정 종교를 따르다가 이제는 다른 종교로 개종한 것이라고 판단하기 쉽다. 독자들은 「갈라디아서」를 쓴 바울이 그 시점에 자신을 더 이상 유대교인이 아니라 기독교인으로 생각하고 있다고 짐작하는 것이다.

하지만 바울이 살던 시대에 그리스어 이우다이스모스는 유대교의 율법을 준수하는 모습으로 나타나는 '유대인다운 생활 방식a Jewish way of life'을 장려하는 활동을 주로 의미했던 것으로 보인다. 어근이 같은 동사 이우다이조(ioudaïzoō, 영어로 judaize)는 당시 유대교의 종교 관습, 즉 이우다이스모스를 받아들이는 것 또는 다른 사람들이 그들처럼 율법을 준수하도록 장려하는 것을 의미했다. 결국 「갈라디아서」 1장 13절에서 "이우다이스모스에 있을 때"라고 말하면서 바울이 의미한 것은 과거에 그가 바리새인으로서 이른바 유대인다움Jewishness, 즉 유대교 율법을 준수하는 데 동족들이 철저히 헌신하도록 열정적으로 활동했다는 뜻이다.

바울은 자신의 과거 활동과 온 나라(이방)에 복음을 설교하는 소명을 갖게 된 현재의 자신을 대비하고 있다. 하지만 그는 한 종교를 떠나 다른 종교로 넘어왔다고 말을 한 것이 아니다. 우리가 이해하는 현대적 의미의 유대교를 떠나 기독교로 넘어간 것이 아니라는 말이다. 현대인들이 이 용어들을 쓰는 방식대로 두 범주를 구분하는 것은 과거의 바울에게는 불가능한 일이었다. 누차 강조하지만 바울은 자신이 과거에 했던 수고와 현재의 수고를 대조하고 있을 뿐이다. 이전에는 유대인 동족들이 유대교 율법을 성실하게 준수하도록 열심히 독려했고, 지금은 이스라엘의 하나님과 그의 아들이 위탁한 특사로서 부름받아 모든 이방 나라에서 사람들이 그리스도의 복음에 순종하도록 만들기 위해 일하고 있다는 것이다.

영어 단어 'religion'은 어원적으로 라틴어 단어 'religio(렐리기오)'에서 유래했지만, 여기서 분명하게 드러나듯이 어원에 대한 지식이 파생된 단어의 의미와 용법을 확정 짓는 데 항상 도움이 되는 것은 아니다. 적어도 초기 기독교 시대에 라틴어 렐리기오는 여러 가지 뜻을 내포하고 있었고, 주로 신성한 의식과 제사를 뜻했다. 즉, 이런저런 신에게 바치는 숭배나 예배로 구성되는 활동을 의미한다고 볼 수 있다. 하지만 그리스어 유세베이아와 마찬가지로 라틴어 렐리기오 역시 항상 신과 관련한 행동만을 지칭한 것은 아니다. 적어도 몇몇 초기 사례에서 렐리기오는 여러 의무나 책무에 대한 양심적인 태도나 성실함을 의미할 뿐이었다.

오늘날 우리가 사용하는 종교라는 단어는 그 개념뿐만 아니라 용법에 상당한 변화가 있고, 그만큼 고대로부터 멀어졌기 때문에 그 말의 어원을 살펴 고대의 종교 환경을 정확히 파악하기는 어렵다. 여기서 이에 관해 더 자세히 논하기는 지면이 허락지 않고 또 그럴 필요성도 없다. 물론 오늘날 학자들은 로마 시대의 여러 신과 관련된 신앙과 종교 관습을 묘사하면서 종교라는 용어를 자주 사용하지만, 이는 현대에 종교라는 용어를 어떻게 사용하고 그 현상을 어떻게 분류하는지를 보여주는 것에 불과하다. 하지만 어떤 현상을 이해하는 우리의 관점에서 파생한 현대의 용어를 사용해 시대 배경이 다른 현상을 지칭하고 논의하는 데 유용한 도구로 쓰고 있다는 사실을 인지하는 한 이러한 용어 사용이 반드시 문제가 되는 것은 아니다.

현대의 종교 개념에 대한 최근 연구 경향을 보면 고대와 관련한 학문을 '다시 기술하는' 작업, 즉 우리가 쉽게 공감할 수 있는 용어들로 고대 사회의 현상을 분석하고 묘사하는 작업이 눈에 띈다. 비판적 시각을 유지하는 한 나는 이러한 작업이 정당한 시도라고 생각한다. 이 책에서도 '종교적religious' 신념과 관습이란 말을 언급할 텐데, 이때 종교적이라는 수식어 뒤에 오는 신념과 관습은 로마 시대의 다양한 종류의 신들 및 신적인 존재들과 관련되어 있다고 보면 무리가 없다.

우리가 또 알아야 할 사실은 대체로 로마 시대의 사람들에게는 '종교적 신념'보다는 우리가 '종교적 관습'이라 칭하는 것, 말하자면 신성한·전통적 의례가 더 중심적인 역할을 했고, 더 각별했고, 더 중요했고, 더 뚜렷하게 나타났다는 점이다. 신들에 대한 신념이 비록 명확히 드러나 있지 않고 주된 관심사도 아니었지만 그럼에도 종교 관습에 없어서는 안 될 필수 요소였다. 일례로 로마 시대 사람들은 분명 특정 신이 존재한다고 가정했고, 이 같은 관념은 해당 신에게 제물을 바치는 데 꼭 필요한 전제였다. 그리고 가납될 만한 상황이면 신이 기도를 들어줄 것이라 생각했는데, 이는 해당 신에게 도움을 청하는 행위를 뒷받침하는 합리적 전제였다. 고대 사회의 사람들은 현대인과는 다르게 종교적 신앙과 종교적 관습을 따로 구분해서 생각하지 않는 편이었다. 하지만 우리로서는 이들 용어를 사용해 범주를 구분하는 것이 관련 현상을 이해하는 방법이고, 이는 유익하고 또 타당하다.

지금부터는 초기 기독교가 등장했던 종교적 정황을 점검해보고, 종교적 신념과 관습 관점에서 기독교가 어떻게 기존의 종교들과 구별되는지 살펴볼 생각이다. 초기 기독교를 독특하고 남다른 종교라고 규정함으로써 나는 다음과 같이 과감하게 주장했던 저명한 고대 사학자이자 내 친구인 에드윈 저지Edwin Judge의 용어 사용법과는 부득불 대립하는 셈이 됐다. 그는 "1세기에 통용되었던 의미의 종교 관습과 기독교 현상에서 유사성을 찾는 작업이 어떻게 가능하다는 것인지 이해하기 어렵다"라고 주장한 바 있다.

그의 주장에는 일리가 있다. 초기 기독교는 대다수 고대인들이 흔히 생각했던 종교로 보기에는 그에 어울리는 기본 요소들이 거의 없었다. 제단도 없고, 신상도 없고, 제사장도 없고, 산 제물을 바치는 일도 없고, 신전도 없었다. 하지만 초기 몇 세기 동안 기독교인들과 기독교 비평가들, 적대자들 사이에서 논쟁이 붙은 첨예한 문제는 숭배였고, 내게 이 문제는 '종교적'으로 들린다. 기독교인들에 반대했던 이교도들이 기독교인들의 예배 의례에 주목한 것은 틀림없다. 대표적으로 타키투스는 기독교를 '미신superstitio'이라고 언급했고, 플리니우스도 "신에게 하듯 그리스도를 향해 찬가를" 부르는 기독교의 관습을 언급한 바 있다. 또 이교도들은 기독교인들이 로마의 전통적인 신들을 숭배해야 한다고 강력히 요구했다. 켈수스 같은 이교도들은 만약 기독교인들이 전통적인 신들을 숭배한다면 다른 결점들은 기꺼이 용인할 수 있다고도 하지 않았는가.

그러나 기독교인들은 대개 그 같은 요구를 거부한 것으로 보이고, 성경에 나오는 유일신을 섬길 따름이라고 선언했다. 게다가 다른 사람들도 모두 그렇게 해야 한다고 주장해 이교도들을 더욱 불쾌하게 만들었다. 기독교인들은 철학적 변증을 비롯해 그들의 입장을 정당화하고 기독교에 대한 부정적 반응을 완화시키기 위해 여러 가지 논증을 구축했다. 로마의 전통적인 신들을 숭배하라는 이교도들의 주장은 사회적·정치적 통합을 확보하고 장려하기 위한 것으로, 우리가 흔히 말하는 종교적 합치를 꾀하는 시도라고 해도 무리가 없다.

종교라는 용어에 담긴 의미가 그렇듯이, 최소한 숭배의 문제는 이교도들에게 기본적으로 종교적 문제였다고 나는 단언한다. 기독교의 종교적 관습과 신앙은 고대 이교도 사회의 관습 및 여러 신앙과는 전반에 걸쳐 대조되었다. 게다가 초기 기독교인들이 보기에도 로마에서 문제 삼는 유일신 숭배 문제는 우리가 인식하는 종교적 문제와 별반 다르지 않았다. 기독교인들에게는 거짓되고 하찮은 수많은 이교의 신들보다 참된 유일신께 헌신하는 일이 무엇보다 중요했다. 물론 앞서 살펴본 대로 용어 사용에 차이가 있어 이교도이든 기독교인이든 당시에 이 문제를 종교적 문제라고 칭하지는 않았다. 하지만 누차 강조하건대 우리로서는 이 종교라는 용어를 사용하는 것이 합리적이라고 본다.

신들이 가득한 세계

초기 기독교를 이해하기 위해 그 배경이 되는 초기 로마 제국의 종교적 특징을 개략적으로 살펴보면, 당시 사람들이 엄청난 수의 신적인 존재들을 갖가지 방식으로 숭배했다는 사실이 먼저 눈에 띈다. 그곳은 그야말로 '신들이 가득한 세계'였다. 신들은 종류도 다양하고 활동 영역도 다양했다. 예를 들면 로마의 모든 신을 다스리는 주신主神인 유피테르는 제우스와 동일한 혹은 자주 동일시되던 신이었고, 제우스는 고대 그리스 신들 중에서 주신이었다. 기독교가 등장한 초기에 로마인들은 그들이 전통적으로 섬기던 신들 외에 로마 제국이 점령한 각 나라의 토착신들도 허용하거나 차용했다. 로마 시대에는 수많은 나라의 이방 신들이 진열되어 있는 가상의 뷔페식당이 있었다. 그리고 뷔페식당에서 맘껏 음식을 골라 먹듯이 섬기는 신의 숫자를 굳이 제한할 필요가 없었다. 사실 숭배 대상을 특정한 신에 한정시키는 배타성이야말로 희한하기 짝이 없는 일이었다.

이탈리아 북부 알프스 산맥 아래에 위치한 발디논Val di Non이라는 작은 마을을 예로 들어보자. 이곳에서 고고학자들은 유피테르, 미네르바, 아폴로, 사투르누스, 메르쿠리우스, 마르스, 베누스, 디아나, 루나, 헤라클레스, 미트라, 이시스, 두카바비우스(Ducavavius, 그 지역의 유일한 토착신)에게 헌정된 비문들을 발견했다. 이곳은 대도시가 아니라 속주에 있는 작은 마을이었음에도 다양한 신들의 이름을 확인할 수 있었다. 마케도니아 지역에 있는 빌립보(필리피)에서 나온 비문들도 있다. 거기에는 유피테르 · 제우스, 유노 · 헤라, 미네르바 · 아테나처럼 하나로 합쳐진 그리스 로마 신들을 비롯해, 베르툼누스(Vertumnus, 이탈리아의 토착신)와 스무여 명 신들의 이름이 등장했다. 마찬가지로 멀리 니코메디아(Nicomedia, 지금의 터키) 같은 동로마 지역에서 나온 유물에서는 무려 마흔여 명 신들이 언급되었다.

가장 유명한 신들은 대체로 그들이 상징하는 민족, 지역, 삶의 순간, 자연의 힘, 도시 등과 관련되어 있었다. 로마 제국의 많은 사람은 각자 자신들의 전통적인 신을 동시에 여럿 섬겼으며, 당시에는 그 신들을 모두 인정하고 맞이하는 추세였다. 각양각색의 신들을 향한 사람들의 태도는 "땅에서와 같이 하늘에서도 두루두루 포용하는" 것이 일반적이었다. 앞에서 언급한 빌립보에서 발굴된 유물에 드러나 있듯 사람들은 기꺼이, 또 열심히 비슷한 특징을 지닌 여러 지역의 신들을 하나로 연결하곤 했다. 마치 그 신들이 하나의 신이고, 이 신의 여러 자아가 여러 민족에게 각기 다른 이름으로 알려진 것으로 생각했다. 고대 사회를 다루는 최근 한 연구에서는 이러한 시도를 가리켜 한 민족의 신을 다른 민족의 신으로 "번역하는 작업translating"이라고 지칭했다.

이 밖에도 특정 지역의 토착신을 다른 지역의 민족이 받아들여 본래 이름 그대로 숭배하며 이전보다 더 많은 추종자들을 양산하는 경우도 있었다. 새로 채택한 신을 대대적으로 변형하거나 개조하는 과정을 거치기도 했다. 이런 과정을 거쳐 성공한 가장 유명한 신이 미트라와 이시스일 것이다. 토착신에 해당했던 미트라와 이시스는 로마 제국 시대에 변형을 거쳐 크게 인기를 누렸다. 미트라교는 특히 로마 군인들 사이에서 확산된 것으로 보이는데, 미트라 신전들은 브리튼 섬을 비롯해 대부분 군대 주둔지에서 발견되었다. 이시스 여신의 경우에도 기원지인 이집트에서는 그리 대단하지 않은 신이었으나 로마 제국 전역(오이쿠메네oikoumenē)에 알려진 뒤에는 다양한 이름으로 여러 민족에게 숭배받았다.

이렇게 서열이 높은 신들 외에 서열이 낮은 하급 신들이나 정령들도 종교적 의례에 정기적으로 등장했다. 로마 사람들이 숭배했던 '라레스Lares'가 대표적인데, 이들은 다양한 장소에서 수호신 구실을 했다. 가장 흔한 라레스는 각 가정의 수호신들(라틴어로 라레스 도메스티키 Lares domestici)이었는데, 죽은 조상 중에 일부가 살아생전의 선행과 지위에 따라 특별한 정령으로 추앙받았다. 이들 정령은 후손들을 보호했고, 집안의 자손들은 흔히 주택 안에 설치되는 작은 제단인 라라리움Lararium에서 날마다 제물을 올리고 기도를 하며 그들을 숭배하곤 했다. 다리나 갈림길 등의 특정한 장소를 수호하는 라레스도 있었고, 로마 제국 전체를 수호하는 라레스 아우구스티Lares Augusti도 있었다. 유명한 신들과 비교해 라레스는 보통 그 힘이 미치는 영역이 제한적이었지만 일상 의례에서는 더 자주 등장한 것으로 보인다.

로마 시대에 각양각색의 신들을 섬겼다는 사실 외에 그 당시 사람들이 언제 어느 곳에서나 신들을 숭배했다는 점에도 주목해야 한다. 정치나 사회생활처럼 종교를 또 하나의 영역으로 구분하는 현대의 개념이 로마 시대에 들어맞지 않는다는 대표적인 사례다. 당신은 종교를 이를테면 일요일—물론 당신이 유대인이라면 안식일(토요일)—에 수행하는 어떤 행위로 생각할지 모른다.

하지만 로마 제국에서는 우리가 종교라 칭하는 행위가 사실상 어디에나 존재했으며, 일상의 씨줄과 날줄을 구성하는 핵심적이고 정기적인 활동이었다. 로마의 가정에서는 그들의 노예까지 식구들이 날마다 함께 모여 집안에서 모시는 라레스를 숭배했다. 이 밖에도 주민들은 거주하는 도시의 수호신(남신이든 여신이든)에게 바치는 동물 제사와 제전 행렬 등의 예식에 정기적으로 참여하는 것을 당연하게 여겼다. 나아가 출산, 식사, 여행과 같은 일상적인 활동을 비롯해 길드(조합)나 사교 단체 모임이라든가 시의회 공식 회의에서도 관련된 신들에게 적절한 예를 표했다. 가령 행사를 수호하는 신을 찬미하는 뜻에서 소량의 포도주를 뿌리는 '헌주' 의식을 거행하곤 했다. 수호 분야가 광범위하고 강력한 힘을 행사하는 수호신들도 있었으며 이 신들은 로마 제국을 지탱하는 반석으로 여겨졌다. 요컨대 사회의 가장 낮은 영역에서부터 가장 높은 영역까지, 삶의 모든 분야가 다양한 종류의 신들과 연결되어 있다고 생각했다. 신들과 신들을 숭배하는 예식과 무관한 '속세의' 영역이 삶 속에 존재한다는 현대적 개념은 당시에는 없었다.

모든 신을 숭배할 가치가 있는 존재로 여겼다는 점도 빼놓지 않고 짚어야 한다. 신을 숭배하지 않는 것—숭배란 일반적으로 산 제물을 바치는 제사를 의미하는데—은 결국 그 신의 실재를 부정하는 것이었다. 모든 신을 빠짐없이 섬겨야 하는 것이 이교도 개개인의 의무는 아니었지만 원칙적으로 모든 신은 숭배받을 자격이 있었다. 따라서 로마 시대의 사람들은 대체로 각기 다른 여러 신을 함께 숭배하는 일에 전혀 거리낌이 없었다.

로마 시대의 이교도들은 자신이 섬길 신을 선택했다고 해서 나머지 신들을 배척하지는 않았다. 그들은 때와 상황에 맞게 관련 신들을 찾아가 기원하거나 가호를 빌었다. 거듭 말하지만 지역마다, 사건마다, 장소마다, 일상의 각 영역마다 다양한 신이 존재했다. 일반적으로 신들은 각자 자신의 직분을 갖고 있었다. 가령 항해를 떠나는 이들은 안전한 항해를 위해 포세이돈 같은 해신에게 기원했을 테고, 자신이나 가족이 다쳤거나 병에 걸려 치료가 필요하면 아스클레피오스 같은 신에게 간청했을 것이다. 애정 문제로 도움이 필요하다면 아프로디테에게 호소하거나, 아니면 주술을 써서 강력한 다이몬(daimon, 정령의 한 부류)에게 소원을 빌었을지도 모른다. 제빵사처럼 특정한 길드의 일원이라면 다른 조합원들과 함께 길드를 수호하는 신을 숭배하는 예식에 참여했을 것이다. 로마군 병영을 지키는 수호신도 다양했다. 또 시 당국의 회의에는 보통 도시를 수호하는 신에게 감사 기도를 올리는 의례가 포함됐다.

동시에 여러 신을 숭배한다고 해서 다른 신이 역정을 낼 것이라고 염려하는 일은 없었다. 물론 모든 신을 똑같이 중시했다는 뜻은 아니다. 자신이 속한 나라와 도시, 민족 전통의 신들을 숭배하는 것이 더 중요했다. 이는 다음 장에서 더 자세히 다루기로 하자. 어쨌든 그렇다고 해서 다른 신들을 섬기는 일을 기피할 필요는 없었다. 실제로 로마 시대의 사람들에게 '경건함'이란 모든 신에게 예외 없이 적절한 예를 표할 자세가 되어 있음을 의미했다. 다시 말해 제국을 구성하는 민족이 신으로 인정하는 신이라면 어떤 신이든 사리와 도리에 맞게 예를 표하는 것을 의미했다. 로마 시대에 다른 도시나 나라에 방문했다고 치면, 그 지역의 수호신들과 관련한 제의에 초대받을 일이 있었을 테고, 그러면 사람들은 거리낌 없이 그 초대에 응했을 것이다. 여러 신들에게 예배하기를 대놓고 거절하는 행위는 비정상적이고 반사회적으로 보였고, 심할 경우 불경스럽고 반종교적인 짓으로 여겨졌다.

로마 시대 곳곳에 있었던 수많은 신전과 사당을 보면 종교적 활동이 얼마나 광범위하게 일어났는지 짐작할 수 있다. 신전들은 도시 한가운데에 지어지는 경우가 많았고, 도시 중심부를 대부분 차지할 만큼 다수의 신전이 지어지기도 했다. 신전에는 제사를 올리는 제단들이 있었고, 제물을 바치는 일 외에도 어떤 신이나 그 신전에 봉사할 기회는 얼마든지 있었다. 앞서 언급했지만 신전에서 올리는 제사에 사용할 동물들을 전문적으로 사육하는 사람들도 있었다. 신전을 방문한 기념으로 개인이 구매할 수 있는 소형 신상을 제작하는 장인들도 있었다. 또 기도에 응답한 신께 감사의 선물로 바치기 위해 구입할 수 있는 봉헌물도 있었다. 가령 소형 발 모양의 조각은 신이 당신의 발을 치유해주었음을 상징했다. 사람들은 신들에게 바라는 것이 있었고, 신들은 감사의 선물을 좋아했다. 신들과 인간 사이에는 상호 유익한 관계가 형성되었고, 신들을 숭배하는 일은 삶에서 중요한 부분을 차지했다.

신과 '우상'

로마 시대의 종교적 신앙과 초기 기독교의 입장이 특히 차이를 드러내는 부분이 바로 '우상'이다. 기독교인들은 성경에 나오는 유일신을 제외하고는 다른 신의 예배에 참여해서는 안 되었다. 초기 기독교인들이 예수를 사실상 하나님과 공동으로 숭배하게 된 것에 대해서는 이번 장 후반부에서 살펴보겠다. 로마 시대에는 신들을 모신 장소가 곳곳에 있었고, 일상에서 신을 숭배하는 의례가 넘쳐났다는 점을 고려하면, 기독교인들이 들키지 않고 그 모든 의례를 '기피'하기는 어려웠을 것으로 보인다. 기독교인들은 여러 신을 숭배하는 자리에 함께하자는 사람들의 권유를 자주 '거부'할 수밖에 없었을 테고, 그만큼 사람들과의 관계를 원만하게 유지하기가 쉽지 않았을 것이다. 특히 식구들이나 가까운 지인들과의 관계일수록 조심스러웠을 것이다.

초기 기독교인들이 숭배를 거부한 대상에는 집안의 수호신은 물론, 거주하는 도시의 수호신을 비롯해 로마 제국을 구성하는 여러 도시와 민족들이 섬기는 전통적인 신들이 포함되었다. 심지어 로마Roma 여신처럼 제국을 통치하는 데 정통성을 부여하고 제국 자체를 상징하는 신이라도 예외가 아니었을 것이다. 사실 기독교인이라면 로마 사회의 수많은 신을 전부 '우상idols'으로 치부해야 했다. 우상이란 단어는 그리스어 '에이돌론eidolōn'에서 유래한 것으로 형상 혹은 환영을 의미했다. 다시 말해 기독교인들은 로마의 전통 신들을 숭배할 가치가 없는 존재로 여겼다. 그것들은 거짓되고 기만적인 존재이거나 나아가 신으로 가장한 악마였다. 로마인에게 흔히 경건함(렐리기오 혹은 유세베이아)으로 여겨지던 행위, 그러니까 여러 신들을 숭배하는 행위가 초기 기독교인에게는 정반대로 우상을 숭배하는 심각한 불경죄였다.

사도 바울의 서신인 「데살로니가전서」(서기 50년경)는 현존하는 신약성경 문헌 중에 가장 오래된 것으로 보이는데, 이 서신에도 기독교인들의 엄격한 배타주의를 엿볼 수 있는 대목이 있다. 이전에 바울이 전도 여행 중에 세웠던 데살로니가 교회(그리스어로 에클레시아ekklēsia)의 구성원들은 그가 개종시킨 이교도들이었다. 바울이 이 편지를 쓴 것은 데살로니가 교인들을 격려하고, 자신이 보고받은 데살로니가 교회의 문제에 대해 몇 가지 가르침을 주고, 또 그가 한동안 그곳을 방문하지 못한 이유를 설명하기 위해서였다. 편지 서두에서 바울은 복음을 열정적으로 받아들인 데살로니가 교인들을 칭찬하며 그들이 마게도냐(마케도니아)와 아가야(아카이아)의 모든 지역에서 기독교 신자들에게 모범이 되고 있다고 밝혔다. 데살로니가 교회에서 개종자들이 굳게 믿음을 지킨 이야기가 각처에 퍼져 자신이 방문한 곳마다 기독교 신자들에 대한 칭찬이 자자하다고 바울은 강조했다(「데살로니가전서」 1장 2~7절).

우상 문제가 보다 선명하게 드러나는 대목이 있다. 이 구절에서 바울은 복음을 받아들인 데살로니가 교인들을 가리켜 그들이 어떻게 우상을 버리고 "하나님께로 돌아와서 살아 계시고 참되신 하나님을 섬기는지와 또 죽은 자들 가운데서 다시 살리신 그의 아들이 하늘로부터 강림하실 것을 너희가 어떻게 기다리는지를 말하니 이는 장래의 노하심에서 우리를 건지시는 예수시니라"라고 말한다(1장 9~10절).

여기서 바울이 한 치의 망설임도 없이 참되신 하나님과 우상을 극명하게 대비하고 있음에 주목하자. 바울이 쓴 우상이라는 말은 로마 사회의 수많은 신을 한마디로 정리하며 조롱하는 표현이다! 이미 언급했듯 우상이라는 말은 그리스어 에이돌론에서 유래했으며, 일반적으로 실체가 없는 허깨비라는 뜻을 암시했다. 로마인들이 자신이 섬기는 여러 신을 지칭할 때 썼던 단어는 결코 아니다! 초기 기독교 문헌들에 나타난 것과 마찬가지로, 여기서 바울이 우상을 사용한 용법은 고대 유대인들이 그 당시 이방 민족들이 섬겼던 수많은 신을 지칭하면서 썼던 용례 그대로다. 이 말은 이방 민족의 신들이 숭배할 가치가 있는 존재처럼 '그럴싸하게' 보일 뿐 거짓으로 꾸민 허울에 지나지 않는다는 뜻이었다. 특히 강조하고 싶은 사실은 고대 이교도의 글에는 신들을 가리켜 그리스어 에이돌론을 쓰며 경멸을 표현하는 용례가 보이지 않지만 유대교와 기독교 문헌에는 흔하게 등장한다는 점이다. 이는 노골적으로 이방 신들을 무시하고, 심지어 웃음거리로 삼고 있음을 드러낸다.

실제로 고대 유대교와 기독교 문헌에는 우상에서 파생된 여러 낱말이 이방 신들에 대한 경멸을 드러내는 경우가 많다. 우상과 관련한 어휘를 바울 서신만 한정해서 몇 가지 살펴보자. 이교도의 신을 모시는 신전을 가리키는 "우상의 집(그리스어로 에이돌레이온eidōleion, 「고린도전서」 8~10장)", 이교도 신의 제사에 쓰인 고기를 가리키는 "우상의 제물(에이돌로투톤eidōlothuton, 「고린도전서」 8장 1절, 4절, 7절, 10절, 그리고 10장 19절)", 신들을 숭배하는 행위를 가리키는 "우상 숭배(에이돌로라트레이아eidōlolatreia, 「고린도전서」 10장 14절, 「갈라디아서」 5장 20절)", 그리고 신들을 숭배하는 사람을 가리키는 '우상 숭배자(에이돌로라트레스eidōlolatrēs, 「고린도전서」 5장 10~11절, 6장 9절, 10장 7절)'가 있다. 고대 그리스 로마의 문학이나 이교도 문학에서 신들을 지칭하는 낱말로 에이돌론이 사용되지 않은 것처럼, 상기한 낱말들 역시 유대교와 기독교 문헌 밖에서는 '전혀' 사용되지 않았다.

초기 기독교 담론에서 이교도 신들과 그 숭배 문제를 어떻게 다뤘는지 이해를 깊게 하기 위해 몇 가지 용례를 더 살펴보고자 한다. 「고린도전서」 8~10장에서 바울은 이제 그의 이방인 개종자들이 그리스도 안에서 이방의 신들에 대해 어떻게 처신해야 하는지를 차근차근 설명한다. 이것은 특히 이방 도시에 살고 있으면서 기독교로 개종한 이교도에게는 피할 수 없는 주제였다. 이교도에서 기독교로 개종한 신자에게는 이교도 가족이 있었을 테고, 설령 한 가족이 모두 기독교로 개종한 경우라도 이교도 친척이 있었을 것이며, 당연히 이방 신을 숭배하는 자리에 나가야 할 때도 많았을 것이다. 바울의 개종자들은 가정에서는 물론 그들의 일자리나 사업장에서도 다른 사람들과 어울리며 사회생활을 유지해야 했다. 따라서 그들이 새롭게 받아들인 믿음을 저버리지 않고 헌신하되, 사회 속에서 어떠한 활동들에 참여할 수 있는지 그 범위를 판단해야 했다. 아울러 우리는 로마 시대의 사회생활은 대부분 여러 신들에게 공경을 표하는 행위가 수반된다는 사실을 상기할 필요가 있다.

바울은 「고린도전서」 8~10장에서 가르침을 주며 여러 신에게 바친 제물을 "우상의 제물(「고린도전서」 8장 1절)"이라고 하며, "우상의 제물을 먹는 일"에 관해 언급했다(4절). 바울은 "우상은 세상에 아무것도 아니며 또한 하나님은 한 분 밖에 없는 줄 아노라(4절)"라고 단언했다. 자신의 논지를 일관되게 펼치는 바울은 이방 신들을 업신여기는 투로 우상과 우상 숭배, 그리고 우상의 제물이라는 표현을 쓴다. 또 다른 구절(10장 20절)에서는 이방 신들을 더욱 부정적으로 기술한다. 여기서 바울은 "이방인이 제사하는 것은 귀신에게 하는 것이요 하나님께 제사하는 것이 아니니"라고 선언했고, "귀신과 교제하는 자가 되기를 원하지 아니하노라"라고 권면했다. 이 같은 용어 사용은 확실히 당시 종교적 환경에서는 지나치게 강경하고 희귀한 기독교인들의 신앙을 드러내는 표시였다!

물론 이미 지적했듯이 우상 관련 용어에서 엿보이는 배타주의는 바울이나 초기 기독교인들이 창안한 것이 아니라 다른 민족의 여러 신들을 업신여기던 고대 유대인 공동체에서 먼저 형성된 것이었다. 이는 고대 유대인들이 성경에 나오는 자신들의 신을 예배할 때 그 밖의 다른 신들과 자신들이 믿는 신을 구별하는 것을 특히 중요시했음을 뜻한다. 초기 기독교 운동의 모태가 유대교임을 고려하면 이러한 생각이 자연스럽게 예수를 추종하는 초기 교회에 흡수되었고, 나중에 기독교의 규범으로 정착되었다고 봐도 전혀 놀랄 일이 아니다. 그렇다면 의문을 품을 독자들이 있을 법하다. 이미 유대인들이 이방의 신들을 향한 배타적 태도를 드러냈다면, 초기 기독교인들의 배타주의를 어째서 유난하고 놀라운 일로 받아들였는가 하는 부분이다.

이교에 대한 기독교인들의 특별한 반감

'우상 숭배'를 배척하는 초기 기독교의 태도가 유대교와 비교해서도 남다르고 유별나게 인식되었던 이유를 살펴보면 이렇다. 고대 이교도들 역시 이방 신들을 숭배하지 않는 유대인들을 별나고 못마땅하게 여겼지만, 기본적으로는 이 배타주의를 유대 민족만의 고유한 특성으로 여겼다. 로마에 복속된 유대 땅에 거주하든 혹은 곳곳에 흩어져 디아스포라를 이루며 살든 유대인들은 흔히 독특한 민족, 즉 하나의 '에트노스$_{ethnos}$'—그런 의미에서 하나의 '나라'—로 여겨졌고,

유대인들 스스로도 그렇게 생각했다. 로마 시대의 대중은 제국이 다양한 민족으로 구성되어 있다는 사실을 잘 알고 있었으며, 일반적으로 민족의 다양성을 포용했다. 물론 비유대인, 그러니까 '이교도들'은 자신의 신들을 숭배하지 않는 유대인들을 못마땅하게 여기거나 적어도 언짢게 여겼던 것으로 보인다. 이렇게 형성된 반유대인 정서가 당시의 수많은 문헌에도 드러나 있다. 하지만 아무리 유대인들이 이상해 보여도 다양한 이민족들의 특성을 인정하는 분위기였고, 유대 민족이라고 해서 예외는 아니었다. 모든 민족에게는 저마다 고유한 특징이 있었고, 신들을 숭배하는 방식도 각자 달랐다. 유대인은 다만 신을 숭배하는 문제에서 조금 더 유별난 것뿐이었다.

여기서 우리가 주목해야 할 배경은, 바울이 서신을 보낸 교회들이나 기독교 문헌에 등장하는 초기 기독교 공동체는 유대인이 '이방인'이라 지칭하는 신자들이 주류를 형성했는데, 이들은 비유대인이며 과거에 다신교도였다는 사실이다. 이 사람들은 로마의 신들을 숭배하지 않는 자신의 행동을 정당화하기 위해 그것이 자기 민족의 전통적 특성이라고 말할 수 없었다. 기독교로 회심하기 전 이들은 다른 이교도들처럼 가족이나 친구, 혹은 여러 지인들과 더불어 전통적인 신들을 숭배하는 제의에 기꺼이 참여했던 자들이었다. 어쩌면 불과 한 달 전이나 한 주 전에 가족이나 친구들과 함께 여러 신에게 올리는 제사에 참여했을 이들이 바울이 전한 복음을 받아들이고, 교회의 신자로서 세례를 받고 나서는 이방 신을 숭배하는 행위를 중단해야 했다. 그것도 철저히.

기독교로 개종한 자에게 요구되는 새로운 교리를 받아들인 신도들은 다른 무엇보다도 집안의 수호신이나 거주하는 도시와 제국에서 섬기는 신들에게 동물 제사를 바치던 행위를 그만둬야 했다. 제사 문제에서 배타적 태도를 취하는 것은 에클레시아의 일원으로서 마땅히 지켜야 할 도리였다. 하지만 이교도인 동족이 보기에 갓 개종한 이방인 기독교인들의 종교적 태도는 몹시 갑작스럽고, 제멋대로이며, 유별나고, 이치에 맞지 않는 변덕으로 보였을 것이다. 당시 대중에게 다른 신들을 이처럼 철저히 배척하는 태도는 전례가 없는 일이어서 이를 납득하지 못했을 테고 깊이 우려하는 이들도 많았을 것이다.

이교도들이 보기에는 유대 민족이 아니라면 로마의 신들을 거부할 정당한 이유가 없었다. 따라서 그런 배타적인 태도를 보인 기독교 개종자들은 특히 그들의 가족이나 가까운 지인들로부터 거센 반대에 부딪히고, 괴롭힘도 당했을 게 틀림없다. 일반 대중에게는 그런 행동이 종교적 변절이나 사회적 변절이자 반사회적 행위로 비쳤을 것이다. 초기에 자주 일어났던 일은 아니지만, 로마의 신들을 거부하는 행위는 당국의 법정에 끌려갈 수도 있는 사안이었다. 이교도가 기독교로 개종한 후에 사회적으로나 정치적으로 어떤 피해를 입을 수 있는지 간략히 짚어보자.

예를 들어 집안의 수호신(라레스 도메스티키)을 섬기는 의식에 참여하는 것은 로마 시대에 여느 집안에서나 모든 구성원에게 당연한 일로 여겨졌다는 점을 상기하자. 이러한 의식은 집안의 지속적인 안녕과 안정을 바라는 일에 식구들과 한마음임을 드러내는 중요한 표현으로 간주되었다. 도시의 수호신을 기리는 제사나 축제 행렬, 기타 의례에 참여하는 것 역시 주민의 일원으로서 연대감을 드러내는 중요한 표현이었다. 주민들 가운데 다수에게 도시의 신들은 전염병이나 화재, 기타 재앙을 막아주는 수호신이었다. 따라서 이런 신들에게 마땅히 드려야 하는 의례에 참여하기를 거부한다면 이는 자신들이 사는 도시에 불충하고 주민들의 행복을 외면한 행위로 간주될 것이었다. 도시뿐 아니라 로마 제국 전체의 질서를 정당화하고 수호한다고 여겨지는 신들도 있었다. 일례로 로마 여신은 로마의 질서를 주관하는 신으로 알려져 있다. 따라서 이들 신에 대한 숭배를 거부하는 것은 적어도 정치적 질서를 무시하는 행위였고, 심하면 반역 행위로 간주될 수 있었다.

핵심을 짚자면, 과거 자신들이 섬겼던 신들에 대한 예배를 거부하는 이교도 출신의 기독교인들은 민족신을 제외한 다른 어떤 신도 숭배하지 않는 유대인들보다 훨씬 더 큰 반감을 샀다. 유대인들의 경우는 민족 고유의 특성으로 이해한다고 쳐도, 유대인도 아닌 자들이 조상 대대로 섬겨온 그 자신의 신들을 거부하고 의무를 팽개칠 아무런 이유도 없었기 때문이다.

물론 자신의 민족을 버리고 이교도가 유대인으로 귀화하는 경우에는 이야기가 달랐다. 민족 정체성까지 바꾼 개종자는 실질적으로 민족적 지위가 바뀐 만큼, 이후 새롭게 얻은 지위와 종교 정체성을 나타내는 방식으로 이방 신을 숭배하지 않는 이유를 정당화할 수 있었다. 하지만 이는 바울의 이방인 개종자들에게 주어진 선택지가 아니었다.

바울의 교회에 가입한 이교도들은 회심한 뒤에도 유대인으로 귀화하지 '않았다'. 바울은 그의 이교도 신자들이 유대인으로 귀화해서는 안 된다고 애써 강조했다. 바울은 이방인을 전도하는 것을 소명으로 보았고, 그것이 곧 세상의 모든 나라가 우상 숭배를 버리고 참되신 하나님을 받아들이게 된다는 성경의 예언을 성취하는 일이라고 보았다. 말하자면 유대교 개종자가 유대인으로 귀화한 것과 달리 바울의 개종자들은 민족 정체성을 바꾸지 않았다. 그들은 종교적 책무를 제외하면 가족, 시민, 민족 정체성과 책임의 관점에서 여전히 전과 동일한 존재였다. 다시 말해 이교도들이 보기에 예수 운동에 참여한 이교도 개종자들은 로마의 신들을 숭배하는 일을 면제받을 수 있는 이유가 전혀 없었다.

바울은 이렇게 썼다. "너희는 유대인이나 헬라인이나 종이나 자유인이나 남자나 여자나 다 그리스도 예수 안에서 하나이니라(「갈라디아서」 3장 28절)." 예수 안에서 구분이 없다고 하지만 바울 서신을 꼼꼼히 읽은 독자라면 기독교 공동체에서는 계속 신자들을 이런 식으로 분별했고, 바울도 자주 이렇게 신자들을 구분해 불렀음을 익히 알고 있을 것이다. 그러므로 바울이 의미한 것은 정확히 말하자면 다양한 민족적·사회적·생물학적 범주가 그가 세운 교회의 구성원들 사이에서 부당한 차별의 근거나 신분의 지표로서 기능해서는 안 된다는 뜻이다. 유대인이든 헬라인이든, 노예든 자유인이든, 남자든 여자든 이러한 구분은 '그리스도 안'에서 얻은 새로운 신분, 곧 새로운 사회적·

종교적 실체인 에클레시아의 일원이라는 신분에 비해 별로 중요하지 않았다. 모든 신도는 그들의 민족적·사회적·생물학적 범주와 무관하게 그리스도 안에서 새로운 정체성을 얻고 신앙으로 한 몸이 되었으므로 서로 지체가 되어 서로를 섬겨야 하는 것이었다. 여기서 강조하고 싶은 점은 '그리스도 안'에서 새로운 신분이 생겼다고 해서 바울의 개종자들에게 민족이나 사회, 혹은 성적 범주 등에서 공식적인 지위가 바뀌거나 눈에 보이는 변화가 발생하지는 않았다는 점이다.

다시 앞선 논의로 돌아가면, 복음을 받아들인 이방인 개종자들은 변함없이 이방인 신분으로 남았다. 그들은 신체적, 민족적으로 혹은 '영적인' 의미에서도 유대인으로 귀화하지 않았다. 교회에 입회함으로써 분명 그들은 그리스도를 섬기는 신자가 되었고, 바울이 쓴 신학적 비유를 들어 설명하자면 다민족으로 구성된 아브라함 가족의 일원이 되었다. 그러나 그들은 민족적으로나 생물학적으로나 예전과 다름없었고, 여전히 이방인이나 유대인, 자유인이나 노예, 남자나 여자였다.

거듭 말하지만 개종한 이교도들에게는 그들의 가족, 도시, 민족이 섬기는 신들을 숭배하는 제례를 거부할 명분이나 선례가 없었다. 더욱이 바울 서신 등의 문헌에서는 여러 신들을 모두 싸잡아 우상(허깨비 같은 기만적인 존재들)이라 지칭하고, 그 신들을 숭배하는 것을 우상 숭배(무익하고 심지어 죄가 되는 행위)라고 매도했다. 이 같은 배경을 고려하면 이들을 둘러싸고 반감과 갈등, 적대 행위가 빈번하게 발생했을 것이라는 사실을 능히 짐작하고도 남는다.

이방의 비평가들이나 일반인들은 과거 유대인들에게 그랬듯이 기독교인들을 향해 무신론자들이라는 비난을 쏟아내곤 했다! 서기 2세기 기독교 지도자 가운데 한 사람이었던 폴리갑(Polycarp, 폴리카르포스)의 순교를 기록한 글에서는 그의 처형을 요구한 성난 군중이 이렇게 외쳤다고 전한다. "무신론자들을 죽여라!" 무신론 혐의는 로마 시대의 많은 사람들이 기독교인들을 그들이 매우 불경스럽고, 방자하며, 신들을 향해 종교적으로 적절한 예를 갖추지 않는다고 생각했음을 반영한다. 마땅히 모든 신을 공경해야 한다는 것이 일반적인 이교도의 생각이었음을 상기하자. 이러한 인식 때문에 성경에 나오는 하나님을 제외한 어떤 신도 섬기지 않겠다는 기독교의 입장은 매우 이상하고 부당한 주장으로 들렸을 것이다. 초기 기독교인들이 보여준 숭배 대상에 대한 극단적인 분리와 배타성은 로마 시대의 많은 대중에게 용납될 수도 쉽게 이해될 수도 없는 것이었다.

바울 같은 교사들이 우상을 버릴 것을 요구했을 때 신자들이 맞서게 될 사회적 압박을 고려하면 이교도 출신의 기독교인들이 그 요구를 과연 철저하고 일관되게 따를 수 있었을까, 자연스럽게 의문을 품게 된다. 가족과 주변의 압박을 받는 상황에서 이방 신들을 숭배하는 수많은 의례를 전부 거부하지 못하고 일부 제사에 참여한 신자들도 있었을 것이다. 그렇다면 이방인 출신의 개종자들이 이교도 신을 숭배하는 의례—즉, 이방의 신에게 동물 제사를 올리거나 제사 음식을 함께 먹는 만찬—가 포함된 행사에 계속 참여하는 것을 바울이나 다른 사도들이 방치했을까? 이렇게 추측하는 이들도 있지만 초기 기독교 문헌을 살펴본 바에 따르면 이런 추측을 뒷받침해줄 만한 증거가 전혀 없다. 기독교 신앙을 받아들인 이방인 개종자들이 실제로 얼마나 일관되게 가르침을 지켰는지와는 별개로, 우상 숭배와 관련해 '마땅히' 취해야 할 태도를 전한 바울의 가르침(일례로 「고린도전서」 8~10장)에는 모호한 입장이 전혀 없다. 그들은 이방 신을 배척하고 오직 유대 민족의 경전에 나오는 한 분 하나님, 즉 "하나님 곧 우리 주 예수 그리스도의 아버지께"만 헌신해야 했다. 「고린도전서」 8장 5~6절 같은 구절에서 바울이 한 말을 다른 식으로 해석할 여지는 없다는 것이 내 생각이다.

> 비록 하늘에나 땅에나 신이라 불리는 자가 있어 많은 신과 많은 주가 있으나 그러나 우리에게는 한 하나님 곧 아버지가 계시니 만물이 그에게서 났고 우리도 그를 위하여 있고 또한 한 주 예수 그리스도께서 계시니 만물이 그로 말미암고 우리도 그로 말미암아 있느니라

로마 사회의 종교를 다루는 최근 연구에서 여러 저자들은 종교적 배타성과 관련한 초기 기독교 지도자들의 권면 내용을 해석하면서 당시 기독교인들 가운데 다수 혹은 대다수가 이교도 신들에게 바쳐진 제물에 관대했다는 사실을 암시한다고 진술했다. 그랬을지도 모르지만, 나는 이런 식의 주장을 접할 때 당혹감을 느낀다. 기독교인들 가운데 '대다수'가 우상 숭배를 금지하는 기독교의 가르침에 대해

무신경했다는 주장을 뒷받침할 증거가 거의 없다고 보기 때문이다. 그렇지 않다면 우상 숭배에 관대했을지 모를 이런저런 기독교 운동에 비해 배타성을 드러내는 '정통적인' 기독교인들이 수적으로 훨씬 우세했다는 사실을 어떻게 설명할 수 있겠는가?

물론 '행음'하고 '우상의 제물을 먹는' 자들에 대한 「요한계시록」 저자의 엄중한 경고(「요한계시록」 2장 14절, 20절)는 초기 기독교 문헌에서 흔히 나타나는 종교적 배타성을 철저히 따르지 않는 기독교 신자들도 일부 있었음을 뜻한다. 하지만 초창기 기독교인 대부분이 우상 숭배에 타협했다는 가정은 근거가 불충분하다. 기독교 문헌에서 드러나는 모습도 그렇고, 외부 관찰자들이 지적한 모습도 그렇고 우리가 익히 아는 기독교는 이방 신들을 보다 철저하게 배격하는 모습이다. 그래서 이교도들은 자주 반감을 드러냈다. 로마 시대 종교적 환경에서 기독교가 여느 종교 집단과 두드러지게 차이를 드러낸 지점은 바로 자신들이 믿는 유일신 외에 일체의 숭배를 금지하는 배타주의를 신자들에게 요구하고 실천했다는 것이다.

알다시피 고대 사회에서 종교라고 하면 당연히 있어야 할 여러 가지 중요한 요소가 초기 기독교 공동체에는 빠져 있었다. 기독교인들에게는 그들이 섬기는 신의 형상을 새긴 신상도 없고, 제단이나 제사도 없었다. 이런 것들은 로마 제국 전역에서 종교 생활을 하는 데 꼭 필요한 요소들이었다. 적어도 처음 두어 세기 동안은 기독교를 이끄는 제사장도 없었고, 신전이나 사당도 없었다. 이런 요소들이 부재한 초기 기독교는 두말할 것도 없이 그 당시 종교 운동으로서는 괴이하게 보였을 것이다.

무척 괴이하긴 했지만, 그래도 틀림없는 종교 운동이었다. 가장 초기의 기독교인들에게 신상이나 제단 혹은 사당은 없었지만 그들에게는 그들의 신앙을 표현한 제의가 있었다. 그 제의는 그들의 신과 신성한 교제를 나누는 활동 혹은 행사로서 기능했다. 그중 가장 눈에 띄는 것이 '세례'라는 입회 의식이었는데, 이것은 여러 기독교 공동체 사이에서 공통된 의식이었던 듯싶다. 세례 의식을 언급한 가장 초기의 자료를 보면 신도들이 예수의 이름을 부르는 가운데 입회자가 세례를 받았다. 세례를 받는 당사자도 예수의 이름을 불렀을 가능성이 크다. 예수의 이름을 사용한 방식을 보면 "예수의 이름 안에서 혹은 속으로(in/into the name of Jesus, 이 구절은 독자의 이해를 돕기 위해 개역개정 성경에서 인용하지 않고 직접 번역했다－옮긴이)" 세례를 받았다고 말할 수 있다(「사도행전」 2장 38절, 19장 5절). 이와 유사한 표현이 재화나 부동산의 취득 또는 처분을 기록한 그리스어 문헌에 나오는데, 이를 분석해보면 "예수의 이름 안에서 혹은 속으로"라는 문구는 세례를 받는 사람이 이로써 예수와 연합하게 되었고, 입회자가 예수의 소유가 되었음을 표현한 것으로 보인다. 초기 기독교의 세례식이 종교적 제의로 기능한 것은 틀림없다.

더 나아가 세례식은 당시의 여느 종교 집단이 제례의 일부로 행하던 정화 의식과는 역할이 달랐다. 정화 의식은 일반적으로 신전에 들어가 제사에 참여하거나 '비의秘義'에 참여할 준비를 시키기 위해 사람을 정화하는 데 목적이 있었다. 하지만 초기 기독교의 세례식은 기독교인들이 모이는 독특한 공동체를 가리키는 에클레시아의 일원이 되기 위한 의식이었다. 이교도의 정화 의식은 부정한 장소에 들어가기 전에 부정을 막거나 신전 등의 신성한 공간에 들어가기 위한 준비 과정으로서 반복적으로 행해졌다. 하지만 기독교의 세례는 단 한 차례만 치르는 의식으로서 입회자가 과거의 삶에서 분리되었으며 새로운 신앙 공동체인 에클레시아의 일원이 되었음을 의미했다.

아울러 신자들이 예수의 이름을 함께 부르는 혹은 환호하는 공동 의례가 있었고, 이것이 공중 예배의 중요한 순서였던 것 같다. 바울은 「로마서」 10장 9~13절에서 이 의식을 언급하고 있는 것으로 보인다. 바울은 "네가 만일 네 입으로 예수를 주로 시인하며 또 하나님께서 그를 죽은 자 가운데서 살리신 것을 네 마음에 믿으면 구원을 받으리라(9절)"라고 했다. 그가 자신의 메시지를 정리하기 위해 구약성경을 직접 인용한 것은 놀라운 일이다. "누구든지 주의 이름을 부르는 자는 구원을 받으리라(13절)." 이 구절이 놀라운 이유는 바울이 여기서 사용한 '주의 이름을 부르는'이라는 성경 구절이 「요엘」 2장 32절처럼 구약성경에서 흔히 하나님을 예배하는 행위를 지칭하기 때문이다. 하지만 바울은 여기서 분명히 동일한 표현을 써서 '주 예수'의 이름을 높여 부르는 의식을 지칭하고 있다. 실제로 다른 문헌에서 바울은 초기 예수 운동의 일원들을 가리켜 "각처에서 우리의 주 곧 그들과 우리의 주 되신 예수 그리스도의 이름을 부르는 모든 자들"이라고 칭했다(「고린도전서」 1장 2절). 그러니까 이 의식적 행위는 곧 그들의 신앙을 표현한 것이었다.

종교적 의미를 지닌 공동 식사 역시 초기 기독교 공동체 안에서 널리 행해진 의식 중 하나였던 것 같다. 물론 로마 사회에서 공동 식사는 다양한 종교 집단과 다양한 행사에서 흔히 행해지던 일이었다. 특히 신에게 동물을 제물로 바치고 나면 대개는 함께 음식을 나누어 먹는 의식이 뒤따랐다. 동물의 일부는 번제(구약 시대에 짐승을 통째로 태워 제물로 바친 제사-옮긴이)를 통해 신에게 바쳐지고, 일부는 신전 혹은 성직자들에게 제공되었으며, 나머지는 제사를 올린 사람들이 먹었다. 꼭 제사가 아니더라도 신들을 찬미하는 뜻에서 연회를 거행하곤 했다. 이런 연회는 때로는 개인 가정에서, 때로는 신전 건물 안에 있는 식당에서 행해졌다. 그리고 연회에 초대하는 글에는 신의 이름으로 초청 문구가 쓰이기도 했다. 이교도의 신들을 찬미하는 연회는 특히 초대 교회가 모임을 가졌을 때 정기적으로 가졌던 공동 식사와 비교할 만하다.

실제로 고린도 교회에 보낸 편지에서 우상 숭배를 피하라고 권고했던 바울은 이교도 신을 기리는 연회와 교회 성찬을 대조했다. "너희가 주의 잔과 귀신의 잔을 겸하여 마시지 못하고 주의 식탁과 귀신의 식탁에 겸하여 참여하지 못하리라(「고린도전서」 10장 21절)." 이 가르침에는 우상 숭배를 금지한다는 뜻 외에 다른 의미도 함축되어 있다. 적어도 바울이 세운 교회들에서 그가 "주의 만찬(11장 20절)"이라 불렀던 식사는 분명 기독교인들이 음식을 나누며 즐거운 시간을 보내는 단순한 행사 이상의 것이었다. 이는 바울이 그 만찬을 예수의 구속적 죽음과 연결 지었기 때문이다. 아울러 바울은 합당치 않게 먹고 마시는 자세를 지적하고 이로 인해 다른 신도들이 모욕을 받으면 주께 징계를 받을 수 있다고 경고했다(11장 23~32절). 바울은 기독교의 공동 식사를 사실상 '퀴리오스Kyrios', 즉 주 예수가 영적으로 함께하며 권능으로 주재하는 만찬으로 묘사했다.

기독교인들은 적어도 서기 2세기, 어쩌면 더 일찍부터 자신들만의 기도 양식과 의식을 구축해왔다. 일례로 여러 문헌에 따르면 몇몇 단어에 차이는 있지만 주기도문 암송은 초대교회 때부터 예배 의식의 하나로 포함된 것으로 보인다. 또한 예수에게 간구하는 기도(「고린도후서」 12장 8절), 하나님과 더불어 예수에게 간구하는 기도(「데살로니가전서」 3장 11~13절), 그리고 신도들을 위하여 간구하시는 대언자로서 예수를 언급한 대목도 있다(「로마서」 8장 34절, 「요한1서」 2장 1절). 이 구절들을 보면 모두 예수가 예배에서 빠질 수 없는 대상이었음을 알 수 있다. 이것은 초대 기독교의 기풍을 규정하고 식별하는 특징 가운데 하나였다. 서기 2세기경에 초대교회에서는 기도하는 자세에서도 일정하게 선호하는 자세가 있었다. 신자들은 동쪽 방향을 향해 양팔을 뻗고 서서 기도를 하곤 했다.

매주 회중이 모여 예배를 드리는 관행은 1세기 초에 시작된 듯하고, 이 역시 당시 여느 종교 집단에서는 보기 드문 일이었다. 이교도들은 대체로 필요가 생겼을 때 그에 관련된 신들을 개인이 찾아가는 식이었다. 이교도에서 사람들이 모이는 숭배 의식은 연중이나 월중에 특정한 기간을 정해 해당 신들에게 드리는 것이 보통이었다. 기독교 공동체들이 매주 모이는 것과 가장 유사한 전례를 꼽자면 유대교 회당 예배가 유일하다. 물론 이는 기독교가 된 예수 운동의 모체가 본래 유대교였음을 반영한다. 하지만 에클레시아 일원들이 '정기적으로' 모여 공중 예배를 드렸다는 점에서 초기 기독교는 로마 시대의 수많은 이교도의 종교 의식들과는 구분되는 독특한 종교 의식을 형성했다.

요컨대 새롭게 수용한 신앙의 요구에 따라 로마 사회의 수많은 신을 숭배하는 행위를 일체 거부하기로 한 이방인 개종자들은 신앙과 제의 관점에서 참으로 유별나고, 전례가 없는 종교적 입장을 견지했다. 앞서 우리는 켈수스 같은 교양 있는 이교도들의 기독교 비평과 플리니우스가 기독교인들에게 취했던 단호한 사법 처리 과정을 살펴보았다. 초기 기독교인들은 그들의 종교적 입장 때문에 자주 박해를 받았고, 「사도행전」에 기록된 것처럼 사회적 충돌을 일으키기도 했다. 고대 이교도들이 그들이 보기에 여러모로 유별난 초기 기독교를 못마땅하게 여긴 것은 틀림없는 사실이다.

기독교의 하나님

초기 기독교가 당시의 종교적 정황 속에서 드러내는 차이점은 이방 신들에게 숭배하는 것을 거부하는 원칙이나 기독교의 유별난 제의뿐만이 아니다. 로마 시대에는 숭배 의례가 삶에서 무척 중대한 부분을 차지했다. 어쩌면 한 사람의 종교성이 가장 뚜렷하게 표출되는 방식일 것이다. 하나님에 대한 초기 기독교인들의 '신앙' 역시 주목할 가치가 있다. 가장 초기에 쓰인 기독교 문헌부터 살펴보면 초기 기독교인들의 신앙이 어떻게 표출되었는지 알 수 있다. 논지를 분명히 짚고 넘어가기 위해 몇 가지 사실을 정리해보자.

첫째, 기독교인들에게는 신상이 없었다. 우리에게 익숙한 현대의 용어를 쓰자면 초월적 존재인 하나님을 어떤 형상으로도 적절히 나타낼 수 없고, 사람이 인지하고, 포착하고, 이해하는 방식으로는 인지되지 않는 존재라는 그들의 종교적 신념을 반영한다. 이 신념이 가장 분명히 드러난 기록은 「디모데전서」 6장 15~16절일 것이다. 저자는 위엄 있는 어투로 하나님을 이렇게 묘사했다.

> 하나님은 복되시고 유일하신 주권자이시며 만왕의 왕이시며 만주의 주시요 오직 그에게만 죽지 아니함이 있고 가까이 가지 못할 빛에 거하시고 어떤 사람도 보지 못하였고 또 볼 수 없는 이시니 그에게 존귀와 영원한 권능을 돌릴지어다

물론 여기에는 성경에 나오는 신에 대해 유대교가 발전시킨 사상이 반영되어 있다. 이 같은 사상의 뿌리는 구약성경으로 거슬러 올라간다. 「신명기」 4장 15~20절이나 하나님의 영광을 보고 싶다는 모세의 요청을 하나님이 거절한 극적인 이야기를 담고 있는 「출애굽기」 33장 12~23절["네가 내 얼굴을 보지 못하리니 나를 보고 살 자가 없음이니라"(20절)] 등에서 신상을 만드는 행위를 금지하는 가르침을 찾아볼 수 있다. 또 알렉산드리아의 필론 같은 초기 로마 시대의 유대인 작가들의

글에서도 하나님의 절대적 초월성과 형언할 수 없는 실재를 강조한다. 그리스 철학 전통에서도 사람들이 제물을 바치던 유명한 신격들을 비롯해 모든 만물을 초월하는 궁극적 신을 상정하는 목소리들이 있었다. 하지만 초기 기독교의 하나님에 대한 신앙은 당시의 이교도 전통과 비교했을 때 흥미로운 차이점이 있다.

전통적으로 흔히 철학에서도 궁극적이고 초월적인 절대자를 상정했지만, 일반적으로 그런 초월적인 신과 사람들이 직접적으로 관계를 맺지는 않았다. 이를테면 이런 신에게 직접 제물을 바치거나 간청하는 일은 없었다. 궁극의 신에 대한 정교한 사상을 펼쳤던 바로 그 철학가들은 그보다 낮은 신격인 전통적인 신들을 숭배하는 것으로 만족했고, 이런 숭배 의례에 직접 참여했다.

한편 초기 기독교는 참되신 하나님을 초월적인 절대자로 상정하면서도 그런 신과 사람들이 직접 관계를 맺을 수 있다는 입장이었다. 기독교인들은 하나님께 직접 기도할 수 있고, 그 기도가 응답받을 수 있다고 믿었다. 신자들은 하나님을 직접 예배할 수 있고, 그 예배가 흠향되리라고 생각했다. 나아가 기독교인들 사이에서는 유일신인 하나님께 직접 기도하고 예배하는 것이야말로 마땅하고 합당한 유일한 예배로 간주되었다. 특히 전통적인 철학 사상을 포함해 이교도 사회의 종교적 제의나 사상과 대비되게 기독교인들은 당시의 수많은 신을 가치 없는 존재로 취급했고, 그런 신들을 숭배하는 행위를 우상 숭배라고 여겼다.

교양 있는 이교도들의 눈에 이보다 훨씬 기이하고 색다르게 다가온 개념은 따로 있었다. 그것은 만물을 초월하고, 자존하시는, 유일하고 참되신 하나님이 이 세계를 설계하고 창조했을 뿐 아니라 그 하나님이 놀랍게도 적극적으로 각 개인의 구원과 화해를 추구한다는 것이었다. 그리고 이 놀라운 구원을 계획한 이유가 다름이 아니라 하나님이 세상과 인류를 사랑하시기 때문이라고 말한다는 것이다! 초기 기독교의 가르침에 따르면 하나님은 세상을 구원하기 위해 바로 자신의 '아들'인 예수를 내어줌으로써 각별한 사랑을 드러냈다. 이 같은 개념을 진술한 초기 기록 중 하나인 「로마서」의 5장 1~11절과 8장 31~39절에서 바울은 이를 시적인 언어로 풀어낸다. 특히 8장 38~39절에서 바울은 하나님의 강렬한 사랑을 점층적으로 그린다.

> 내가 확신하노니 사망이나 생명이나 천사들이나 권세자들이나 현재 일이나 장래 일이나 능력이나 높음이나 깊음이나 다른 아무 피조물이라도 우리를 우리 주 그리스도 예수 안에 있는 하나님의 사랑에서 끊을 수 없으리라

유일하고 참되신 초월적 신이 존재한다는 개념과 이 유일신이 세상 혹은 인류를 사랑한다는 개념을 적극 수용하는 이도 있고, 그렇지 않은 이도 있겠지만 어쨌든 이미 우리에게는 상당히 익숙한 개념이다. 따라서 로마 시대에 그 같은 개념이 얼마나 기이하고 우스꽝스럽게 받아들여졌는지 이해하기가 쉽지 않다. 고대 이교도 사상가들이 한 신에 대한 혹은 여러 신에 대한 인간의 '사랑'을 이야기할 때 그

들은 보통 '에로스eros'를 지칭했다. 우리가 생각하는 에로틱한 사랑이 아니라 신성한 존재나 그 신격이 상징하는 고귀하고 아름다운 덕목과 긴밀한 유대를 느끼려는 욕망을 가리킨다. 한편 인간들을 향한 신들의 태도를 지칭할 때 이교도 사상가들은 특정한 도시나 민족을 대변하고 그들에게 호의를 베푸는 신들을 상정했고, 이때 신들이 베푸는 친절과 축복을 묘사하는 용어로 그리스어 '필리아philia'를 썼다.

하지만 초기 기독교인들이 하나님의 사랑을 묘사하고, 하나님과 이웃뿐만 아니라 원수들에게도 보여야 하는 사랑을 언급하기 위해 선호했던 그리스어는 '아가페agapē'였고, 그 동족어인 동사 '아가파오agapaō'였다. 이들 단어는 당시의 이교도 문헌에는 드물게 등장하지만 그리스도교의 문헌에서는 빈번하게 등장했다. 신약성경에서 아가페는 약 143회 등장하고, 동사형인 아가파오는 116회 등장한다. 이 두 낱말은 그리스어로 된 몇몇 유대교 문헌에도 눈에 띄게 자주 등장한다. 아가페와 동족어 동사형 아가파오를 초기 기독교가 선호한 것은 초기 기독교 운동의 모체가 유대교라는 사실을 다시 한 번 확인할 수 있는 사례다. 유대인들과 이후 초기 기독교인들이 이 낱말을 선호한 것은 사랑하는 이에게 도리를 다하는, 보다 건전한 사랑을 표현하는 데 이 두 단어가 적절하다고 판단했던 게 아닌가 싶다. 그리고 이 같은 용어 사용 역시 초기 기독교의 하나님에 대한 담론과 그 당시 이교도의 신들에 대한 담론을 구별 짓는 효과를 냈을 것이다.

고대인들이 여러 신들에게 종교적 경외감과 고마움, 헌신의 마음을 진실하게 품을 수 있었다는 사실, 또 개개인이 선호하는 신들을 향해 각별한 애정을 느낄 수 있었다는 사실은 인정해야 한다. 여러 이교도 신을 자비롭고 관대하게 묘사한 고대의 문헌도 적지 않다. 하지만 그리스 로마 시대의 이교도 문헌에 나타나는 신들과 인간의 관계를 아무리 후하게 평가해도 초기 기독교 문헌에서 흔히 보이는 하나님과 인간의 관계만큼 강력한 유대감을 연상케 하는 경우는 거의 없다.

다시 말하지만 기독교의 개념은 이교도보다는 유대교 전통과 훨씬 유사한 점이 많았다. 유대교에도 직접 교류할 수 있는 초월적 신이 있고, 유일신이 이스라엘 민족을 선택해 그들과 깊은 언약적-사랑 혹은 언약적-신실함을 유지한다는 개념이 있기 때문이다. 로마 시대의 유대인들은 그들의 신이 참된 조물주이자 모든 민족의 정당한 지배자라고 생각했다. 그럼에도 전반적으로 세상과 인간을 향한 하나님의 사랑이라는 개념을 초기 기독교인들의 문헌에서 보이는 만큼 힘주어 강조하지는 않았다. 인간에 대한 하나님의 사랑, 그리고 그에 상응하는 '사랑의 윤리love-ethic'에 따라 기독교인답게 처신할 것을 강조하는 가르침은 실제로 기독교의 특색 중 하나가 되었다. 우리에게 알려진 바로는 로마 시대 여러 종교 중에 그 가르침이나 행동 지침에서 초기 기독교처럼 사랑의 역할을 중시하는 종교는 없었다.

초기 기독교가 당시 거대한 종교 환경 속에서 독특했던 점은 비단 여러 신들 가운데 특정한 한 신만을 섬긴 것이나 다른 신들을 숭배하는 것을 거부한 배타주의뿐만이 아니다. '신(그리스어로 테오스theos)'이라는 용어가 무엇을 의미하느냐에 대해서도 관점이 달랐다. 적어도 기독교인들에게는 '신들'과 '유일신 하나님(호 테오스ho theos, 말 그대로 '그 신')' 사이에 커다란 차이가 있었다. 초기 기독교는 로마의 여느 전통적인 신들과는 비교조차 할 수 없고, 인간의 머리로는 온전히 이해할 수 없는 초월적인 절대자인 유일신을 상정했다. 그만큼 그들의 하나님은 위대했다. 또 하나 중요한 차이점이 있다. 이 유일신이 모든 신들보다 뛰어나며 홀로 만물을 지은 창조주일 뿐 아니라 대속적인 사랑을 통해 세상과 인류를 구원할 계획을 세웠다는 점, 심지어 가장 미천한 인간이라도 이 유일신의 사랑을 받을 자격이 있으며 마치 아버지와 아들처럼 친밀한 관계를 맺을 수 있다고 주장했다는 사실이다.

많은 이교도 비평가에게 이 모든 주장은, 이를테면 켈수스의 기독교 비평에 드러난 것처럼 가당찮은 소리였다. 그러나 적대적인 사회 분위기와 주기적인 박해 속에서도 초기 기독교가 계속 성장했다는 사실로 미루어보건대, 이교도 비평가들의 눈에는 이러한 신념 체계가 터무니없어 보였을지 몰라도, 다른 많은 이들에게는 매력적으로 다가갔던 모양이다. 실제로 이러한 신념들은 기독교가 발흥하는 데 중요한 역할을 담당하며 초기 기독교가 제공한 '사회 자본 및 종교 자본'을 구성한 것으로 보인다.

유일한 하나님과 유일한 주님

초기 기독교 신앙과 제의는 고대 '이교도'의 배경에 비춰볼 때 유별났을 뿐 아니라 여러모로 새로웠다. 로마 시대 유대교의 종교적 전통에 비춰봐도, 이교도와는 또 다른 이유로 유별났다. 고대 유대교에서도 유일신 숭배 전통이 있었지만 초기 기독교 운동은 하나님과 더불어 예수를 지극히 높여 숭배했다는 점에서 유대교와도 성격이 달랐다.

시대적 차이로 인해 발생할지 모를 오해를 막기 위해 여기서 먼저 짚고 넘어갈 게 있다. 이른바 '기독교인' 공동체가 처음 형성되었을 때 이를 구성한 일원들은 대부분 유대인 신자들이었다는 점이다. 그리고 바울의 전도 여행으로 초기 수십 년 동안 이방인들(이교도 출신의 개종자들)을 주축으로 한 여러 기독교 공동체가 조직되었을 무렵에도 줄곧 유대인 신자들(바울, 바나바, 베드로 등)이 공동체 안에서 중요한 지위를 차지했다. 서기 1세기는 물론 2세기 중엽 이후에도 초기 기독교 내에는 유대인들로 구성된 공동체들이 유지되고 있었다. 그런 의미에서 '유대인 기독교Jewish Christianity'로 불리기도 했던 교회 공동체는 거대한 예수 운동에서 오랫동안 주목을 받은 세력이었다.

훗날 '기독교'로 발전하는 예수 운동의 시초를 생각할 때 '유대교'와 '기독교'라는 별개의 두 종교를 동시에 상정하기 쉬운데 그렇지 않다는 점을 유념하기 바란다. 그보다는 고대 유대교 '안에서' 유별난 형태의 새로운 종교 운동이 움튼 것으로 이해하는 것이 옳다. 고대 유대교에는 이 외에도 다양한 종교 운동이 있었다. 바리새파 같은 종교적 당파가 존재했고, 쿰란 공동체처럼 훨씬 급진적인 집단도 있었다. 특히 서기 1세기라면 종교적 관점에서 단일한 유대교와 그에 대등하게 대비되는 단일한 기독교를 상정해서는 안 된다는 점을 거듭 강조하고 싶다. 예수 운동은 로마 시대 유대교 내에 존재했던 여러 가지 종교적 선택지 가운데 하나로 출발했다.

하지만 예수 운동은 민족과 지역을 초월하며 빠르게 성장했다. 실제로 바울은 유대인이 아닌 사람들에게 복음을 선포하는 것이 자신의 소명이라고 확신했고, 계획에 따라 적극적으로 자신의 소명을 수행했다. 1세기가 끝나갈 무렵이면 예수 운동의 추종자들이 주로 비유대인으로 구성되었을 가능성이 크고, 이들은 당시 대다수 유대인이 지지하던 신념과는 판이한 종교적 신념으로 부각되기도 했다. 일례로 서기 2세기 초에 안디옥 교회를 이끌던 지도자 이그나티우스는 일찍이 기독교와 유대교라는 용어를 써서 이전보다 선명하게 구별되는 두 종교를 대조하고자 했다. 그러나 다시 강조하건대 1세기가 시작되고 처음 수십 년 동안 신흥 기독교는 종교적으로 당시 유대교 내의 다양한 분파들 중 하나로 생겨났다는 점을 유념하기 바란다.

이제 유대교라는 종교적 배경에서 초기 예수 운동을 살펴보자. 특히 예수 운동이 유대교의 다양한 분파 사이에서 어떻게 달랐는지 알아보자. 유대인이든 이방인이든 이교의 신들을 인정하지 않는 배타성은 초기 기독교인들과 고대 유대교가 처음부터 입장이 같았다. 그들은 성경 속의 유일신을 제외하고는 다른 어떤 신도 섬기기를 거부했다. 아울러 유대인이든 이방인이든 적어도 예수를 추종하는 초기 기독교 공동체에서 정경으로 인정하는 문헌들은 당시의 유대교 전통에서 정경으로 삼는 문헌들과 크게 차이가 없었다. 특히 이방인 출신의 신자들을 비롯해 대다수 초기 '기독교인들'을 보면 여러모로 유대교라는 '종교'의 한 분파를 추종하는 사람들로 보였을 법하다. 실제로 이 두 집단 사이에서 유사성을 발견한 이교도들도 있었다. 1장에서 인용했던 갈레노스의 글을 상기해보자. 그는 유대인들과 기독교인들을 공통의 철학 혹은 유사한 철학을 따르는 무리로 묘사했다.

하지만 지난 수십 년간 발표한 여러 글에서 나는 생물학 용어를 써서 예수 운동이 고대 유대교 전통에서 발생한 신종 '돌연변이'라고 비유한 바 있다. 돌연변이를 상정하면서 나는 초기 기독교의 종교 의식을 구성하는 그들의 신념과 제의에서 예수를 다루는 방식에 특히 초점을 맞췄다. 초기 예수 운동이 유대교의 수사와 '유일한 하나님'만을 숭배하는 제의를 그대로 따라 하고 있는 건 맞다. 하지만 유대인이든 이방인이든 예수 운동 신봉자들이나 '기독교인'은 그들의 신앙과 예배 양식에서 당시 유대교 전통에서는 전례가 없는 특별한 지위를 예수에게 부여했다. 초기 기독교 담론에서는 '하나님'을 '아버지'라고 지칭하며 하나님과 예수를 특별한 관계로 연결시켰고, 나는 이 같은 예수의 지위가 독특한 '이위일체' 예배를 구성한다고 평가했다. 여기서 주요 쟁점을 간략히 살펴보자.

예수 운동 초기, 그러니까 예수가 처형되고 오래되지 않은 시점부터 예수 운동을 일으킨 무리가 선포한 메시지와 그들의 신앙에는 처음부터 예수가 중심을 차지하고 있었다. 예수의 중요성을 강조한 복음은 그를 '메시아(그리스어로 크리스토스Christos, 「사도행전」 2장 36절)'이자, 하나님께 결백을 인정받은 '아들(「로마서」 1장 3~4절)'이자, 하나님이 임명한

'주(그리스어로 퀴리오스, 「빌립보서」 2장 9~11절)'로 묘사하며 하나님이 죽음에서 되살려 그의 '우편'에 앉히셨다고 선언했다.

특히 하나님이 죽은 자 가운데서 예수를 되살리셨다는 대담한 선언이 결정적이었다. 이 선언은 예수 운동 초기에 추종자들이 새로운 차원의 열정을 불태우고, 예수의 신성을 강화하는 발화점 역할을 했다. 예수 추종자들은 예수가 하나님 앞에 선 유일한 중재자이며, 하나님이 예수의 죽음을 '우리의 죄'를 사하기 위한 대속적 죽음으로 만들었다고 선언했다(「로마서」 4장 24~25절). 기독교인이라면 이들이 제기한 주장을 사실로 받아들이고, 구세주이신 예수의 지위와 권능을 온전히 믿는 것이 올바른 자세였다. 신약성경에 보면, 유대인이나 이방인이나 모두 이 같은 주장을 받아들여 하나님이 계획한 구원 사업을 완수할 유일한 대리자로 예수를 대하도록 부름받았다(「사도행전」 4장 12절). 또 이방인은 물론 유대인들도 예수의 이름으로 세례를 받는 독특한 입회식을 치르고 예수 운동의 일원이 되었다.

「로마서」 10장 9~13절을 다시 살펴보자. 바울은 여기서 "네가 만일 네 입으로 예수를 주로 시인하며 또 하나님께서 그를 죽은 자 가운데서 살리신 것을 네 마음에 믿으면 구원을 받으리라"라고 선언했다(9절). 「로마서」 9~11장에서 바울은 자신의 동족인 유대 민족이 복음을 거부한 탓에 맞이할 운명에 대해 수차례 깊은 우려를 표명했다. 9장 1~5절에서 바울은 유대인이 복음을 불신한 것에 대한 자신의 슬픔과 고통을 표현하며, 만약 그들이 불신을 버리고 믿음을 회복할 수 있다면 자신이 하나님의 저주를 받겠노라고 자청한다. 10장

1~2절에서 바울은 동족인 유대인들이 "구원을 받게" 하고자 하나님께 간구하고 있으며, 예수에 대한 복음을 깨닫지 못하는 동족들의 어리석음을 애통한다. 이어지는 11장에서 바울은 그의 민족이 복음을 불신한 탓에 '넘어졌다'고 하면서도, 이것이 하나님의 목적으로부터 영원히 단절되고 몰락하는 것을 의미하지 않는다고 주장했다. 바울은 하나님의 궁극적인 계획 속에서 유대인의 불신은 극복될 것이라고 단언했다. "그리하여 온 이스라엘이 구원을 받으리라(26절)."

이 모든 것이 가리키는 메시지는 분명하다. 이방인들뿐만 아니라 유대인들에게도 예수를 주님으로 고백할 필요성이 있다는 것이 바울의 견해다. 「로마서」 10장 9~13절의 후반부에서 바울은 "유대인이나 헬라인이나 차별이 없음이라 한 분이신 주께서(문맥상 주 예수가 분명하다) 모든 사람의 주가 되사 그를 부르는 모든 사람에게 부요하시도다(12절)"라고 진술함으로써 이 점을 분명히 했다. 실제로 「빌립보서」 2장 9~11절에 보면, 하나님이 예수를 지극히 높이고 온 백성과 모든 피조물이 예수의 이름에 무릎을 꿇게 하시고 예수의 주권을 인정해 '주'로 시인하도록 하셨다고 바울은 주장했다. 그러니까 예수를 메시아와 주님으로서 인정하는 것은 이방인뿐 아니라 바울을 비롯해 초기의 유대인 예수 추종자들 모두에게 주어진 의무였다. 예수의 지위를 인정하지 않는 것은 하나님께 불순종하는 것이었다. 나중에 초기 기독교가 된 예수 운동은 바리새파처럼 단순히 유대교의 한 당파(religious party, 당파와 종파라는 용어는 샌더스를 비롯한 일군의 신학자들이 유대교의 여러 종교 집단을 구분하기 위해 제시한 개념이다. 당파는 정치 집단인 정당처럼 전체 집단 내에서 한 자리를 차지하며 자신들의 신념을 퍼뜨리려 하는 반면, 종파는 자신들만이 참된 공동체라 여기며 전체 집단으로부터 떨어져 나오려 하고, 자신들과 함께하지 않는 자들에게는 구원이 없다고 믿는다-옮긴이)가 아니었다. 그보다 훨씬 더 급진적인 운동이었다. 초기 예수 운동은 현대의 용어를 빌어 표현하자면 새로운 '종파'에 더 가까웠고, 매우 배타적인 주장을 펼치며 다른 모든 이들에게 자신들의 주장을 받아들일 것을 요구했다.

바리새인들은 기본적으로 유대교의 율법을 문자적으로 해석하는 입장이었고, 율법을 지키는 일에 매우 엄격한 태도를 취했던 유대인들이다. 당연히 유대인 동족들에게도 율법을 헌신적으로 준수하도록 촉구했을 것이다. 최근 한 학자는 바리새파의 해석에 따라 유대인이 율법을 준수함으로써 유대 민족 전체가 '성화'되는 것이 바리새파의 목표였다고 주장했다. 하지만 바리새인들은 유대교 내의 유별난 '당파'였을 뿐 폐쇄적이고 배타적인 '종파'는 아니었다는 점을 강조하고 싶다. 즉, 다른 유대인들이 그들의 해석에 따라 율법을 열심히 준수하기를 바랐지만, 자신들만이 유일하게 선택받았다거나 다른 사람들이 바리새인처럼 살지 않는다는 이유로 그들을 하나님의 저주 아래 놓였다고 간주했다는 증거는 없다. 이런 태도는 쿰란에서 발굴된 문헌들에 나타난 태도와 대조된다. 쿰란 종파의 경우 공동체의 일원이 되려면 엄격한 규칙을 지켜야 했고, 그렇지 못한 자들은 비유대인(이교도)뿐 아니라 유대인도 "어둠의 아들들"이며 다가오는 심판의 날에 하나님의 진노 아래 놓일 것이라고 주장했다.

초기 예수 운동이 견지했던 것으로 보이는 관점은 바리새파의 관점과도 대조를 이뤘다. 앞서 살폈듯이 바울처럼 예수를 추종했던 유대인 신자들은 하나님께서 새로 행하신 중대한 역사를 복음이 선포하고 있다고 생각한 것이 틀림없어 보인다. 이 역사로 예수는 유대인이나 이방인 모두 그들의 주the Lord로 시인하고 그 이름을 '불러야' 하는 존재가 되었다. 다시 말해 조상 대대로 그들이 섬기던 하나님에게 충실하고 싶었던 유대인들은 이제 예수에게 경의를 표해야 했다. 예수를 인정하지 않는 자는 이스라엘의 신인 하나님에게 불순종하게 되는 것이었다.

초기 기독교의 관점은 고대 이교도의 환경뿐 아니라 고대 유대교의 전통에서 봐도 유별나고 배타적이었다. 예수 운동의 일원으로 참여하는 것은 자발적이었지만 그들이 하나님께 순종하고 싶다면 유대인이나 이교도나 예수를 주로 시인하는 것은 당연한 의무였다. 초기 예수 운동 외에도 배타적인 유대교 종파는 여럿 있었다. 하지만 초기 예수 운동은 자신들의 운동이 선택 가능한 여느 종파와는 다르다고 표방했다. 초기 예수 운동에는 특히 예수라는 인물을 중심에 놓는 신앙과 주장, 제의가 있었다.

하나님과 더불어 남달리 예수를 강조하는 초기 기독교 신앙의 특별한 이위일체 사상은 「고린도전서」 8장 4~6절에서 간단히 확인할 수 있다. 이 구절은 앞서 로마 시대의 종교적 환경과 관련해 다룬 적이 있다. 바울은 당시의 수많은 신들과 비교하며 "한 하나님 곧 아버지가 계시니 만물이 그에게서 났고 우리도 그를 위하여 있고 또한 한 주 예수 그리스도께서 계시니 만물이 그로 말미암고 우리도 그로 말미암아 있느니라(6절)"라고 선언했다. 하지만 내가 여기서 강조하고 싶은 것은 바울이 이 진술에서 유대교의 전통적인 배타성과 초기 기독교 신앙의 특징인 이위일체 사상을 결합시키는 방식이다. 하나님(아버지)과 예수에게 각각 '한 분'이라는 표현을 반복해서 강조함으로써 유대교의 배타성을 유지한다. 그리고 하나님과 예수를 구별하면서도 하나님과 예수의 보편성을 각각 말한다. 즉, '만물이 하나님에게서 났고 하나님을 위하며, 또 만물이 예수로 말미암았다.' 하나님은 만물의 창조자이자 원천이며, 궁극적 목적이고, 예수는 만물의 창조와 구원을 실행하는 유일한 대리인이다.

여기서 우리는 하나님의 유일성을 말하는 고대 유대인의 신앙고백을 수정하고 확장해서 하나님과 구별되는 두 번째 인물인 예수를 하나님과 독특하게 연결 짓고 하나님에 버금가는 우주적인 역할을 부여해 간결하고 멋진 기독교 신앙고백으로 탄생시킨 예를 보고 있다. '쉐마Shema'로 알려진 고전적인 유대인의 신앙고백은 다음과 같이 번역될 수 있다. "이스라엘아 들으라 우리 하나님 여호와는 오직 유일한 여호와이시니(「신명기」6장 4절)." 우리는 「고린도전서」 8장 4~6절을 쉐마의 수정판이나 인용 혹은 그것에 영향받은 것으로 생각해도 무방하다. 어느 경우든 여기서 주목할 점은 예수가 독특한 방식으로 하나님과 연결되었으며, 이 때문에 초기 예수 운동(초기 '기독교')은 초기 로마 시대의 종교 환경은 물론, 고대 유대교의 다른 분파들과도 뚜렷한 차이를 드러냈다는 것이다.

초창기 신도들이 드리는 예배식에서도 예수는 유별나고 유례가 없는 위치를 차지했다. 나는 오래전부터 이 점을 강조해왔다. 특히 고대 유대교가 하나님의 유일성을 수호하려고 했다는 관점에서 이는 중요하다. 나는 여기서 두 가지 요점을 강조하고 싶다.

첫째, 예수가 중심에 놓이는 특기할 만한 예배 양식이 정착했음을 보여주는 자료는 충분하다. 예를 들어 초기 기독교에 입문하는 의식을 상기해보자. 세례와 예수의 이름으로 기원하는(그의 이름을 '부르는') 의식이 있다. 더욱이 그리스어를 쓰는 공동체는 물론 아람어를 쓰는 (유대인) 공동체에서도 공중 예배식에는 「고린도전서」 16장 22절의 "마라나타(Maranatha, 주여 오시옵소서)"라는 간청에 반영되어 있는 것처럼 예수를 '주님'으로 부르며 탄원하는 행위가 포함되어 있었다. 공중 예배를 드릴 때 예수를 숭배하는 행위가 유대인 출신의 예수 추종자들 사이에서 시작되었고, 이후 빠르게 확산되어 바울이 세운 교회들과 초기 기독교 전통의 예배 표준으로 정착한 것으로 보인다.

예수를 직간접적으로 높이는 찬가나 송가를 부르는 행위도 신약성경에 언급되어 있다. 성경의 시편들을 예수에 대한 예언으로 인식했던 것으로 보이고, 아울러 예수를 찬미하는 행위 역시 초기 기독교 예배식의 일부로 자리 잡은 듯하다. 1장에서 설명했던 플리니우스의 보고서를 상기해보자. 집회에 모인 기독교인들은 "신에게 하듯 그리스도를 향해 찬가를" 불렀다고 했다. 게다가 앞서 살펴봤듯이 바울은 교회에서 공동으로 함께하는 신성한 만찬을 "주의 만찬(「고린도전서」 11장 20절)"이라고 불렀다. 즉, 주 예수를 기리는 식사였다. 이교도의 신들이 그들을 찬미하는 연회에 참석하는 것처럼 예수가 성찬에 참여해 그 행사를 주재한다고 보았다. 실제로 초창기의 공중 예배에서 예수가 핵심이었기 때문에 바울은 신자들을 "주 되신 예수 그리스도의 이름을 부르는 모든 자들"이라 부를 정도였고(「고린도전서」 1장 2절), 예수의 이름을 부르며 그에게 간청하는 예배식을 언급했던 것이다.

초창기의 예수 운동 공동체들이 보여준 여러 숭배 의식은 사실상 예수를 하나님과 함께 숭배받기에 마땅한 자리에 올려놓았다는 특징이 있다. 예수에 대한 대담한 주장들은 물론, 예수를 숭배하는 의식들은 적잖이 놀랍다. 아니 충격적이다. 예수 운동에서는 하나님을 예수로 대체하는 방식이 아니라 하나님에 버금가는 신격을 예수에게 부여했다. 기독교인들은 일찍부터 그들의 신앙과 숭배 형식에서 예수와 하나님을 독특한 방식으로 결속하고 이위일체라는 양식으로 그 둘을 구분했다.

둘째, 이 숭배 형식이 새로운 발명품 같다는 것이다. 1988년에 발행된 책에서 나는 고대 유대의 전통을 조사해 초기 기독교의 이위일체 사상과 유사한 사례나 전례가 있는지 찾아봤으나 아무것도 발견하지 못했다. 그 책에서도 설명했지만 고대 유대 전통에 따르면 대천사라든가 경전에 등장하는 영웅, 때로는 하나님의 속성을 의인화한 형태로 창조나 구원 등의 다양한 역사 속에서 고유한 대리인으로서 하나님의 역사를 집행하는 이런저런 존재가 나타난다. 이러한 인물들이 고대 유대 전통에서 '최고 대리인chief agent' 개념을 형성했으며, 이는 초창기의 유대인 예수 추종자들에게 부활한 혹은 높임받아 하나님 우편에 앉은 예수를 상정할 수 있는 개념적 기반을 제공했다고 본다. 하지만 고대 유대교의 신앙고백이나 종교적 제의를 살펴보면, 구약성경 속의 최고 대리인 가운데 초기의 예수 운동 공동체 안에서 예수가 높임을 받았던 것만큼 섬김을 받았던 인물은 아무도 없었다. 다시 말해 구약성경의 최고 대리인은 특히, 초창기의 기독교 숭배 의식에서 예수가 차지하는 위치를 설명할 수 있는 적절한 전례나 일치되는 사례가 되지 못한다.

초기 예수 운동 공동체의 신앙과 의례에 나타난 이위일체 개념이 로마 시대의 다양한 유대교 전통 사이에서 특히 예수 운동을 차별화하는 지점이라고 내가 주장하는 것도 이와 같은 이유에서다. 예수 운동은 고대 유대교 전통에서 눈에 띄는 돌연변이였다. 초기 예수 운동은 최고 대리인 혹은 메시아로서 예수를 거론했다. 이 자체로도 예수 운동은 유별나게 보였겠지만 그게 전부가 아니었다. 우리가 확인한 가장 오래된 증거를 보면, 부활한 혹은 높임받은 예수는 그들의 신앙고백에서는 물론, 유대인 신자들로 구성된 공동체나 비유대인 신자들로 구성된 공동체가 드리는 공중 예배를 비롯한 여러 종교 의식 속에서도 중요한 위치를 차지했다. 이위일체 숭배 형식은 그야말로 동시대에서도 유사한 의식을 찾을 수 없고 그 이전 시대에서도 전례를 찾을 수 없을 만큼 새로운 것이었다. 기독교인들의 신앙과 의례는 그 내용뿐 아니라 형식이 동시대 유대교 집단의 다른 어떤 신앙이나 의례 중에서도 상이했으며 독특했다.

유대교에도 이위일체 같은 개념이 있다며 가끔 예외를 제시하는 경우가 있다. 곧 설명하겠지만 나는 이 사례가 예외가 된다고 생각지 않는다. 200년이 넘는 세월 동안 여러 편의 이야기를 하나로 엮어놓은, 우리에게 「에녹 1서」로 알려진 고대 유대교 문헌에는 '우화(혹은 비유)'라고 불리는 부분이 있다. 바로 「에녹 1서」 37~71장이다. 이 문헌에는 '선택받은 자' '메시아' '의로운 자' 등으로 언급되고, 또 에티오피아어로 여러 가지 표현으로 언급되지만 무차별적으로 모두 '인자son of man'라고 번역되는 한 인물이 등장한다. 이 인물은 창조 이전에 선택되었고 "호명되었으며(48장 2절, 6절)" 의로운 자들을 대신하고 악한 자들에 맞서서 하나님의 최종적 권위를 대리하는 자가 될 것으로 상정되었다(48장 4~10절, 52장 4~9절). 이어서 그는 영광스러운 보위에 앉을 터이고(51장 3절, 61장 8절), 지상의 모든 지배자들에게서 경배를 받을 것이다. 다양한 신적인 존재들과 더불어 이 인물도 유일한 하나님을 경배하는 것으로 그려진다는 사실에 주목하자(61장 10~11절). '선택된 자'는 영광스러운 존재이긴 하나 단독으로 예배를 흠향하는 인물이 아니며, 더욱이 하나님과 공동으로 예배를 흠향하는 인물도 아니다. 지상의 정복왕들이 그 앞에서 "얼굴을 땅에 대고 엎드려 그에게 자비를 간청할" 것으로 묘사된다(62장 9절).

하지만 그는 하나님의 백성들이 올리는 공중 예배의 대상으로 묘사되지는 않았다. 게다가 이 인물은 미래의 일을 알려주는 꿈과 환상에도 등장하지만, 우리에게 알려진 고대 유대교 집단 가운데 그를 실제로 숭배한 공동체는 없었다. 즉, 「에녹 1서」의 구절들이 미래의 어느 시점에 이 인물이 등장했을 때 어떤 일들이 일어날 것이라고 예견했든지 간에 유대교 집단은, 심지어 「에녹 1서」의 '우화'를 집필한 사람들조차 초기 예수 운동 공동체가 예수를 숭배한 것처럼 이 인물을 숭배했다는 증거는 없다. 따라서 가장 이른 시기의 기독교 공동체가 보여준 예수에 대한 섬김의 강도나 형식이 예수 운동의 모체가 되는 고대 유대교 전통에서도 역사적으로 전례가 없는 새로운 혁신이었다는 내 주장에는 변함이 없다.

호칭

초기 기독교 신자들이 자신들을 가리켜 사용한 용어를 살펴보자. 서기 2세기경 기독교 내부나 외부에서 가장 널리 사용한 용어는 '그리스도인(들)'이었다. 「사도행전」 11장 26절에 따르면 이 용어는 가장 먼저 안디옥에서 신흥 예수 운동의 일원을 지칭하는 말로 사용되었고, 처음에는 외부인들이 신자들을 가리켜 사용하는 말이었던 것 같다. 그리스도인은 그리스어로 '크리스티아노스christianos', 복수형은 '크리스티아노이christianoi'인데 이 복수형에 붙는 어미는 이런저런 인물과 동질감을 느끼거나 연대하는, 특히 정치적으로 같은 목표를 지향하는 집단을 가리키는 말과 유사하다. 예를 들어 「마가복음」 12장 13절에 언급된 '헤로디아노이(Herodianoi, 헤롯당)'가 그렇다. 이들은 헤롯 왕가의 지지자들일 가능성이 높다. 그리스도인이라는 단어는 「사도행전」 11장 26절에 처음 등장한 이후 신약성경에서 두 차례 더 등장할 뿐이다. 「사도행전」 26장 28절에서 아그립바 왕이 바울의 열정적인 복음 전도에 (아마도 비아냥거리는 말투로) 이렇게 대답했다. "네가 적은 말로 나를 권하여 그리스도인이 되게 하려 하는도다." 또 「베드로전서」 4장 16절에서는 "그리스도인으로" 고난받을 가능성을 언급하며 이것이 범죄를 저지르고 받는 고통과는 다르다며 독자들을 위로하고 있다.

크리스티아노스와 크리스티아노이의 기원을 따지면, 라틴어가 코이네 그리스어(Koine Greek, 공통 그리스어라는 뜻으로 원래 알렉산드로스 대제의 군대에서 공용어로 쓰였다고 한다—옮긴이)에 미친 영향이 나타난다는 것이 일반적으로 수용되는 견해다. -ianos 혹은 -ianoi 같은 그리스어 어미는 라틴어 어미인 -ianus 혹은 -iani와 유사하다. 이를테면 브루티아누스Brutianus, 아우구스티아누스Augustianus, 카이사리아누스Caesarianus 같은 말이나 로마 시대에 쓰였던 여러 별칭에 등장한다. 이런 식의 명칭이 쓰인다면 어떤 사람이 해당 명칭으로 불리는 인물 혹은 집단에 소속된 것을 의미한다. 그 사람은 해당 유명인에게 여러모로 의존하는 관계이며(어떤 사람에게 고용된 자들이거나 노예들인 경우), 그 유명인에게 충성하고, 정치적으로 또는 군사적으로 지원받고 있음을 나타낸다는 것이 일반적인 견해다. 그러므로 크리스티아노이 즉, 라틴어로 크리스티아니christiani는 '그리스도(그리스어로 크리스토스Christos, 라틴어로 크리스투스Christus)'와 결속된 사람들을 지칭했고, 이는 분명 초기 그리스도인이 그들의 신앙을 고백하고 선포할 때 예수를 지칭하는 말로 이 용어(그리스도)를 주로 사용했음을 나타낸다.

초기 그리스도인이 '크리스토스'라는 용어를 사용한 것은 본래 예수가 '메시아', 곧 하나님이 보낸 약속된 구원자라는 주장을 제기할 때였다. 크리스토스라는 용어는 히브리어인 마쉬아흐Maschiach를 직역한 것이다(문자 그대로 '기름 부음을 받은 자'). 그러니까 크리스토스라는 용어는 먼저 유대인들이 사용했고, 이어서 그리스도인들이 사용한 것이다. 일반적인 그리스어 용법에 따르면 이 단어는 그저 연고를 바르는 경우처럼 '기름을 바른 혹은 기름을 부은'을 뜻하는 형용사였다. 이방인들에게는 별 의미도 없었을 것이기 때문에 초기 신자들이 예수를 크리스토스라고 선언하는 것을 들은 이교도들은 이 말을 생소한 이름 같은 것으로 추정했을 것이다. 따라서 이방인들이 신자들을 '그리스도인들'이라고 부른 것은 그들이 대화를 나눌 때나 실천할 때 '그리스도'라는 인물을 주로 언급하는 사람들이라는 의미였을 것이다. 즉, 이 용어는 신자들을 가리켜 '그리스도' 당원들이라고 지칭하는 셈이다.

종교사에서 일어난 다른 사례들과 마찬가지로, 그리스도인이라는 용어도 외부인들이 조롱하는 의미로 먼저 사용하기 시작했을 테고, 이후 어느 시점부터는 신자들 사이에서 자신들을 지칭하는 용어로 채택된 것으로 보인다. 신약성경을 구성하는 대개 1세기에 속한 문헌들에서는 그리스도인이라는 용어가 드물게 사용된 데 반해, 이후 기독교 문헌과 비기독교 문헌에서 그 사용 빈도가 증가했다는 것이 이를 증명한다. 그러나 예수 추종자들이 처음으로 그리스도인들이라 불렸던 구체적 시기와 상황에 대해서는 학자들마다 의견이 분분하다. 라틴어의 영향을 받은 용어라는 점에서 일부 학자들은 로마 당국에서 예수 운동 신봉자들을 경계했을 때 재판을 담당했던 로마 관료들이 처음 이 용어를 사용했을 것이라고 제안하기도 했다. 그러나 나는 이 주장에 선뜻 동의하기 어렵다.

다시 말해 이 용어가 반드시 라틴어 화자에게서 비롯했다고 보지는 않는다. 유명 인사와 결속된 사람들을 지칭하는 명칭에 특정한 어미(-ianus 혹은 -iani)를 붙이는 라틴어 용법에 익숙한 그리스어 화자들이 이 용어를 만들었을 가능성도 있다. 앞서 언급한 '헤롯당(그리스어로 헤로디아노이)' 역시 라틴어에 영향을 받았지만, 이 용어는 그리스어를 모국어로 하는 환경에서 처음으로 사용되었을 가능성이 높은 용어들 가운데 하나다. 그리스도인과 그리스도인들이라는 용어가 처음 탄생한 장소나 상황이 구체적으로 무엇이었든 이 용어를 만든 쪽은 외부인이었을 가능성이 높고, 네로 황제가 로마의 그리스도인들에게 잔혹한 짓을 저질렀던 서기 64년경 혹은 그 이전부터 예수 추종자들을 가리키는 호칭으로 쓰였을 것이다.

책의 주제와 관련해서 한 가지 더 언급하자면, 이 용어는 특히 예수 운동 신봉자들로 여겨지는 사람들에게만 적용되었고, 예수 추종자들을 다른 유대인들이나 그 당시 대중과 구별하는 역할을 했다. 누차 강조하지만 이런저런 인물의 추종자나 신봉자 들을 지칭하는 다른 용어들과 비슷한 어미로 끝나는 크리스티아노이는 '그리스도-신봉자들' 곧 '그리스도'와 관련해서 동질감을 느끼는 사람들을 지칭했다. 실제로 가능성이 높은 얘기인데, 만약 이 용어가 본래 그리스도인들에 대한 적대감을 표현한 것이라면, 이 적개심의 진원지는 그 추종자들의 충성심에 있음을 가리킨다. 신약성경의 「베드로전서」가 작성되었을 무렵(서기 70~120년경)에는 적어도 일부 신자들 사이에서도 자신들을 지칭하며 그리스도인이란 용어를 사용한 것으로 보인다. 일례로 서기 2세기 초에 사형 선고를 받고 로마로 압송되던 안디옥의 이그나티우스는 이 죽음으로 자신이 온전히 그리스도인임을 입증받기를 소망했다(이그나티우스, 「로마인들에게 보내는 서신」 3장 2절).

초기 기독교 문헌을 보면 신자들이 자신들을 일컫는 데 사용한 호칭이나 다른 이름도 여럿 있었다. 사실 신자들이 자기 호칭으로 사용한 용어들은 후기의 문헌보다 초기의 문헌을 보면 훨씬 다양하게 나타난다. 신자들이 사용한 자기 호칭으로는 '그리스도인(들)' 외에도 '형제들', '믿는 자들', '성인들·거룩한 자들', '에클레시아', '제자들' 그리고 '길the way'이 있다. 자신이 속한 집단을 가리키는 자기 호칭이 이렇게 다양했다는 것은 언어학 용어를 빌자면 초창기 예수 운동 공동체가 이미 일련의 '사회 방언' 또는 '언어 목록'을 공유했음을 반영한다. 해당 집단을 가리키는 칭호가 많았다는 것은 그들의 독특한 정체성을 표현하려는 시도가 그만큼 강렬하고 활발했다는 의미다. 이 용어들 가운데 일부는 '그리스도인', '믿는 자', '회중'처럼 향후 수시로 사용된 것들도 있고, '길'과 '성인들'처럼 더 이상 사용하지 않게 된 것들도 있다. 하지만 이 호칭들은 모두 초기 기독교 공동체의 정체성을 특징짓는 말이었다.

그중 '에클레시아ekklēsia'는 특히 주목할 만하다. 보통 영어로는 'church(교회)'로 번역되는 에클레시아라는 단어는 회중 차원에서 교단 차원에 이르기까지 기독교인들로 구성된 집단을 가리키는 가장 익숙한 명칭이다. 그러나 그리스어의 본래 의미를 알고 나면 이 용어가 초기 그리스도인들 사이에서 애초에 무엇을 뜻했는지 자못 궁금해진다. 그리스어 에클레시아는 당시에 일반적으로 민회를 의미했다. 특히 한 도시의 시민들이 참석하는 시의회를 의미했는데, 으레 투표권을 지닌 자유민들로 구성되었다. 우리는 에베소의 폭동을 설명한 「사도행전」 19장 21~41절에서 이 용법이 쓰인 사례를 찾아볼 수 있다. 데메드리오(데메트리우스)라는 은장이가 동료들과 함께 "손으로 만든 것들은 신이 아니라(26절)"는 바울의 설교를 듣고 분노하면서 소동이 일어났다. 성난 군중이 바울 일행을 극장으로 끌고 가 위협하며 소동을 일으켰다. 소란이 일어나고 얼마 후 서기장이 등장해 성난 군중을 향해 송사할 일이 있으면 법원에 고소하라 했고, 어떤 문제에 대한 추가 심의는 "정식으로 열린 민회(그리스어로 엔노모스 에클레시아 ennomos ekklēsia)"에서 판결이 내려질 것이라고 했다.

그러므로 일부 학자들은 초대 교인들이 의도적으로 민회를 지칭하는 에클레시아를 선택한 것이라고 주장했다. 신자들의 모임을 가리킬 때 특히 이 용어를 선호했던 바울에게는 그리스도인들의 집회를 시의회나 주의회에 상응하는 모임으로 표현하려는 속내가 있었다는 것이다. 분명 에클레시아라는 말은 의결 기관을 떠올리게 하는 말이고, 그리스도인들의 '집회'는 하나님의 성회로서 공의회와 유사한 성격이 있다. 그러나 초기에 이 용어가 의미했던 바를 이 한 가지로 한정하는 것은 현명치 못한 일이다.

구약성경을 그리스어로 번역한, 흔히 70인경으로 불리는 책에도 에클레시아가 사용되었다는 사실에 주목해야 한다. 이 책에서 에클레시아는 이스라엘 백성을 의미하는 히브리어 '카할qahal'을 흔히 '주의 회중'으로 번역할 때 쓰였다. 단순히 '총회·회중'을 뜻한 경우도 있는데, 아마도 예배를 위해 예루살렘 성전에 모인 하나님의 신봉자들을 지칭하는 것으로 보인다. '사해사본'의 발굴지인 쿰란에서 나온 중요한 문헌에서 히브리어 카할은 마지막 날에 하나님께 선택된 백성들을 지칭하는 데 사용되었다. 카할이 등장하는 전체 문구를 보면 "하나님의 총회·하나님의 회중(히브리어로 카할 엘qahalēl)"인데, 이 표현은 신약성경에서 자주 사용되는 그리스어 표현 '하나님의 총회·하나님의 교회'와 정확하게 대응한다(그리스어로 에클레시아 테우ekklēsia theou).

에클레시아가 쓰인 다양한 사례를 통해서나 또 신약성경에서 '하나님의 총회'처럼 공공의 성격을 드러내는 표현으로 기독교인들의 모임을 자주 지칭했다는 점을 고려하면, 초기 기독교는 이 용어를 사용하면서 특별한 종교적 중요성을 암시했을 가능성이 높다. 초기 기독교의 총회는 단순히 사람들의 가벼운 사교 모임이나 친목 단체 같은 것이 아니었다. 초기 기독교인들은 그들의 모임과 회원 자격에 큰 의미를 부여했다. 특히 '그 총회·하나님의 총회들'이라는 표현을 통해 그들은 그들의 모임이 특별하고 고유한 종교적 지위와 중요성을 지녔다고 주장하고 있다. 이 사례('the assembly')에서 사용된 정관사는 그들이 하나님의 특별한 백성들임을 주장하고 있음을 나타낸다.

또 하나 주목해야 할 사실은 이 에클레시아 용법이 가장 이른 시기의 기독교 문헌들에 일찌감치 등장한다는 점이다. 이들 문헌은 서기 1세기 중엽에 쓰인 것으로 보이는데, 그렇다면 예수 운동을 펼치던 이들의 담화 속에서 그 이전부터 에클레시아가 사용되었음을 나타낸다. 예를 들어 바울은 거듭 자신이 예수 운동에 반대했던 옛일을 언급하며 '하나님의 교회(「갈라디아서」 1장 13절, 「고린도전서」 15장 9절)'와 '교회(「빌립보서」 3장 6절)'를 박해했다고 말한다. 또 다른 구절에서 바울은 심지어 '유대인', '헬라인', '하나님의 교회' 이렇게 세 집단으로 사회를 구분하기도 한다(「고린도전서」 10장 32절). 이 모든 사례에서 바울은 하나님의 교회 앞에 정관사를 붙였는데, 하나님과 연결된 '하나밖에 없는' 총회로서 신자들의 중요성을 반영하고 있다. 그렇다면 이 신생 종교 운동은 매우 일찍부터 예수에게 초점을 맞췄을 뿐 아니라 그들만의 고유한 집단 정체성을 형성한 것이 확실해 보인다.

초기 기독교에서 사용한 자기 호칭을 보면 성경과 역사에서 중요한 의의를 지닌 이스라엘 백성과 초대교회 신자들을 선명하게 결속하는 것을 알 수 있다. 이를테면, 에베소 교인들에게 보낸 서신에서 이 같은 용어가 사용된 사례들을 확인할 수 있다. 「에베소서」 저자에 대해서는 누군가 바울의 이름으로 후대에 기록했다는 견해가 현재 학자들 사이에서 널리 지지되고 있다. 이 서신은 바울이 직접 쓴 것으로 모두가 인정하는 서신들보다 다소 늦은 시기인 서기 70~90년경에 작성되었다.

「에베소서」 앞부분에서 저자는 하나님이 신자들을 선택했고, "예수 그리스도로 말미암아 자기의 아들들이" 되도록 예정해놓았다고 주장했다(1장 4~5절). 비록 그들은 "그때에 육체로는 이방인"이어서(즉 '태생적으로', 2장 11절) 하나님께 물려받을 지위가 없었지만, 그리스도를 통해 참되신 한 분 하나님과 소원했던 관계가 회복되었다(2장 11~13절). 과거에는 하나님과 상관없는 이방인이었던 자들이 이제는 "성도들과 동일한 시민이요 하나님의 권속"이 되었다(2장 19절). 또한 「에베소서」에 따르면 과거에는 유대교 율법에 따라 유대인과 이방인이 구분되었지만, 이제 그런 구분은 무너졌으며 이런 분열적인 이분법 대신 그리스도 안에서 "한 새 사람(one new man, 인류humanity)"이 들어섰다(2장 14~15절).

예로 든 구절들을 보면 그리스도로 인해 유대인과 이방인이 온전히 하나로 통합되어 새로운 신자들의 공동체가 되었다는 개념이 드러난다. 두 집단 사이에 놓였던 과거의 민족적 구분을 넘어서는 기독교의 집단 정체성을 보여주고 있는 것이다. 그러나 각각의 민족 정체성이 실제로 사라진 것은 아니다. 「에베소서」에서 말하는 요지는 하나님의 백성으로 인정받는 경계가 근본적으로 확장되었다는 것이다. 이제 이방인 신자들도 유대인 신자들과 더불어 하나님의 자녀들이라는 신분을 함께 물려받는다.

거의 비슷한 시기에 쓰였고, 역시 사후에 다른 사람이 작성한 「베드로전서」에서도 우리는 비슷한 개념을 확인할 수 있다. 저자는 그의 독자들을 "흩어진 나그네(1장 1절)"라고 언급했는데, 추가 설명이 없었다면 독자들을 유대인으로 여기게 할 만한 표현이다. 그러나 편지 내용을 보면 독자들의 대다수가 비유대인(이방인) 신자들임이 분명하다(1장 18~21절, 4장 3~6절). 독자들의 민족 정체성이 이방인임에도 저자는 이제 그들을 "택하신 족속(게노스genos)이요 왕 같은 제사장들이요 거룩한 나라(에트노스ethnos)요 그의 소유가 된 백성(라오스laos)이니(2장 9절)"라고 지칭했다. 이 같은 칭호는 분명 성경적 전통 혹은 유대교 전통에서 유래한 것들로서 모두 유대 민족 혹은 유대 나라를 가리킨다. 기독교인들은 그들이 획득한 자격을 이와 같은 존칭으로 표현했으며 여기에는 그들의 집단 정체성이 드러난다. 또한 「베드로전서」 4장 16절에는 신자들을 가리키는 말로 '그리스도인'이라는 용어도 등장하는데, 이 용어가 드물게 등장하는 기독교 문헌 중에 하나다.

「베드로전서」보다 먼저 쓰인 「갈라디아서」에도 이와 비슷한 개념이 등장한다. 바울은 갈라디아 교회에 서신을 보내 격정적이면서 때로는 이해하기 까다로운 가르침을 전한다. 바울이 보기에 갈라디아 교회들은 유대계 기독교인들 때문에 곤란을 겪고 있었다. 이 유대계 신자들은 갈라디아의 이방인 신자들에게 사실상 유대인으로 귀화해 그들의 회심을 완성할 것을 촉구했다. 즉, 이 사람들은 바울의 비유대계 신자들에게 유대교 율법(토라)을 온전히 준수함으로써 그들이 마음에 품은 그리스도에 대한 믿음과 그들이 받은 세례를 보완하고 완성할 것을 강권했다. 특히 남성의 경우에는 할례를 받으라고 요구했다. 바울은 서신에서 이따금 화를 참지 못하며 강한 어투로 갈라디아의 이방인 신자들에게, 그의 표현을 빌자면 이 문제의 인물들의 '꾐(「갈라디아서」 3장 1절)'에 넘어가지 말 것을 당부했다.

바울이 그러한 편지를 쓸 수밖에 없었던 상황을 이 지면에서 자세히 다루는 것은 적당치 않다. 여기서 내가 지적하려는 것은 바울이 제시한 주장들 가운데 하나다. 즉, 과거 이방인이었던 자들이라도 그리스도 안에서(그리스도를 통해) 이제는 유대 민족의 위대한 조상인 아브라함의 자손(씨)에 포함되었고(「갈라디아서」 3장 29절), 따라서 이들은 아브라함에게 내려진 약속, 곧 모든 이방이 그를 통해 복을 받으리라 하신 대로 약속의 효험을 누리게 될 자손들이라는 것이다(「갈라디아서」 3장 6~14절). 요컨대 바울은 그리스도를 믿는 이방인 개종자들에게 유대인으로 귀화할 필요가 없다고 주장한 것이다. 그들은 비유대인, 곧 이방인임에도 그리스도를 믿음으로써 이미 온전하게 아브라함의 합법적인 자녀가 되었다.

바울의 이 같은 주장은 갈등을 초래했고, (이방인 신자들에게) 하나님의 선민이 될 것을 요구하는 보수적인 유대인 신자들과 초기의 예수 추종자들 사이에 골이 깊어졌다. 차차 '기독교'로 발전하는 이 초기 예수 운동의 집단 정체성은 당시 더 큰 세력을 이루고 있던 유대교의 전통적 주장들과 자주 갈등을 빚었다. 초기 기독교 내에 갈수록 비유대계 신자들이 많아지면서 이런저런 상황에서 유대계 신자들과 비유대계 신자들 사이에 첨예하고 격렬한 논쟁이 벌어지기도 했다. 이 갈등 문제를 여기서 자세히 다루기보다는 초기 기독교 문헌에서 그리스도인들이 자신들을 가리키는 호칭으로 '백성', '나라', '민족'이라는 용어를 썼다는 사실을 강조하고자 한다.

분명 앞서 살펴본 용어들은 특히 당시의 유대교 전통과 기독교 사이에 갈등이 존재했음을 반영하고, 그 같은 갈등을 일으키는 데 일조했다. 때로는 이런 갈등이 격렬한 논쟁으로 비화되고 유대계 신자들과 비유대계 신자들의 언행으로 표출되어 유감스러운 사건이 발생하기도 했다. 하지만 예수 운동 신봉자들이 이와 같은 자기 호칭들을 쓰기 시작했던 시기는 그들의 세력이 미미했던 때였다는 사실에 유의해야 한다. 그들은 자신들의 믿음이 정당하다는 사실을 주장하기 위해, 그리고 자신들의 믿음을 실천하며 살아가는 데 필요한 이른바 문화적 공간과 종교적 정통성을 확보하기 위해 더 격렬하게 행동했던 것이다. 당시 많은 이교도들이 기록에도 나와 있듯이 초기 기독교에 반감을 느꼈고, 심지어 사회생활에 위협이 된다고 보았으며, 기독교의 주장들을 터무니없는 소리로 치부했다는 것은 의심의 여지가 없다. 일부 유대인들도 여기에 동조했다. 초기 기독교인이 자신의 독특한 종교 정체성을 드러내는 일은 결코 평화롭고 조용하게 이루어질 수 있는 성격의 것이 아니었다.

2장을 마무리하며

앞의 논의만으로도 2장에서 전하고자 하는 내 요지가 제대로 전달되었으면 하는 바람이다. 일반적으로 로마 시대에는 모든 신을 숭배하는 것이 경건함으로 인식되었지만, 이에 비해 초기 기독교 신도들은 유대계든 비유대계든 우상 숭배라 여긴 행위를 거부하고, 성경에 나오는 유일신 하나님만 경배해야 한다고 주장했다는 점에서 고대 유대교와 마찬가지로 배타성을 띠었다. 하지만 유대교가 전통적으로 보여주는 주된 예배 형식과 비교했을 때 초기 예수 운동은 그 신앙과 제의를 구성하면서 예수를 핵심 인물로 포함시켰다는 점에서 차이를 드러냈다.

물론 훗날 기독교가 된 이 운동은 처음 몇 해 동안은 유대교 전통 안에서 발생한 새로운 종교 운동이었으며, 그 특징은 유일신 하나님과 예수가 중요한 위치를 차지하는 독특한 이위일체 예배 양식에 있었다. 이 종교 운동에서 예수가 차지하는 특별한 위상은 다른 이들은 몰라도 이 운동을 용납할 수 없는 변종으로 보았을 적잖은 수의 유대인들과 첨예한 갈등을 빚는 근원이 되었음이 분명하다. 강조하고 싶은 핵심은 초기 기독교의 신앙과 제의에서 보이는 이 독특한 예배 양식이 로마 사회에서 기독교를 특징짓는 중심축이 되었다는 것이다.

2장에서 살펴봤고 앞으로도 여러 근거를 제시하겠지만, 초기 기독교는 그전까지는 존재하지 않았던, 우리가 종교라고 부를 수 있을 만한 새로운 운동이었다고 평가하는 것이 옳다. 훗날 종교라는 용어가 가리키는 의미를 고려해도 기독교는 혁명적인 운동이었다.

3 장

이전에는
없었던
'책의 종교'

대다수 현대인은 신성한 책들, 곧 '경전'이 모든 종교의 중심에 놓일 것이라고 전제한다. 하지만 역사 속에 존재했던 수많은 종교를 살펴보면 그렇지 않다는 사실을 알 수 있다. 이 같은 개념은 현대인들이 물려받은 개념이며, 대부분 기독교에서 기인한 것이다.

로마 시대의 종교 환경에서 살펴볼 때 초기 기독교는 '책의 종교'였다. 초기 기독교의 예배 관행, 신앙, 행동 규범, 공동체로서의 특징들보다 텍스트의 지위가 더 중요했다고 말하는 것은 아니다. 로마 시대에 또 초기 기독교인들 사이에 구전된 말씀의 가치와 효력을 무시하려는 것도 아니다. 초기 기독교를 책의 종교라고 말한 것은 기독교 문헌을 봉독하고, 쓰고, 필사하고, 전파하는 활동이 초기 기독교에서 중요한 위치, 아니 두드러진 위치를 차지했다는 사실을 말하기 위해서다. 이는 고대의 유대교 집단을 제외하면 로마 시대의 종교 집단들 사이에서 매우 이례적인 특징이었다. 이는 내가 새롭게 발견한 사실이 아니라 다른 학자들도 이미 언급한 바 있다. 초기 기독교 공동체를 "체질적으로 텍스트를 중시하는" 집단이자 "텍스트 공동체textual community"로 묘사하기도 했고, 또 초기 기독교 운동을 가리켜 "텍스트를 마음과 영혼의 중심에 둔" 운동으로 묘사하기도 했다.

성경 봉독

기독교 전통에서 책, 특히 경전이 이후 수 세기에 걸쳐 어떤 위치를 차지했는지는 잘 알려져 있다. 성경 텍스트는 오늘날까지도 개인의 신앙에서, 기독교 신학에서, 그리고 전통적인 예배 의식에서 특별한 위치를 차지한다. 실제로 성경 봉독은 적어도 2세기 이후부터 많은 혹은 대다수의 기독교 공동체에서 행해지던 공중 예배의 순서 중 하나였다. 2세기에 로마에 거주했던 기독교 교사이자 작가였던 순교자 유스티누스가 쓴 글에서도 기독교인의 예배에서 "사도들의 회고록이나 선지자들의 글"이 정기적으로 봉독되었다는 사실을 언급한다(『제1 변증서 First Apology』 67장 3절). 여기서 유스티누스가 말한 '회고록(그리스어로 아폼네모뉴마타 apomnēmoneumata)'은 기독교 문헌, 특히 복음서를 가리킨다. 또 여기서 '선지자들'이라는 용어는 틀림없이 기독교인들이 구약이라 부르게 된 문헌들을 지칭한다. 그러니까 유스티누스에 따르면 적어도 2세기에 로마 교회들의 공중 예배에서는 이들 텍스트(복음서와 구약성경)를 성경으로 봉독하는 것이 관행이었다.

사실 십중팔구는 더 일찍부터 성경을 봉독하는 의식이 실행되고 있었을 가능성이 높다. 「디모데전서」 4장 13절에 성경을 읽는 것에 전념하라는 분명한 권고의 글이 있으며, 편지를 받은 '디모데(디모테오)'가 지켜야 할 중요한 책무 가운데 하나로 말씀 봉독을 강조한다. 역시 수신자가 디모데로 되어 있는 또 다른 서신에서 저자는 "모든 성경은 하나님의 감동으로 된 것으로 교훈과 책망과 바르게 함과 의로 교육하기에 유익"하다고 강조했다(「디모데후서」 3장 16절). 이 역시 초기 기독교 공동체 사이에서 이와 같은 문서들이 차지하는 지위가 그대로 드러나는 표현이다.

「디모데전서」와 「디모데후서」가 바울이 쓴 것으로 되어 있지만 두 문서는 다른 사람이 후대에 바울의 이름을 빌려 썼다는 견해가 지금은 널리 받아들여지고 있다. 사도 바울의 공동 사역자 중 한 사람의 이름으로 나오는 '디모데'라는 편지 수신자는 글에 사실성을 가미하기 위해 고안한 문학적 장치로 여겨진다. 따라서 이 서신들은 서기 64년경으로 추정되는 사도 바울의 처형 이후에 쓰였고, 대략 서기 70~120년 사이에 쓰였다는 것이 일반적인 견해다. 저자가 누구든 이 서신을 보면, 당시의 일부 기독교 공동체 내에서 신자들이 성경에 대해 어떤 태도를 취했고, 성경을 어떻게 사용했는지를 분명히 짐작할 수 있다. 이 글의 저자가 어떤 문헌들을 일컬어 '모든 성경'이라고 했는지 분명히 밝히고 있지 않아 아쉽지만, 아마도 구약성경을 지칭할 가능성이 크다. 앞서 인용한 유스티누스의 진술에도 반영되어 있고, 본문에서도 곧 확인하겠지만 초기 기독교인들이 작성한 여러 문헌도 곧 경전으로 인정받게 된다.

물론 기독교인들의 공중 예배를 언급한 가장 이른 시기의 자료를 보면 예언, 방언, 계시와 같은 '은사charismatic' 현상을 포함해 예배를 구성하는 다양한 요소가 언급되어 있다(「고린도전서」 14장 26~31절). 그러나 1세기나 2세기의 기독교 문헌 가운데 예배 절차를 제대로 기술했다고 믿을 만한 글은 없으므로 그 당시 예배의 모습을 섣불리 추정하지 않도록 주의해야 한다. 기독교 교회에서 성경 봉독이 이루어졌음을 분명하게 언급하고 있는 가장 오래된 자료가 바로 앞서 언급한 문헌들인데, 저술 시기를 따지면 1세기 후반이나 2세기 초(「디모데전서」) 또는 2세기 후반(유스티누스의 글)으로 거슬러 올라간다. 하지만 여러 가지 요인들을 고려할 때 성경 봉독 관행은 이보다 더 일찍 시작되었을 것이다.

저자가 상정한 독자층의 대다수가 이교도 출신의 신자들(이방인, 비유대인)이었던 글들을 비롯해 가장 이른 시기의 기독교 문헌을 보면 '성경'을 직접 인용하거나 암시하는 부분이 많다는 점도 중요하다. 그렇다면 이교도 출신의 신자들이 성경 본문을 익숙하게 받아들일 수 있도록 적절한 기회들이 주어졌으리라고 가정해야 한다. 그게 아니라면 이 많은 성경에 대한 인용이나 인유는 이교도 출신의 신자들에게는 아무 뜻 없는 소리로 남았을 것이다. 게다가 성경에서 이야기한 희망과 약속이 예수를 통해 성취되었다는 초기 기독교의 기본 가르침과 복음서의 메시지는 성경 말씀에 관심을 갖고, 그 내용에 익숙해지기 위해 노력해야 할 또 다른 동기를 제공했을 것이고, 성경을 읽고 토론할 수 있는 시간을 마련했을 것이다. 그러므로 기독교 공동체가 형성된 초기부터 개인으로 또 공동으로 텍스트(구약성경 저작물들)를 읽고 토론하는 활동이 빈번하게 이루어졌을 것이라는 추론은 매우 타당하다. 기독교의 공중 예배는 세월이 흐르면서 점진적으로 격식을 갖추며 '정경화scripturalization' 과정을 거쳐 확립되었지만, 예수 운동의 초기 단계에서도 성경 봉독의 중요성과 영향력은 자명했다.

물론 초기 기독교 공동체가 공중 예배를 드릴 때 성경 본문을 읽으려면 성경 사본들을 구할 수 있어야 했다. 다수의 초대교회가 훗날 기독교 성경을 구성하게 되는 사본들을 전부 혹은 다수 소유했으리라고 쉽게 단정할 수는 없지만, 초기 기독교가 사본들을 필사하고 유포하는 데 상당한 노력을 기울였다는 사실을 과소평가해서도 안 된다. 또 성경 말씀이 널리 읽히려면 글을 읽지 못하는 다수의 기독교인을 위해 성경을 읽어줄 수 있는 사람들도 필요했을 것이다. 초기 기독교인 다수 혹은 대다수가 글을 능숙하게 읽거나 쓸 줄 몰랐는데, 이는 고대 로마 시대의 특징 중 하나다. 그 당시에는 국민의 대다수가 글과 관련한 일은 처리하지 못할 만큼 문맹이었다. 로마 시대에 구약성경에 해당하는 문헌이나 훗날 신약성경을 구성하게 되는 글들을 스스로 읽을 수 있는 이들은 소수, 아니 어쩌면 극소수에 불과했을 테지만, 신자들을 대신해 글을 읽어줄 수 있는 사람 한 명만 공동체에 있으면 이 문제는 해결할 수 있었다.

그리스도인들이 공중 예배를 드릴 때 성경 본문을 봉독했다는 사실을 입증해주는 증거이지만, 흔히 간과되는 것이 하나 있다. 초창기의 몇몇 기독교 사본을 살펴보면 성경 봉독을 장려하기 위해 고안한 특정한 장치가 보인다는 것이다. 이 장치들은 로마 시대의 문학 사본에서는 자주 볼 수 없는 특징으로 기본적인 구두법, 문장과 구문 같은 의미 단락을 표시하기 위한 띄어쓰기, 줄마다 첫 글자를 큼직하게 쓰기, 그리고 큼직한 글씨와 넉넉한 줄 간격 등을 말한다. 특히 성경 사본(구약성경)과 훗날 신약성경에 포함되는 문헌들에서 자주 발견되는 특징인데, 예배 시 성경 사본을 봉독하는 사람들을 보조하기 위한 시각적 장치였을 가능성이 높다.

성경 사본을 읽고 논의하는 고대의 관행은 실제로 초기 기독교의 공중 예배에서 규칙적으로 행해지는 의식으로 정착되었고, 이로 인해 예배 의식에 사용할 필사본들이 특별히 제작되었으며, 성경 말씀을 특정한 목적에 맞춰 배치한 '성구집lectionary'이라는 새로운 문학 장르가 탄생했다. 초기 몇백 년에 걸쳐 교회에서는 규칙적인 성경 봉독을 위한 다양한 관행이 자리 잡았다. 규칙이나 도구는 조금씩 달랐지만 이는 모두 성경 봉독 관행이 기독교의 공중 예배 의식으로서 널리 퍼져 있었거나 빠르게 확산되었음을 암시한다.

기독교와 회당의 관행

초기 기독교의 몇몇 관행과 마찬가지로 예배 시 행해지던 성경 봉독 역시 예수 운동의 모체인 유대교에서 비롯했거나 유대교 관행을 반영했을 가능성이 높다. 모세가 기록했다고 여겨지는 이스라엘의 성경 『토라』는 적어도 서기 1세기부터, 어쩌면 그보다 이른 시기부터 유대인들의 회당에서 봉독되었다. 서기 1세기 후반의 것으로 추정되는 여러 신약성경 텍스트가 이 같은 관행을 입증해주는 가장 이른 시기의 증거다. 일례로 「누가복음」 4장 16~21절은 예수가 한 회당에서 「이사야서」를 봉독한 것으로 묘사한다. 또 「사도행전」 13장

14~15절은 대체로 구약성경을 지칭하는 "율법과 선지자의 글"이 회당에서 봉독된 사건을 언급한다. 「사도행전」 15장 21절 역시 회당에서 '모세'의 글, 곧 전통적으로 모세가 쓴 것으로 여겨지는 구약성경 가운데 모세 오경이 정기적으로 봉독되었음을 언급한다.

이들 초기 기독교 문헌에서 성경 봉독의 장소로 등장하는 곳은 로마가 다스리는 유대(팔레스타인)뿐 아니라 유대인 디아스포라에 있는 회당이었다. 「사도행전」의 이 같은 언급은 동시대의 저명한 유대인 작가들의 진술과도 일치했다. 유대에서 로마로 건너온 유대인 역사가 요세푸스는 1세기 후반에 유대인들이 주마다 회당에 모여 "율법을 듣고 율법에 대한 정확하고 철저한 지식을 얻었다(『아피온 반박문Against Apion』 2권 175절)"라고 했다. 서기 1세기 초에 활동했던 디아스포라 출신의 유대인 학자, 알렉산드리아의 필론 역시 유사한 관행을 언급했다(『꿈에 대하여On Dreams』 2권 127절). 이를 증언하는 고고학 유물도 있다. 그리스어를 사용하는 디아스포라 출신의 유대인들을 위한 회당을 예루살렘에 건설한 것을 기념해 1세기에 세워진 테오도투스Theodotus 비문이다. 이 비문에는 회당이 지어진 목적이 적혀 있는데, 이 가운데 "율법의 봉독과 율법의 가르침"이 포함되어 있다.

경전을 봉독하는 관행은 유대교 회당과 초기 교회의 공통적 특징이었고, 이 점에서 로마 시대의 다른 종교 관행들과는 달랐다. 로마 시대의 다른 종교 집단에도 경전이 있었지만 이들의 경전은 사제들이 참고하기 위한 용도일 뿐 공중 예배의 일환으로 봉독되지는 않았다. 로마 시대 몇몇 종교의 경우 이런저런 방식으로 그들의 신앙을 선전하는 데 경전을 이용하기도 했지만, 여러 단서에 따르면 유대인의 회당이나 초기 교회의 공중 예배에서 규칙적으로 읽힌 경전처럼 중요한 지위를 차지하는 경우는 없었다.

회당과 초기 기독교 공동체에서 경전을 읽는 관행이 매우 중요한 지위를 차지하며 정기적으로 행해졌다는 점은 로마 시대의 종교 관행보다는 철학 학파의 기풍과 더 비슷하다. 여러 철학 학파에서 텍스트를 다루는 관행은 저마다 달랐지만 그들은 모두 '텍스트 소비자들'이었고, 그들의 모임 속에서 텍스트는 "배우고 가르치는 일상적 업무의 중요한 도구"였다. 세부적으로 차이는 있지만 여러 철학 학파는 일반적으로 그들의 집단 정체성에 중요하다고 여기는 특정한 텍스트들을 읽고, 공부하고, 수집하고, 유포하고, 의견을 표명했다. 뿐만 아니라 로마 시대의 철학 학파는 신들을 어떻게 인식할 것인지를 비롯해 무엇이 올바른 행동인지를 탐구하는 데 관심을 보였다.

그러나 텍스트가 차지하는 역할을 특별히 고려해 철학 학파와의 유사성을 인정하더라도 고대의 유대교 회당과 초기 교회는 어디까지나 '종교' 공동체였다. 그들의 담론과 공중 예배는 신에게 순응하려는 그들의 주된 관심사를 반영하며, 자신들이 섬기는 신의 요구에 대한 응답으로 마땅히 지켜야 할 행동 규범을 수립했다. 기독교와 유대교는 예배와 행위를 통해 신과 올바른 관계를 형성하는 일에 집중한 반면, 고대 철학은 주로 이성에 근거해 좋은 삶을 사는 방법을 궁리하는 일에 관심을 뒀다.

본래 1세기에 기독교 집회에서 봉독된 '경전'은 우리가 흔히 '구약성경'이라 여기는 것이었다. 즉, 신흥 종교인 기독교 운동의 모체가 된 고대 유대교의 경전이다. 그러나 구약에 속하는 경전 외에 다른 문헌, 즉 초기 기독교 운동의 산물로 새로 등장한 문헌들도 예배 시간에 봉독되는 경전에 포함되었다. 초기 기독교 문헌들이 공중 예배에서 봉독하는 경전에 추가됐다는 점은 유대교 회당의 관행과 다른 점이었다.

초기 기독교가 예배에서 봉독하던 문헌을 추가로 늘려나간 시기는 아마도 바울 서신(서기 50~60년경에 작성)을 봉독하면서부터였을 가능성이 높다. 바울 서신은 여러 교회에 보내졌고, 이 서신은 처음부터 교인들이 모여 공중 예배를 드릴 때 회중 앞에서 낭독하게 만들 의도로 작성되었다. 바울 서신 가운데 「고린도전서」와 「고린도후서」는 고린도 교회의 성도들 앞으로 보낸 것이었다. 데살로니가 교회와 빌립보 교회에 보낸 편지들도 특정한 지역의 성도들에게 보낸 것이었다. 반면 「로마서」는 "로마에서 하나님의 사랑하심을 받고 성도로 부르심을 받은 모든 자에게(「로마서」 1장 7절)" 전하는 메시지로 로마에 있는 여러 교회에 보낸 것으로 보인다. 로마에 있는 교회들에는 예루살렘 교회와 비교해 형편이 넉넉한 신자들이 많아 집회를 열기에 적합한 장소를 확보한 이들의 집에서 함께 모였을 것이 분명하다.

지역이 다른 두(혹은 그 이상의) 교회 간에 바울의 편지가 일찌감치 공유되었음을 보여주는 기록도 있다. 「골로새서」 4장 16절에 따르면 바울은 그 편지를 "라오디게아인의 교회에서도" 읽게 하라고 지시했다. 바울이 「골로새서」를 썼는지 아니면 그의 사후에 다른 사람이 바울의 이름을 빌려 쓴 것인지를 두고 학자들 간에 이견이 분분하지만 이는 우리가 여기서 다루고 있는 논지와는 별로 관련이 없는 문제다. 저자가 누구이고 작성 시기가 정확히 언제이든지 간에 「골로새서」 내용은 여러 도시에 흩어져 있는 초기 교회들이 바울의 편지를 서로 돌려 보았으며 또 이러한 관행을 장려했음을 분명히 보여준다.

바울이 썼다는 데 이견이 없는 "갈라디아 여러 교회들에(「갈라디아서」 1장 2절)" 보낸 편지를 살펴보자. 여기서 말하는 '여러 교회'는 아마도 갈라디아의 여러 도시에 거주하는 다수의 기독교 공동체를 지칭한 것일 테다. 바울은 이들을 통칭해서 갈라디아 교회라고 불렀다. 바울은 이 편지를 여러 부 작성해 각 교회에 보냈거나 아니면 한 교회에 보내 그것을 다른 교회들과 돌려 보게 했을 텐데, 아마도 편지를 돌려 보는 과정에서 여러 부 필사했을지도 모른다. 바울의 편지들 가운데 적어도 일부는 편지가 전달된 즉시 혹은 오래지 않아 다른 지역의 교회에 전달되어 함께 내용을 공유했다는 이야기다.

바울 서신 외에도 여러 지역의 교회에서 널리 읽혔던 초기 기독교 문서들이 여럿 있다. 「요한계시록」은 로마의 속주인 소아시아 지역의 일곱 도시에 있는 교회들을 대상으로 작성되었다(2장 1절~3장 21절). 따라서 이 문서 역시 사본을 여러 부 작성해 각 교회에 보내졌거나 한 부가 전달된 이후 각 교회가 이를 돌려 보았을 것이다. 「야고보서」는 "흩어져 있는 열두 지파에게(1장 1절)" 보낸 편지다. 저자는 여기서 고대 유대인들이 나라를 잃고 여러 나라에 '흩어져' 살고 있음을 나타내는 용어인 디아스포라를 언급한다. 「베드로전서」 역시 "본도,

갈라디아, 갑바도기아, 아시아와 비두니아에 흩어진 나그네(1장 1절)"에게 보낸 편지였다. 이 두 편지의 저자가 사실은 익명의 인물이라는 주장도 있는 만큼 이들 편지가 본문에 언급된 목적지에 실제 전달되었는지 여부도 쉽게 가늠하기가 어렵다. 하지만 해당 목적지에 전달되지 않았다 해도 다른 편지들과 더불어 초기 기독교 공동체 안에서 여러 서신이 활발하게 공유되었음을 상정하고 반영한다는 사실은 틀림없다.

바울 서신에 대해 다시 이야기하자면, 이렇게 편지들을 여러 지역에서 회람하고 공중 예배에서 봉독했다는 사실은 적어도 일부 기독교 공동체에서는 이들 문서가 신약성경을 구성하기 이전부터 일찌감치 '정경'의 지위를 얻었다고 봐도 무방하다. 바울의 어조에서 나타나는 사도로서의 권위도 그의 서신들이 성경의 지위를 얻는 데 기여했을 것이다. 일례로 「고린도전서」 14장 37~38절에서 바울은 자신이 편지한 것이 "주의 명령인 줄 알라"고 하면서 서신의 권위를 인정하지 않는 자를 "알지 못한 자"라고 선언했다!

바울의 서신은 그가 생전에 직접 방문하지 못한 교회에 그의 메시지를 전할 의도로 작성되었고 그런 역할을 했다. 즉, 해당 교회에 직접 방문하지 못하는 상황에서 바울은 해당 교회가 당면한 문제들을 다루기 위해 주로 자신과 함께 여행을 다니던 동료 사역자들(디모데나 디도 같은) 가운데 한 사람을 대신 보냈고 그리고(또는) 편지를 썼다. 이러한 사실은 「데살로니가전서」 2장 17절~3장 13절에 분명히 드러나 있다. 바울은 자신이 개척한 데살로니가 교회에 직접 방문하려고 몇 차례 시도했으나 실패한 이후(2장 17~20절) 데살로니가 신자들의 안부를 파악하기 위해 디모데를 보냈다(3장 1~5절). 디모데가 데살로니가 교회에 관해 긍정적인 소식을 갖고 돌아오자 바울은 편지를 썼다. 「데살로니가전서」로 알려진 편지에서 바울은 자신의 애정과 관심을 드러내며, 신자들의 삶의 태도에 관해 권면했다(4장 1~12절에서 색욕을 좇는 문제, 5장 12~22절에서 올바른 자세). 그리고 그리스도의 재림 전에 죽은 신자들의 운명과 그리스도의 재림에 대한 신도들의 궁금증을 다뤘다(4장 13절~5장 11절). 자신의 편지를 권위 있는 가르침으로 인정해야 한다는 바울의 의도를 반영하듯 5장 27절에서 바울은 "모든 형제에게 이 편지를 읽어주라"라고 명했다. 이는 데살로니가 교회의 공중 예배에서 낭독되어야 한다는 뜻이다.

바울이 고린도 교회에 보낸 서신들을 보면 적어도 한 차례는 '교회를 직접 방문하고 싶지 않아서' 대신 편지를 썼던 것으로 보인다. 실제로 그는 "다시는 너희에게 근심 중에 나아가지 아니하기로 스스로 결심하였노니(「고린도후서」 2장 1절)"라고 말하며 이전 방문이 바울뿐 아니라 교인들에게도 쓰라린 경험이었음을 묘사했다. 이 구절은 바울이 편지를 쓴 이유가 자신이 직접 가서 할 말을 대신하기 위함임을 분명히 밝혀준 사례다.

바울 서신이 권위를 지닌 텍스트로 다뤄졌음을 확증해주는 가장 오래된 증거, 실제로 기독교 문서를 '성경'으로 언급한 가장 이른 시기의 증거는 「베드로후서」 3장 15~16절에 있다. 여기서 저자는 "그 모든 편지"라는 표현을 사용해 바울 서신 '모음집'이 있음을 암시하며 이들 모음집을 "다른 성경"과 같은 자리에 놓는다. 즉, 「베드로후서」의 저자는 바울 서신이 '구약성경' 문서들과 마찬가지로 성경의 지위를 지닌다고 말하는 것이다. 흥미롭게도 「베드로후서」에서는 바울 서신 모음집이 만들어졌다고 전제하고 있으며, 이는 기독교 신자들이 바울 서신을 깊이 존중하고 있음을 나타낸다. 실제로 바울 서신 모음집이 가장 먼저 형성되고 차차 우리가 신약성경으로 알고 있는 모음집이 형성되었을 것이다. 「베드로후서」에서 언급한 모음집에 얼마나 많은 서신이 포함되었는지, 또 어느 서신이 포함되었는지 구체적으로 알려져 있지는 않다. 그러나 저자가 바울 서신 모음집을 언급했다는 사실 자체가 암시하는 바가 크다는 점을 강조하고 싶다.

더욱 놀라운 점은 「베드로후서」의 저자는 물론 저자가 "무식한 자들과 굳세지 못한 자들(16절)"로 여긴 사람들 모두 바울 서신을 깊이 존중하는 것으로 보인다는 사실이다. 즉, 저자와 그가 여기서 비방하는 사람들이 바울 서신의 해석 방법을 놓고 의견을 달리하고 있지만, 바울 서신이 권위를 지닌 문서이며 그 해석이 중요하다는 점에서는 분명 서로 이견이 없었다. 이미 「베드로후서」가 작성된 시기(서기 70~140년경)에 특정 신앙 문제를 놓고 의견이 첨예하게 갈리는 기독교인들 사이에서도 바울 서신의 권위만큼은 널리 인정받고 있었다는 이야기다.

이 장 앞부분에서 나는 초기 기독교 예배에서 "사도들의 회고록이나 선지자들의 글"이 정기적으로 봉독되었다는 유스티누스의 진술(『제1 변증서』 67장 3절)을 간략히 언급하면서 후자의 표현(선지자들의 글)

이 유대인과 기독교인 모두 구약성경으로 간주하는 텍스트를 가리킨다는 점을 지적했다. 다시 유스티누스가 언급한 '사도들의 회고록'을 살펴보자. 이 글은 보통 복음을 언급한 것으로 여겨지는데, 유스티누스는 앞의 인용문(67장 3절)보다 조금 더 앞쪽(66장 3절)에서 사도들의 '회고록들'을 '복음서들'로 분명하게 언급하고 있다. 유스티누스는 기독교를 설명하고 옹호하면서 복음서를 '회고록아폼네모뉴마타)'으로 거듭 지칭했는데, 이는 그가 상정한 독자들에게 복음서가 예수의 언행에 대한 공식적인 기록으로서 중요성을 지닌다는 점을 강조한 것 같다. 회고록(회상록)이라는 용어는 그리스 작가 크세노폰(Xenophon, 기원전 5세기)이 소크라테스에 대한 자료집의 제목으로 삼은 『소크라테스 회상록Memorabilia(Apomnēmoneumata)』에서 기원한 것으로 보인다. 그러니까 유스티누스는 복음서를 지칭할 때 그가 살던 시대의 문학적·사상적 환경에서 쉽게 이해될 수 있는 용어를 선택한 것이다.

여기서 핵심은 2세기 중엽의 로마 시대에 살았던 유스티누스가 알고 인정하는 교회의 관행에 따르면 복음서가 공중 예배 중에 낭독되었고, 구약성경과 더불어 성경으로서 대우받았다는 사실을 확인하는 것이다. 유스티누스가 '사도들'의 '회고록들' 그리고 '복음서들'이라고 복수형으로 언급하고 있다는 점에 주목해야 한다. 그가 언급한 회고록들에 얼마나 많은 글이 포함됐는지는 확실하지 않다. 유스티누스의 글에 인용된 구절들을 연구한 몇몇 논문에 따르면, 유스티누스는 적어도 「마태복음」과 「누가복음」을 알고 있었고 「마가복음」과 「요한복음」까지도 알았을 가능성이 크다. 유스티누스가 "사도들과 그들을 동행한 자들이(『트리포와의 대화Dialogue with Trypho』 103장 8행)" 쓴 복음서들을 구체적으로 언급하고 있다는 점이 특히 흥미롭다. 여기서 복수형으로 표현한 복음서는 사도들이 썼다고 알려진 두 복음서를 암시하며 당연히 「마태복음」과 「요한복음」이 여기에 해당한다. 유스티누스는 사도가 아닌 저자가 쓴 최소 두 복음서에 대해서도 언급하는데, 이 경우에는 그 당시 베드로와 바울의 동역자의 글로 알려진 「마가복음」과 「누가복음」이 가장 먼저 머리에 떠오른다. 만약 이 같은 추론이 정확하다면, 그리고 이 추론이 기본적으로 유스티누스의 글에서 보이는 인용과 인유에 대한 연구들과 대체로 일치한다면, 우리는 2세기 중엽에 유스티누스가 신약성경을 구성하는 사복음서를 비롯한 여러 문헌들을 알았고, 그 글들을 인용했다고 볼 수 있다.

특히 복음서에 대해 언급하면서 유스티누스가 설명한 교회의 관습이 그와 동시대를 살았던 기독교인 마르키온Marcion이 보여주는 것과 다르다는 사실은 주목할 만하다. 마르키온은 각 복음서 사이에 내용이 일치하지 않는 점을 심각한 문제로 여겼고, 「누가복음」만이 유일한 복음서일 것이라고 주장했다. 하지만 유스티누스나 그가 묘사한 교회들은 복음서 간에 내용이 일치하지 않는 점을 심각한 문제로 여기지 않은 것이 분명하다. 그들은 이런 문헌에 담긴 '내용물'이 중요하고, 예수에 대한 여러 기억을 담은 기록물로서 가치가 있다고 여겼기 때문이다.

요점을 다시 강조하자면, 대략 2세기 중엽 그리고 그보다 더 이른 시기에 많은 교회가 바울 서신과 다수의 복음서를 구약성경(유대교

회당에서도 경전으로 인정하는)과 더불어 경전으로서 봉독했다. 새로운 기독교 문헌이 작성되어 유포되었으며, 이 문헌들은 공중 예배에서 정기적으로 봉독되었다(즉, 그 문헌들이 경전으로 간주되었다). 그리고 이러한 초기 단계를 거쳐 이들 문헌은 훗날 우리에게 익숙한 신약성경이 되었다.

또한 널리 인정되고 있는 대로 로마 시대에는 장문의 글을 읽을 만큼 글을 깨친 사람이 소수에 불과했지만 초기 교회와 유대교 회당은 공중 예배에서 경전을 낭독했기 때문에 문맹률이 큰 문제가 되지 않았다. 성경을 봉독하는 데는 교회든 회당이든 글을 읽을 줄 아는 사람 한 명만 있으면 충분했기 때문이다. 나머지 사람들은 그 예배에 참여하기만 해도 해당 본문에 담긴 내용을 듣고 감화를 받았다. 즉, 직접 글을 읽을 줄 알든 모르든 기독교인들은 공중 예배에서 낭독되는 경전을 익힐 수 있었다.

초기 기독교에 '구전口傳' 관행이 널리 퍼진 탓에 초기 기독교가 텍스트를 중요하게 여길 여지가 없었고 또 그럴 필요도 없었다는 낭만적인 생각은 사실을 잘 모르고 하는 말이다. 초기 기독교뿐 아니라 당시의 로마 문화에서는 구전 이야기를 듣고 즐긴 것 못지않게 다양한 문학 텍스트를 읽고 즐기는 이들도 많았다. 여기서 다루고 있는 기독교 문헌들은 분명 집회에 참석한 회중에게 '소리 내어 읽어 줄' 의도로 작성되었으며, 신자들은 예배에서 이 문헌들을 '구술'했다. 즉, 사람들의 이해를 돕기 위해 글을 읽을 줄 아는 사람이 크게 소리 내어 읽었다. 하지만 또 한 가지 주목할 점은 여기서 구술한 문헌은 경전을 문자로 읽은 이들이 '기록한 텍스트'였다는 사실이다.

초기 기독교 공동체 안에서 공중 예배 중에 거행했던 경전 봉독 관행도 중요하지만 기독교인들이 개인적으로 경전을 읽었다는 사실도 간과하면 안 된다. 편지글처럼 실제로 특정한 개인을 대상으로 작성한 글도 있었고, 신학 논문처럼 학문적인 텍스트도 있었고, 출처가 불분명한 '위서'도 있었을 것이다. 뿐만 아니라 개인이 읽고 연구하는 용도로 작성한 것이 틀림없어 보이는 경전(훗날 신약성경을 구성하게 된 글들을 포함해) 필사본들도 있었다.

이 사실을 증명하는 여러 사본이 지금까지도 보존되어 있다. 일례로 〈옥시링쿠스 파피루스 P.Oxyrhynchus 1228번〉(신약 사본 목록에서 P22로 표시된 사본)은 「요한복음」의 일부 내용을 담고 있는데 재활용된 파피루스에 쓰여 있다. 재사용된 두루마리와 필경사가 '손'으로 쓴 필체를 보면 이 글이 공중 예배에서 봉독할 텍스트로 작성된 것이 아니고 개인적인 학습이나 교화를 위해 만들어진 것이 거의 확실하다. 〈옥시링쿠스 파피루스 655번〉도 마찬가지다. 서기 3세기경의 것으로 추정되는 이 작은 두루마리 파편에는 「도마복음」이 기록되어 있다. 소형 두루마리 책이나 필사본은 필시 개인적인 용도로 제작되었으며, 크기가 작아 휴대하고 다니며 여행 중에 읽기에도 용이했을 것이다. 이런 기독교 필사본들 중에 현존하는 가장 오래된 증거는 서기 3세기경의 것으로, 이 필사본들이 개인 용도로 제작된 최초의 기독교 문헌이라고 보기는 어렵다.

요컨대 구약성경뿐 아니라 초기 기독교의 문헌들이 공중 예배에서 수시로 봉독되었고 개인적으로도 읽혔다. 유대교 회당에서 경전을 봉독하는 유사한 관습이 있긴 했지만, 기독교 문헌들이 공중 예배의 일환으로 정기적으로 봉독되었다는 점에서 초기 기독교는 로마 시대의 여느 종교와는 전적으로 달랐다.

기독교 저술

시기는 각기 차이가 있지만 정경의 지위를 획득한 기독교 문헌 외에도 처음 몇 세기에 걸쳐 수많은 저작물이 탄생했다. 초기 기독교는 그들의 집회 중에 특정한 문헌들을 봉독하는 것을 중요시했다는 점에서도 그렇고, 새롭게 생산된 기독교 문헌 수만 따져도 유별나게 '책을 좋아하는' 종교였다. 수많은 책자가 만들어졌다는 사실도 신흥 종교 운동이었던 기독교의 두드러진 특징 중 하나였다. 기독교 공인 시점 이전으로 시선을 돌려보자. 모레스키니Moreschini와 노렐리Norelli가 공동으로 집필한 초기 기독교 문헌의 카탈로그 제1권의 목차만 보아도 초기 기독교 문헌이 얼마나 많은지 금방 알아차릴 수 있다. 서기 300년 사이에 작성된 것으로 언급되는 개별적인 문헌들만 최소 이백 가지나 되었다.

신약성경을 구성하는 익숙한 문헌 외에도 「도마복음」 「마리아복음」 「에거톤 파피루스 2Papyrus Egerton 2」를 비롯해 복음서와 유사한 문헌들도 있고, 그 외에도 수많은 문헌이 있다. 교회에 보내는 공식적 성격의 서한(예를 들면 「클레멘트전서」)도 있고, 안디옥의 이그나티우스가 보낸 7편의 서신이 있고, 또 빌립보 교회에 보낸 폴리갑 서신도 있다. 「디다케Didache」와 『사도전승The Apostolic Tradition』처럼 교회 질서에 관한 지침서도 있고, 「클레멘트후서」를 비롯해 멜리토Melito 등이 저술한 교훈과 권고의 글들도 있다. 『헤르마스의 목자Shepherd of Hermas』, 「이사야의 승천Ascension of Isaiah」 같은 묵시 문학 작품과 「베드로행전」, 「요한행전」 같은 이른바 '외경'이 있다.

아리스티데스Aristides의 글, 유스티누스의 『제1 변증서』와 『제2 변증서』, 「디오그네투스에게 보내는 서신」, 타티아누스Tatianus의 『그리스인들을 향한 연설Oration to the Greeks』, 아테나고라스Athenagoras의 『탄원Supplication』, 테오필루스Theophilus의 『아우톨리쿠스에게To Autolycus』, 미누키우스 펠릭스의 『옥타비우스』 같은 기독교 변증서들도 있다. 그리고 『솔로몬의 송가Odes of Solomon』 등의 시집 혹은 찬양 모음집, 「바나바 서신Epistle of Barnabas」과 『트리포와의 대화』, 이레나이우스Irenaeus의 『이단들을 반박함Against Heresies』과 『사도 연설집Demonstration of the Apostolic Preaching』이 있다. 아울러 『교육자 그리스도Christ the Educator』를 비롯해 알렉산드리아의 클레멘트Clement of Alexandria가 쓴 저작들, 그리고 테르툴리아누스Tertullianus의 여러 신학 논문도 있다. 논문집, 교훈집, 주석서 들을 비롯해 오리게네스가 저술한 수많은 책들도 빼놓을 수 없고, 『폴리갑의 순교Martyrdom of Polycarp』, 『스킬리움의 순교자들Scillitan Martyrs』처럼 순교자들의 이야기를 기록한 저작들도 있다.

예로 든 문헌 중에는 '이단' 교리로 평가받게 되는 사상을 옹호한 책자도 있고, 이단 교리들을 반박한 책자도 있다. 기독교의 기본 신앙을 함양하거나 이를 장려하기 위해 기술한 책도 있고, 로마 제국의 권위나 당시의 문화 및 사상적 세계와 맞서려는 의도로 심도 깊은 논증을 펼친 책들도 있다. 이 외에 문학적 동기로 집필한 작품도 다양하다. 사본 전체 혹은 일부만 남아 있는 수많은 문헌들 중에는 후대의 기독교 작가들이 발췌해 인용했거나 언급한 덕분에 그 존재를 알린 문헌들도 있다. 예를 들어 우리는 가이사랴(카이사레아)의 유세비우스Eusebius of Caesarea가 언급한 덕분에(『교회사Ecclesiastical History』 4권 3장 1~2행) 콰드라투스Quadratus가 기독교를 옹호하는 글을 썼다는 사실은 알지만 이 글은 현재 전하지 않는다. 그런가 하면 원문을 인용하거나 언급했던 글조차 남지 않아 세상에서 완전히 잊힌 글들도 많을 것이다.

온전하게 전문이 남아 있든 다른 작가들이 인용한 글 속에서 일부가 전해져 오든 간에 이 문헌들을 보면 초기 기독교가 경이적인 수준으로 다양하고 방대한 글을 남겼음을 알 수 있다. 게다가 초기 기독교인 숫자가 적고, 전체 인구에서 차지하는 비중을 따져도 일부에 지나지 않았다는 점을 고려하면 당시 생산된 문헌의 수나 내용이 더욱 놀랍다. 실제로 내가 아는 한 로마 시대의 많은 종교 집단 중에 기독교처럼 다양하고 활발하게 많은 양의 문헌을 생산한 집단은 전혀 없다. 당시의 미트라교나 유피테르 돌리케누스교를 비롯해 여러 종교 운동의 수많은 신전과 비문이 남아 있지만 내부에서 생산한 문서들은 남아 있지 않다. 초기 기독교의 경우에는 서기 3세기에 들어서기 전까지 이렇다 할 교회 건축물이나 비문은 알려진 게 없지만 기독교에서 생산된 문서들은 엄청나게 많았다. 이는 초기 기독교가 적어도 그 시기의 여느 종교 집단과 크게 성격이 달랐음을 보여주는 또 다른 증거다.

새로운 양식의 탄생과 재탄생

현존하는 가장 이른 시기의 기독교 문헌들을 살펴보면 문학적 관습에서 혁신적인 장치들이 새로 등장하거나 재탄생했음을 관찰할 수 있다. 일례로 바울의 편지들을 살펴보자. 저자의 진위 여부에 논란이 없는 바울의 서신 7편만 보더라도 모두 그 분량이 상당하다. 수십 년 전, 고대 그리스 시대 편지들의 분량을 조사한 어느 연구에서 흥미로운 결과를 발표했다. 고대 그리스 로마 시대의 평범한 파피루스 편지 (대략 1만 4000편이 현존한다)의 분량은 한 편당 평균 87단어였고, 200단어를 넘기는 경우가 드물었다. 이런 편지들은 기본적으로 단순한 의사소통 기능을 했다. 이를테면 "나는 잘 지내고 있소. 당신도 그러리라 믿소"라고 소식을 전해 수신자를 안심시키려는 편지였다.

지식인들이 특정한 주제에 대해 길게 논의를 전개하는 매체로 활용한 편지들과 비교하더라도 바울의 편지들은 그 분량이 독보적으로 많다. 키케로Cicero가 남긴 796편의 편지를 보면, 그 분량이 22단어에서 2530단어로 다양하고, 세네카Seneca가 남긴 124편의 편지는 그 분량이 149단어에서 4134단어로 다양하다. 이와 비교해 바울의 편지는 가장 짧은 「빌레몬서」가 395단어로, 사적으로 간단하게 쓴 편지로 보이는데도 전반적으로 고대 그리스 편지의 평균 분량을 훌쩍 넘어선다. 바울이 신학적 주제나 윤리적 주제를 상세하게 다룬 편지들은 더 말할 것도 없다. 그리스어 사본들의 분량을 몇 가지 언급하자면, 「고린도후서」는 4448단어, 「고린도전서」는 6807단어, 「로마서」는 7101단어다. 바울 서신 중에 분량이 중간 정도에 해당하는 편지도 그 당시 서신 문학에 해당하는 일반 편지들과 비교하면 그 분량이 상위군에 속한다. 「데살로니가전서」(1472단어), 「빌립보서」(1624단어), 「갈라디아서」(2220단어)가 이에 해당한다. 한 학자는 로마의 기독교인들이 바울의 서신(「로마서」)을 처음 받았을 때 "십중팔구는 편지 내용보다 그 분량을 보고 기겁했을 것이다"라고 농담도 했다.

요컨대 바울은 친숙하고 평범한 매체인 편지를 사용해 심도 깊은 주제를 상세히 전달했다. 「고린도후서」 10장 9~10절에서 바울은 농담조로 사람들이 자신에 대해 떠도는 소문을 언급하기도 한다. 실제로 바울을 대하는 것보다 그의 편지가 더 인상적이라고 사람들이 평가한다는 것이다.

이는 내가 편지들로 너희를 놀라게 하려는 것 같이 생각하지 않게 함이라
그들의 말이 그 편지들은 무게가 있고 힘이 있으나 그가 몸으로 대할 때는 약하고 그 말도 시원하지 않다 하니

이 진술은 바울의 외모나 말솜씨가 적어도 이런 요소들을 중요

하게 여기는 사람들에게는 그리 인상적이지 않았음을 암시한다. 하지만 고대 비평가들 사이에서도 바울의 서신은 심도 깊은 주제를 효과적으로 다룬 텍스트로서 무척 높은 평가를 받았다.

물론 그 당시 바울만 독특하게 편지 형식을 빌려 중대한 가르침을 전달한 것은 아니었다. 1세기에 특히 철학가들은 편지 형식을 이용해 제자들을 가르치고, 가르침을 전파했다. 사실 바울 서신의 문학적 특징과 내용은 로마 시대의 종교 집단보다는 철학 학파들과 더 유사하다. 비기독교인들의 '철학 편지'를 비롯해 당시에는 다양한 목적으로 편지 형식을 빌려 글을 쓰곤 했다. 편지 형식으로 된 산문과 소설(가공의 인물 또는 가명을 사용함), 문학적 즐거움을 위한 가상의 편지 등이 이에 해당한다. 그 시대의 다른 철학 학파들이나 종교 집단에서도 진지하게 교훈을 전달하기 위한 매체로 편지 형식을 사용했지만, 바울 서신 및 이후 안디옥의 이그나티우스 등 여러 기독교 작가들이 편지 형식으로 기록한 문헌에는 미치지 못한다.

신약성경을 통해 우리에게 익숙한 복음서들은 주목할 만한 문학적 산물이다. 복음서들은 역사적 관점에서 로마인들이 전기 문학에 관심이 있었음을 반영하는 산물이자, 전기 문학의 하위 장르 또는 독특하게 변용한 장르로 인식되고 있다. 보통 복음서의 원형으로 여겨지는 「마가복음」은 서기 65~75년 사이에 쓰인 것으로 여겨지는데, 예수의 생애를 연대기 순으로 서술하는 등 '인생bios에 대한 글쓰기'의 기본 요소를 보여준다[그리스어 bios는 리처드 버리지Richard Burridge가 선호하는 표현으로 이 말에서 biography(전기)가 비롯되었다].

그리고 「마태복음」과 「누가복음」은 「마가복음」을 원형으로 삼고 기본 틀을 참조한 것으로 학자들이 평가하는데, 「마가복음」보다 선명하게 문학적 색채를 띤다. 또 「마태복음」과 「누가복음」은 로마 시대의 전형적인 '전기' 문학처럼 위인들을 기술하는 특정한 장치들을 다수 포함한다. 일례로 두 복음서에는 예수 탄생과 관련한 이야기들이 나온다(「마태복음」 1장 18절~2장 23절, 「누가복음」 1장 26절~2장 39절). 「요한복음」 저자는 예수가 등장하는 대화 형식을 도입해 이야기를 기술하고, 또 '프롤로그(1장 1~18절)'와 같은 독특한 장치를 도입했다. 특히 이 프롤로그에 대해 많은 연구가 이루어졌는데, 프롤로그에서 예수는 세상이 창조되기 이전부터 존재한 궁극적인 기원으로 묘사된다. 기본적으로는 「요한복음」 역시 전기 문학의 틀을 따르기 때문에 예수의 사역, 죽음, 부활에 초점을 맞추고 있다.

성경의 복음서는 그들이 다루는 주제에서 독특한 특징을 드러냈다. 복음서들이 다루는 위인은 국가의 통치자도 아니고 전쟁 영웅도 아니고 유명한 철학자도 아닌 갈릴리 나사렛에 살았던 예수, 그러니까 목수의 아들로 태어나 선지자로 추앙받다가 선동죄로 로마 당국에 의해 처형을 당한 이였다. 하지만 당시의 전형적인 전기에서 다루는 위인은 사회적으로 인정받는 가치들을 대변하는 모범적 인물이었다. 전기의 주인공인 인물은 대개 영웅으로 등장해 이런 가치들을 몸소 실현해 보이거나 독려하는 역할을 했다. 물론 복음서들에서 다루는 예수가 용기와 담대함 같은 덕목을 예시하는 인물임에는 틀림없다. 그러나 복음서들에서 강조한 것은 예수의 인품 그리고 하나님의 목적을 실현할 유일한 대리자라는 예수의 신격과 관련한 주장들이다. 복음서는 몇몇 장치에서 전기 문학과 유사하면서도 기존 전기와는 상당히 다른 목적을 지니고 있었으므로 기존의 전기와는 다른 새로운 양식을 탄생시켰다.

또 하나 주목할 점은 당시의 다른 종교 집단에서는 문헌의 특징이나 수량에 있어 복음서 기록에 견줄 만한 유사 사례나 선례를 전혀 찾아볼 수 없다는 것이다. 고대 유대 문학에서도 복음서와 비교할 만한 문헌은 사실 존재하지 않는다. 1세기의 유대인 작가 알렉산드리아의 필론은 아브라함, 요셉, 모세 같은 성경 인물을 다룬 전기를 기술했다. 그러나 유대교에서 그들과 동시대에 살았던 어떤 유대인을 기독교의 예수처럼 자세히 다룬 전기는 없다. '이교도' 저자들의 많은 작품, 심지어 통치자나 영웅적 인물을 다룬 작품들 중에서도 복음서와 비슷한 기록물은 없다. 물론 왕족이나 철학자 들을 다룬 전기 형식의 작품들이 있긴 하다. 개중에는 기원전 4세기로 거슬러 올라가는 작품들도 있고, 서기 1세기 작품도 있다. 수에토니우스가 집필한『황제 열전』처럼 여러 인물을 단편적으로 다룬 모음집도 있고, 한 인물을 보다 심층적으로 다룬 방대한 작품도 있다. 그러나 기독교의 사복음서만 보면 이들 작품은 전례가 없는 작품들이었다. 사복음서는 한 인물에 대한 4편의 방대한 기록으로 4편 모두 넉넉잡아 20~30년 안에 작성되었다.

필로스트라투스Philostratus가 지은 『티아나의 아폴로니우스의 생애 Life of Apollonius of Tyana』를 복음서에 견줄 만한 작품으로 꼽는 사람들도 있다. 하지만 이 책은 신약 복음서들이 등장하고도 한 세기가 훌쩍 지난 서기 217년경에 기록되었으니 선례라 할 수가 없다. 어쩌면 필로스트라투스가 복음서들을 보고 자극을 받아 작품을 집필했을 수도 있고, 예수라는 인물이나 복음서에 견줄 만한 작품을 창작하려 했을지도 모를 일이다. 알다시피 2세기와 그 이후 시대의 켈수스와 포르피리오스Porphyrios 같은 이교도 지식인들은 복음서들에 대해 잘 알고 있었다. 어쨌든 아폴로니우스의 생애라든가 그 외에 왕이나 다른 중요한 인물을 다룬 전기들과 비교해도 예수의 사역에 대한 장문의 전기 4편을 여러 명의 작가가 그토록 짧은 기간에 집필했다는 사실은 놀랍기만 하다.

이 특별한 작품들(복음서들)을 집필한 기자들이 품었던 야침 찬 목표에 주목할 필요가 있다. 「요한복음」은 해당 '공동체' 혹은 초기 기독교의 한 집단에서 나온 것으로 학자들 사이에서 받아들여지고 있다. 하지만 현재 전하는 「요한복음」을 보면 기자는 한 집단이 아니라 훨씬 넓은 독자층을 겨냥해 집필했음이 분명하다. 20장 30~31절에 집필 목적을 밝힌 대목에도 이 점이 드러나 있다. 「누가복음」은 그 속편인 「사도행전」과 마찬가지로 공식적으로는 '데오빌로'에게 헌정되었지만, 이렇게 특별한 개인에게 헌정하는 것은 그 사람의 도움을 받아 해당 작품을 다른 사람들도 읽게 하려는 의도일 때가 많았다. 그러니까 데오빌로가 실제 인물이든 가상의 인물이든 복음서 기자는 분명 그 사람 외에도 많은 독자들을 겨냥했을 것이다.

「마가복음」 역시 널리 유통되었을 테고, 초기에는 「마태복음」과

「누가복음」 기자들이 「마가복음」을 원형으로 삼고 그 자료를 참고했던 게 틀림없다. 「마태복음」의 경우 그 내용을 보면 예수 그리스도의 가르침을 기록한 자료를 제공하는 것이 목표였음을 알 수 있다. 이후에 나온 초기 기독교 문헌들에서 「마태복음」을 인용하거나 인유한 횟수를 근거로 판단하건대 「마태복음」 기자는 목표를 달성했다. 실제로 복음서 기자들은 목표 이상의 성과를 거뒀다. 적어도 서기 2세기 후반에는 복음서들이 기도교인들뿐 아니라 이교도들에게도 읽혔기 때문이다.

초기 기독교 문헌에서 새로운 문학 양식이 등장하거나 재탄생했음을 보여주는 대표적인 사례로 「요한계시록」도 빼놓을 수 없다. 「요한계시록」 저자가 본문에서 여러 책과 기록물, 문서를 얼마나 자주 언급하는지 확인하면 놀라울 따름이다. 오늘날 학자들은 '묵시록apocalypse'과 '묵시 문학'의 사례로 흔히 「요한계시록」을 언급한다. 사실 묵시 문학이란 용어의 출처가 바로 「요한계시록」 1장 1절 "예수 그리스도의 계시(그리스어로 아포칼립시스apokalypsis)라"에서 비롯되었고, 이 말씀은 책의 제목으로 사용되었을 것이다. 「요한계시록」은 서기 1세기 말경에 집필된 것으로 보인다. 그 뒤로 '아포칼립시스'라는 용어가 다른 기독교 문헌과 유대교 문헌에 적용되었고, 학자들 사이에서 천상의 비밀 또는 미래의 비밀이 담긴 계시를 드러내는 글들을 지칭할 때 사용되었다.

「요한계시록」 이전에도 '묵시적' 혹은 묵시적 요소를 지녔다고 학자들이 공통적으로 인용하는 문헌이 있다. 기원전 2세기경에 쓰였다고 하는 구약성경의 「다니엘」 7~12장이 그렇고, 비슷한 시기에 쓰인 것으로 보이는 「에녹 1서」(외경)가 그렇다. 특히 후자의 1~36장과 72~82장은 더 오래전에 쓰인 것으로 여겨진다. 「요한계시록」은 신의 질서가 유지되는 천상의 세계와 악이 신에게 맞서는 지상의 세계를 대비한다는 점에서 예로 든 글들과 유사성을 보여주며, 또 상징 언어나 표상을 풍부하게 사용하는 등 묵시 문학의 요소를 보여준다. 「요한계시록」은 고대 유대교의 전통인 계시 문학의 틀을 이용하면서 동시에 과거와는 다른 장치들을 사용한다는 점에서 혁신적이다.

「요한계시록」의 저자는 일곱 교회에 보낸 편지 형식을 취해 예언서를 작성했다. 고대 근동에서 편지글을 이용해 신의 예언을 전달하는 전례들이 있었지만, 「요한계시록」이 그런 글들에 직접적으로 영향을 받은 것 같지는 않다. 그보다는 초기 기독교의 서신 양식에 영향을 받았다고 봐야 한다. 일례로 「요한계시록」 1장 4~5절에 보이는 인사말 공식을 살펴보자. "요한은 아시아에 있는 일곱 교회에 편지하노니⋯⋯ 은혜와 평강이 너희에게 있기를 원하노라"에서 '은혜와 평강'을 기원하는 말은 기독교 특유의 인사말 형식이다. 22장 21절에 편지를 끝맺는 말인 "주 예수의 은혜가 모든 자들에게 있을지어다"는 초기 기독교에서 '은혜를 기원하는 축도'로 자주 쓰이던 표현이었다. 「요한계시록」은 저자의 실명으로 생각되는 이름인 '요한(1장 4절, 9절, 22장 8절)'을 명시하고 있다는 점에서도 특이하다. 요한(이오안네스Iōannēs)은 유대인의 이름인 요하난Yohanan의 그리스식 이름이다. 저자는 유대계 기독교인으로 로마가 점령한 유대 땅에서 아시아의 속주(지금의 터키)로 이주해온 듯하다. 「요한계시록」은 2장 1절~3장 22절에 편지 수신자들인 일곱 교회의 이름을 모두 밝히고 있다는 점에서도 특이하다. 반면 유대교와 기독교의 묵시 문헌은 대개 저자와 수신자가 모두 가공의 인물이었다.

그뿐 아니라 「요한계시록」은 구조가 복잡하지만 내용이 일관성이 있고 체계가 있다. 「요한계시록」은 상이한 문학적 형식을 적용했음에도 통일된 하나의 글로 인식되었다. 학자들은 「요한계시록」의 구조를 다양하게 분석했는데, 체계적으로 정리된 구조를 보면 모든 글이 본문에 언급된 저자 한 사람의 작품일 가능성이 매우 높다. 반면에 다른 묵시록의 상당수가 이보다 훨씬 구조가 복잡하고, 문학적 양식이나 글의 구조가 여러 단계로 나뉘는 특징이 있다.

요한이라는 인물은 자신의 글을 가리켜 거듭 "예언의 말씀"으로 지칭하고 있으며, 이로써 자신의 글이 신성한 계시와 지침을 담은 중요한 작품임을 강조한다는 사실에도 주목해야 한다. 즉, 저자에게 이 책은 오늘날 학자들이 묵시 문학이라고 지칭하는 장르에 해당하는 그저 단순한 책이 아니었다. 그보다 저자는 "성령에 감동되어" 받은 예언의 말씀을 자신의 고유한 목소리를 통해 전달하고 있으며 (1장 9~10절), 자신이 신성한 권위를 대변한다고 생각했다. 이는 글을 마무리하면서 자신이 전한 예언의 말씀을 절대 가감하지 말라고 엄중히 경고한 데서도 분명히 드러난다(22장 18~19절). 달리 말해 「요한계시록」에는 역사의 종말에 대한 긴박감과 신의 말씀을 대신하는 예언자의 권위 등 이른바 초기 기독교의 '종교적 문화'가 선명하게 반영되어 있다.

「요한계시록」에서 또 하나 주목할 사실은 구약성경의 선지서들과 달리 입으로 전해 들은 자들이 나중에 글로 기록한 자료가 아니라는 점이다. 「요한계시록」은 처음부터 문자로 '기록한' 형태의 계시였다. 저자는 하늘에서 들려온 음성이 "네가 보는 것을 두루마리에 써서…… 일곱 교회에 보내라(1장 11절)" 하고 자기에게 지시했다고 말한다. 「요한계시록」 앞부분에서는 공중 예배 중에 "예언의 말씀을 읽는 자와 듣는 자와 그 가운데에 기록한 것을 지키는 자"에게 복이 있다고 선언했다(1장 3절). 이 책의 글귀를 하나라도 가감하려는 시도를 엄중하게 경고하면서 글을 마무리(22장 18~19절)하는 것도 저자가 이 글에 부여하는 가치를 분명히 드러낸다. 특히 「요한계시록」은 초기 기독교가 '텍스트'를 중요하게 여겼으며, '유난히 책을 좋아하는' 종교였음을 입증하는 유력한 증거다.

책이 만들어지기까지

지금까지 우리는 초기 기독교 문헌들이 문학적 관습에서 새로운 방식을 창조하고 혁신적인 방식으로 변형해서 생산한 결과물임을 살펴봤는데, 이런 문헌들을 작성하는 데 들어간 엄청난 시간과 노력도 주목해야 한다. 내가 알기로 고대 기독교 작가가 글을 배포할 목적으로 한 편의 글을 준비하고 작성하는 데 어떤 과정을 거치는지 가장 정밀하게 그림을 그렸던 작품은 랜돌프 리처드Randolph Richard의 『바울과 1세기의 편지 쓰기Paul and First-Century Letter Writing』다. 고대의 기본적인 글쓰기 과정을 연구한 리처드에 따르면, 바울 서신 같은 글을 한 편 작성하려면 다음과 같은 과정을 거친다. 구상하는 시간, 생각을 필기하는 시간, 초고를 구술하거나 받아쓰는 시간, 이어서 초고를 편집하고, 그런 뒤에 독자들에게 배포하기 위해 최종 필사본을 준비하는 시간. 즉, 이런 글을 작성하는 데 적어도 며칠, 아니 그 이상의 시간이 걸렸다고 봐야 한다. 「로마서」와 「고린도전서」 정도의 분량을 작성하려면 상당한 시간과 수고가 들었을 것이다.

적지 않은 시간과 노력을 들인 문헌은 바울 서신뿐만이 아니다. 우리에게 익숙한 신약성경의 복음서들도 분량이 상당하다. 길이가 가장 짧은 「마가복음」도 그리스어로 1만 1000단어에 달한다. 「요한복음」은 1만 5000단어가 넘고, 「마태복음」은 1만 8000단어가 넘는다. 그리고 「누가복음」은 1만 9000단어가 넘는다. 만약 대다수 학자들이 인정하듯이 「사도행전」과 「누가복음」의 저자가 동일하고, 예수라는 인물과 기독교가 탄생한 경위를 기록한 두 번째 문헌이 「사도행전」이라면 총 2권짜리 작품의 분량은 엄청나다. 「누가복음」과 「사도행전」을 합치면 3만 8000단어에 달하며, 신약성경에서 4분의 1이 넘는 분량을 차지한다. 특히 「사도행전」의 줄거리를 구성하는 지리적 배경과 시대적 범위를 고려할 때, 저자는 매우 대담한 목표를 세웠고 그 목표를 위해 무척 수고했음이 틀림없다. 그는 "우리 중에 이루어진 사실에 대하여" 저술하려고 붓을 든 선구자들의 작업을(예수에 대한 기록을 의미한 것으로 보이는) 언급했고, 또 자신의 작업을 위해 직접 자료를 조사했다고 밝혔다(「누가복음」1장 1~4절). 자료를 준비하는 과정 외에도 저자는 적잖은 시간과 노력을 들여 작품을 구상하고 글을 작성했을 것이다.

「히브리서」역시 많은 시간이 노력이 들었을 게 분명하다. 능숙한 코이네 그리스어로 작성된 「히브리서」는 그 분량이 5000단어에 육박한다. 13장 24~25절의 '은혜'를 기원하는 마지막 인사말에서 드러나듯이 겉보기로는 편지로 부쳐진 글이지만, 「히브리서」는 사실 익명의 기독교인 작가가 초기 기독교인들에게 세상의 반대에 직면해서도 신앙을 굳게 지킬 것을 '권면하는 말'을 전달한 장편의 논문에 가깝다.

앞서 구조와 형식 관점에서 「요한계시록」의 특성을 살폈는데, 여기서는 그 분량에 초점을 맞춰보자. 「요한계시록」은 9800단어로 구성되어 있으며, 신약성경에서 여섯 번째로 긴 글에 해당한다. 저자는 "하나님의 말씀과 예수를 증언하였음으로(1장 9절)" 유배를 당해 혹은 도망쳐 온 장소인 밧모(파트모스) 섬에서 이 글을 기록했다고 밝혔다. 어떤 연유에서 섬에 있었든지 간에 저자가 「요한계시록」을 작성하는 데 들인 수고는 말할 것도 없고 일곱 교회에 필사본을 보내는 데도 그에 못지않은 시간과 노력이 들었을 것이다.

2세기 기독교 작가들이 쓴 다른 작품들을 봐도 저자들이 큰 포부를 품고 장편을 작성하는 일에 매진해왔음이 분명하게 드러난다. 이미 언급한 여러 편의 기독교 '변증서(반론서)'가 그 예다. 일례로 굿스피드Goodspeed가 번역한 유스티누스의 『제1 변증서』는 75쪽에 달하고, 『트리포와의 대화』는 175쪽에 달한다. 두 작품은 양식은 다르지만 각각의 작품이 탄생하기까지 사색하고, 계획하고, 이어서 글을 직접 쓰고 편집하고, 또 최종본을 만들기까지 상당한 시간과 노력이 필요했을 것이다.

기독교 운동을 벌인 서기 1세기 초에 기독교인들이 생산한 이 문헌들이 특별한 문학적 산물이라는 점을 나는 특히 강조하고 싶다. 신약성경을 구성하게 되는 초창기 문헌일수록 더욱 그렇다. 바울 등의 초기 기독교 저자들은 전문 작가도 아니고 그들의 노동을 대신할 노예들을 거느리며 넉넉하게 자유 시간을 누리는 부자들도 아니었기 때문이다. 2세기의 기독교 작가들(예컨대, 스스로 기독교 철학자라고 칭했던 것으로 알려진 유스티누스)도 당시의 프론토나 켈수스 같은 이교도 작가들처럼 부유하고 인맥이 넓은 유한계급은 아니었다. 특히 바울 같은 1세기 기독교 작가들을 보면 다른 일에 묶여 있으면서도 틈틈이 시간을 내어 상당한 양의 글을 작성했던 것 같다. 안디옥의 이그나티우스의 편지만 해도, 처형당하기 위해 로마로 압송 중이던 기독교인이 작성한 글이었다. 더욱이 여기서 주로 다루고 있는 시대적 배경을 볼 때, 기독교 작가들이 글을 작성한 동기는 개인의 명예를 위해서도 아니었고, 그들이 이런 글을 써서 많은 돈을 벌 가망도 없었다. 즉, 기독교인들은 이러한 글을 작성하는 일에 자진해서 나섰으며, 놀라울 정도로 헌신하며 그 노고를 감당했다.

필사와 배포

초기 기독교 문헌을 필사하고 배포하는 과정과 거기에 드는 노력 역시 무시해서는 안 된다. 일례로 리처드는 자신의 책에서 바울의 가장 긴 서신인 「로마서」를 한 번 '필사'하는 데만 약 11.5시간이 든다고 했다. 필경사 한 명이 하루에 실제로 '필사 가능한 시간'은 5시간가량으로 추정되기 때문에 「로마서」는 대략 2~3일이 걸리는 작품임을 의미한다. 보통 분량의 바울 서신의 경우에도 필사본을 만드는 데 최소 몇 시간은 족히 걸렸을 것이다. 「갈라디아서」는 약 3.6시간, 「빌립보서」는 약 2.6시간, 「데살로니가전서」는 약 2.4시간이 걸렸을 것이다. 물론 필경사의 솜씨와 속도에 따라 그리고 필사본이 공중 예배에서 읽을 공식 사본인지 아니면 개인 용도로 소장할 작품인지에 따라 필사 시간은 다소 차이가 있었을 것이다. 정보통신 기술이 발달해 텍스트를 제작하고 복사하는 작업이 너무나 용이한 세상에 살고 있는 현대인은 잘 모를 수도 있지만, 분량이 많은 고대 문헌을 필사하는 작업에는 상당한 시간과 노력이 필요했다. 한 획 한 획 모두 손으로 써야 했다.

초기 기독교인들은 시간과 노력이 소요되는 필사 작업에도 헌신했다. 초기 기독교 문헌에 등장하는 여러 언급이나 초기 필사본들을 보면 기독교 문서들이 지역 경계를 넘어 널리 유포되었음을 알 수 있다. 예컨대 로마 등지에서 문헌이 생산되면 그 필사본들이 이집트 알렉산드리아에서 남쪽으로 120마일 떨어진 옥시링쿠스 마을까지 비교적 단기간에 전달된 것으로 보인다.

앞서 살폈듯이 여러 교회에 전달된 바울 서신은 지역을 초월해 수집되고 유포되었는데, 비슷한 시기에 쓰인 다른 기독교 문헌들도 이와 유사하게 다뤄졌다는 증거가 있다. 예를 들어 서기 2세기의 기독교 교사인 폴리갑은 『빌립보인들에게 보내는 편지Letter to the Philippians』에서 "(안디옥의) 이그나티우스가 우리에게 보낸 편지와, 우리가 소유하고 있는 다른 편지들과 아울러(13장 2절)" 자신이 편지를 보낸 의도를 밝히고 있다. 폴리갑이 소유했거나 전달한 이그나티우스의 편지가 얼마나 많았는지 또 어떤 편지였는지는 정확히 모르지만, 폴리갑의 편지를 보면 이그나티우스가 여러 교회에 편지를 쓰고 나서 오래지 않아 폴리갑이 그 편지들을 일부 가지고 있었고, 그래서 빌립보 교회에 필사본들을 보내는 게 가능했음을 알 수 있다. 이그나티우스의 편지를 수집해 발송했다는 것은 '사실상 편지 모음집을 발행한 것'에 해당한다. 폴리갑의 편지는 초기 기독교 문헌이 작성된 직후 단기간에 걸쳐 수집되고 유포되는 그들 나름의 과정이 있었음을 보여주는 문헌 증거인 셈이다.

서기 2세기의 흥미로운 작품 『헤르마스의 목자』에도 초기 기독교 문헌이 어떻게 유포되었는지를 보여주는 분명한 증거가 있다. 저자인 헤르마스는 노부인이 등장하는 환상을 보는 중에 "작은 책(그리스어로 비블라리디온, biblaridion)"을 필사했다고 주장했다(환상 2.1). 나중에 또 다른 환상에서도 같은 노부인이 나타나 헤르마스에게 이 책을 2부 필사해 한 부는 클레멘트에게 또 한 부는 그랍테Grapte에게 보내라고 지시한다. 이 두 사람은 헤르마스가 속한 로마 교회에서 지도적인 인물들이었다. 클레멘트는 그 책을 "해외 도시들에" 보낼 임무를 맡았고, 그랍테(여인)는 로마의 교회에서 "과부와 고아 들을 가르칠" 임무를 맡았다. 그리고 헤르마스 자신은 "교회를 이끄는 장로들과 더불어 그 책을 이 도시 사람들에게 읽어줄" 임무를 맡았다(환상 2.4).

환상을 보았다는 헤르마스의 주장을 어떻게 생각하든 그가 지시받은 임무의 기본적인 절차는 당시에 기독교 문헌들이 유포되는 과정과 거기에 소요되는 자원을 반영할 가능성이 높다. 헤르마스가 해당 사본을 전달했다고 하는 클레멘트는 보통 1세기 말의 저작으로 추정되는 초기 기독교 문헌 「클레멘트전서」에 등장하는 로마 교회 인사와 동일 인물일지 모른다. 「클레멘트전서」는 로마 교회가 고린도 교회에 보낸 글이다. 어쨌든 『헤르마스의 목자』에서 언급된 클레멘트의 역할을 보면 로마 교회에서 일종의 서기관을 맡아 필사본을 제작하고 사본들을 유포하는 일을 책임졌던 것으로 보인다. 2세기의 초기 교회 문헌에 등장하는 이런 언급들을 볼 때 당시에 이미 로마, 안디옥, 가이사랴, 알렉산드리아 등의 여러 주요 도시에 있는 교회들에서는 글을 작성하거나 필사해 다른 교회에 유포했던 것으로 보인다. 이는 초기 기독교 공동체들 사이에 지역을 초월해 강력한 유대가 형성되어 있었음을 보여주는 또 다른 증거다.

2세기와 3세기의 기독교 고문서들을 보면 로마 사회 곳곳에 거주하는 기독교인들 사이에 다양한 문헌이 유통되는 등 '광범위하고 활발한 상호 작용'이 있었음을 보여주는 물리적 증거가 풍부하다. 여러 파피루스 본문에 언급된 내용들을 보면, 성경의 글들을 비롯해 서신(『클레멘트전서』), 권면의 글(『헤르마스의 목자』), 설교집(멜리토의 저술), 신학 논문(이레나이우스의 『이단들을 반박함』) 같은 글들이 유통되었다. 오늘날까지 물리적 증거가 남아 있는 문헌들만 이 정도이니 당시에 얼마나 많은 문헌들이 작성되었고 또 유포되었는지 누가 알겠는가? 여하간 모든 점들을 고려할 때 초기 기독교인들은 상당히 멀리 떨어져 있는 교회들 간에 문서 작성과 유포를 담당하는 조직 그러니까 요즘 말로 치면 '네트워크'를 구축해 열성적으로 활동했음을 알 수 있다.

이 시기에는 이렇다 할 우편 시스템도 없었기 때문에 기독교인들은 자신의 시간과 재원을 들여서 문헌을 유포해야 했다. 그들이 기꺼이 자신의 것을 투자했다는 점은 당시의 종교 집단에서는 유사한 사례를 찾을 수 없는 일이었으며 그만큼 특별했다. 초기 기독교는 교회 간에 서로 의사소통하는 데 많은 시간과 자원을 투자했고, 그 과정에서 그 임무에 관련된 시스템을 구축했다. 그렇다면 초기 기독교 공동체가 서로를 어떻게 생각했는지 질문을 던져볼 수 있다. 내가 보기에 이는 분명 기독교인들이 다른 지역의 신자들과도 서로 하나로 연결되어 있다는 공동체 의식을 가졌으며, 문헌을 공유하는 일을 그들의 신앙을 지켜나가는 데 반드시 필요한 일로 생각했다는 증거다. 소아시아의 "교회들은 전령들이 분주하게, 아니 거의 정신없이 바쁘게 편지를 배달했다." 요컨대 초기 기독교인들은 편지를 보냈을 뿐 아니라, 성경을 비롯해 다양한 기독교 문헌들을 필사하고 유포했다. 이와 같은 활동 역시 로마 시대의 기독교가 다른 종교들과 달랐던 요소 중의 하나다.

기독교인들은 그저 신도들 간에 서신이나 문헌을 돌려 보는 데 그치지 않고 더욱 광범위한 독자층을 겨냥해 문헌을 생산하고 유포했다. 유스티누스 같은 작가들이 집필한 기독교 '변증서'가 그 대표적 사례다. 유스티누스의 각 변증서는 공식적으로는 당시의 황제에게 쓴 글이었다. 학계에서는 황제들이 실제로 시간을 들여 이런 글들을 읽었을지 의문을 품고 있다. 이와 무관하게 우리는 저자들이 그들의 글에서 언급한 황제들에게 실제로 글을 보냈을 것으로 전제해야 한다. 또한 그들은 기독교 공동체와 더불어 일반 대중도 회람할 수 있게 여러 사본을 만들었을 것이다. 여하간 일부 비기독교인, 특히 이교도 사회의 식자층에서는 이들 문헌을 읽었던 것이 분명하다. 이교도 출신의 비평가 켈수스가 유스티누스의 『제1 변증서』와 『제2 변증서』를 읽었다는 증거는 확실하고, 『이아손과 파피스쿠스의 대화The Dialogue of Jason and Papiscus』(서기 140년경 펠라의 아리스토Aristo of Pella가 쓴 것으로 추정)로 알려진 초창기의 기독교 변증론도 읽었던 것으로 보인다. 얼마나 많은 독자를 확보했는지는 모르지만, 일부 기독교인들은 그들의 글을 동료 신자들뿐 아니라 일반 대중에게 유포하는 데 상당한 노력을 기울였다. 이와 같은 노력 역시 당시의 다른 종교 집단에서는 보기 드문 특징이었다.

기록 매체의 특성

초기 기독교인들이 경전을 기록한 사본을 보면 제본 형태나 필사 방식 등이 시각적으로 남달랐음을 알 수 있다. 그들이 경전을 제작할 때 특히 선호했던 코덱스(codex, 서양에서 책을 만들던 방식의 하나로, 나무나 얇은 금속판을 끈이나 금속으로 묶어 제본했다-옮긴이) 사본 이야기를 먼저 해보자. 코덱스는 책장을 넘기는 형태의 제본으로 오늘날 우리가 접하는 책의 원형이다.

기독교인들이 선호한 코덱스 사본

초기 몇 세기 동안 로마의 문화 환경에서 압도적으로 선호되었던 책은 두루마리 형태였다. 코덱스 제본도 알려져 있었지만 사용되는 곳이 제한적이었고, 주로 천문학 자료 목록이나 의료 처방전처럼 날마다 기록하는 문서에 쓰였다. 하지만 로마 시대의 작가 마르티알Martial이 남긴 언급들을 보면, 이미 서기 1세기 말경에 마르티알의 시집과 몇몇 다른 작가들의 작품을 소형 코덱스 사본으로 제작해 개인이 휴대할 수 있도록 했던 듯하다. 서기 2~3세기의 고대 사본을 기록한 목록에도 코덱스 사본으로 제작한 이교도 문헌이 일부 포함되어 있다.

그러나 일반적으로는 두루마리 형태가 선호되었다. 서기 3세기 초 로마의 법학자 울피아누스Ulpianus는 유언서나 유품에 '책(라틴어로 리브리libri)'이란 용어가 등장했을 때 무엇을 책으로 판단할지에 대해 전문적인 의견을 제시했다. 울피아누스는 "파피루스, 양피지 그 외에 어떤 재료를 용지로 쓰든 간에" 두루마리 책(라틴어로 볼루멘volumen)을 책으로 간주하는 것이 더 적절하다고 지적했다. 아울러 울피아누스는 약간은 달갑지 않은 말투로 용지를 파피루스로 쓰든 양피지로 쓰든 혹은 밀랍판으로 쓰든 코덱스 사본도 법률 문서에서 '책'이 지칭하는 의미에 포함되어야 한다고 언급했다. 하지만 울피아누스가 한 말을 엄밀히 따지면 당시 책이란 사실상 두루마리 책을 지칭했다. 로마 시대의 책 문화에서는 서기 3세기 초까지도 코덱스 사본은 문헌을 기록하기에는 격식에 맞지 않는다 하여 부적절하게 간주되었고, 두루마리 사본이 지배적이었다.

　기독교인들은 그러나 일반의 추세와는 달리 코덱스 책을 선호했다. 비교를 위해 몇 가지 수치를 살펴보자. 현존하는 서기 2세기의 비기독교 문헌들은 약 95퍼센트가 두루마리 책이고, 약 5퍼센트가 코덱스 책이다. 하지만 2세기의 기독교 문헌들은 적어도 75퍼센트가 코덱스 책이었다. 로마 시대에 선호하던 책의 형태와 관련해 기독교인들과 이방인들 사이에 나타난 차이점은 3세기까지도 두드러졌다.

　더욱이 필사된 기독교 사본의 내용을 집중적으로 살펴보면 또 한 가지 흥미로운 사실이 눈에 띈다. 기독교인들은 주로 코덱스 책을 선호했는데, 특히 그들이 경전으로 여기고 읽었던 문헌을 책으로 만들 경우 그 경향은 더욱 두드러졌다. 2~3세기의 기독교인들 중 대다수가 우리가 현재 '구약'이라 부르는 글들을 경전으로 간주한 것은 틀림없는 사실이다. 그런데 현존하는 2~3세기의 기독교 구약 사본 75편 가운데 두루마리 책은 4~7퍼센트에 불과했다. 신약을 구성하게 되는 문헌들 중에 다수도 구약과 마찬가지로 초기 교회에서 경전으로 봉독되었는데, 이 같은 문헌 역시 주로 코덱스 책이었고 재활용하지 않은 새 두루마리 책에 필사된 경우는 발견하지 못했다. 이와 대조적으로 2세기나 3세기 기독교 사본으로 추정되는 신학 논문, 설교집, '외경' 복음서 등을 살펴보면 60여 편 가운데 약 3분의 1이 두루마리 책으로 되어 있다. 이는 분명 기독교인들이 코덱스 책을 선호하되, 훗날 경전의 지위를 획득하게 되는 초기 문헌일수록 코덱스 형태가 많았음을 보여준다.

책의 형태를 근거로 그 문서를 기독교인들이 어떻게 이용했는지 추정하는 것과 관련해 짚고 넘어갈 것이 있다. 어떤 문헌이 코덱스 책으로 만들어졌다는 사실이 곧 그 텍스트의 지위나 용도를 말해주는 것은 아니라는 점이다. 기독교인들은 대체로 그들의 문헌을 담을 책의 형태로 코덱스 책을 선호했던 것 같다. 이러한 선호도는 특정한 텍스트를 담은 책들에서 유독 강하게 드러난다. 그 텍스트들을 살펴보니 우연히도 대개는 '구약' 문헌들이었고, 또 경전으로 대우받았던 기독교 텍스트로서 현재 우리가 신약으로 알고 있는 문헌들이었다. 이 외에 다른 문헌들은 비교적 거리낌 없이 코덱스 형태로도 만들어지고 두루마리 형태로도 만들어졌다. 다시 말해 어떤 텍스트가 코덱스 책으로 만들어졌다고 해서 자동으로 그 텍스트가 경전으로 대우받았다는 사실을 증명하지는 않는다. 하지만 두루마리 책으로 만들어진 기독교 텍스트는 해당 텍스트가 여러 교회의 공중 예배에서 낭독되는 경전으로 간주되거나 이용되지 '않았음을' 암시하며, 적어도 애초에 공중 예배용으로 마련된 것이 아님을 의미한다. 기독교 두루마리 책은 누군가 개인 용도로 제작했을 가능성이 높다.

    기독교인들이 코덱스 책을 특히 선호한 이유로 학자들은 코덱스 형태가 갖는 실용적인 이점들을 제시했다. 그러나 이는 착각이고 근거가 희박하다. 전작에서 나는 코덱스 책의 실용적 이점을 주장하는 여러 학자들의 견해를 검토했고, 모두 그 근거가 미심쩍다는 사실을 확인한 바 있다. 고대 작가들이 직접 언급한 유일한 실용적 이점은 크기가 '작은' 코덱스 책은 여행하며 읽기가 수월하다는 것이었다. 그러나 엄청난 수의 기독교 코덱스 책들은 그렇게 크기가 작지 않았다. 여기서 눈여겨봐야 할 점은, 코덱스 책에 대한 기독교인들의 선호도가 모든 텍스트에 대해 일관되게 나타나는 게 아니라 그들이 '가장 높이 평가하는 텍스트, 즉 경전으로 간주하는 텍스트' 위주로 강하게 나타난다는 것이다. 기독교인들이 코덱스 책을 선호한 이유를 설명하려면 이 사실을 간과해서는 안 된다.

    초기 기독교인들이 가장 높이 평가하는 텍스트 위주로 코덱스 책을 선호한 배경에는 특별한 의도가 있다. 로마 시대에 문학적인 텍스트는 일반적으로 두루마리 책으로 만들어졌기 때문에 코덱스 책이 당시의 책 문화와 어울리지 않는다는 사실을 초기 기독교들도 분명 모르지 않았을 것이다. 따라서 기독교인들이 당시의 주류에 호응하고 싶었다면 코덱스 책이 주류에 맞서는 선택임을 인지했을 것이라는 이야기다. 기독교인들이 그들의 텍스트, 특히 경전으로 읽는 텍스트들을 대중에게 널리 권하고 싶었다면서 코덱스 책을 선호했다는 것은 직관에 어긋나는 별난 선택으로 보였을 법하다. 실제로 기독교인들의 선택은 당시의 주류 문화를 거스르는 의도적인 선택으로 보였을 가능성이 높다. 당시 기독교인들이 일부러 그랬다고 단언할 수는 없어도 결과적으로는 반직관적이고 나아가 반사회적인 선택으로 비쳤을 것이다. 코덱스 제본 형태는 확실히 초기 기독교의 책, 특히 경전 사본들을 다른 책들과 차별화하는 효과를 냈다.

일부 학자들은 서기 2세기부터 5세기에 걸쳐 제본 문화가 두루마리 형태에서 코덱스 형태로 서서히 이동했다고 주장한다. 그럴지도 모르지만 증거들을 고려해볼 때 확신하기는 어렵다. 전반적인 변화를 인정한다 해도 기독교인들이 그러한 변화보다 훨씬 앞서 나갔거나 훨씬 빠른 속도로 변화를 이끌었던 것만큼은 사실로 봐야 한다. 기독교인들은 실제로 2~3세기에 제본 기술의 '한계를 넘어선' 것으로 보인다. 기독교인들이 이 시기에 만들었던 기독교 문헌들을 보면 여러 가지 코덱스 제본을 실험했다는 사실이 발견된다.

바울 서신을 필사한 체스터 비티Chester Beatty 사본(P46, 3세기 초)처럼 파피루스 종이들을 한데 겹겹이 쌓아 만든 코덱스 사본들이 있다. 반으로 접은 파피루스 종이 52장을 한 '첩'으로 엮은 책이다. 「사도행전」을 필사한 체스터 비티 코덱스 사본(P45, 거의 동일한 시기 또는 조금 늦은 시기)은 각기 반으로 접힌 파피루스 종이 56장을 하나로 엮어서 만든 책이다. 또 '여러 첩'으로 구성한 초기 기독교 코덱스 사본들도 있었다. 이는 서너 겹으로 접힌 파피루스 종이들을 한 첩으로 엮고, 여러 첩을 다시 하나로 엮어 한 권으로 만든 코덱스 책이었다.

만약 중요한 작품을 담을 용도로 이미 3세기에 코덱스 제본이 개발되었다면 기독교인들이 계속 여러 가지 제본 기술을 실험할 이유가 없지 않았을까? 따라서 기독교인들이 2세기와 3세기에 주도적으로 코덱스 제본 기술을 발전시켰다는 주장이 더 가능성이 커 보인다. 초기 기독교인들이 다양한 코덱스 제본 방식을 실험한 것은 예로 든 체스터 비티 코덱스 사본에서처럼, 당연히 수많은 기독교 문헌을 한 권의 책 속에 담기 위해서였을 것이다. 기독교인들은 그들의 필요를 충족하기 위해 비주류 방식인 코덱스 제본을 선택하고 이를 발전시켜 자신들만의 독특한 제본 형식을 만들었다. 코덱스 형태로 경전을 필사하는 일에 전념하던 기독교인들은 코덱스 제본 기술을 개발하는 데 많은 노력을 기울였다.

뿐만 아니라 코덱스 책을 선호한 탓에 기독교인들은 코덱스 제본에 필요한 특정 기술을 개발하는 역할을 맡을 수밖에 없었다. 두루마리 책을 만드는 데는 기본적으로 (파피루스 용지를 연이어 붙이는 제조 공정을 거쳐 나온) 용지를 그대로 죽 펼쳐놓고 길고 가느다란 공간에 본문을 필사하는 기술만 연마하면 된다. 그러나 코덱스 책을 제작하려면 먼저 해당 문서를 필사하는 데 필요한 파피루스 용지의 길이를 추산해야 하고, 반으로 접을 파피루스 용지를 낱장으로 잘라야 하고, 이들 낱장에 본문을 베껴야 하고(올바른 순서로 배치하는 데 주의해야 한다), 그 낱장들을 일정한 방식으로 결합해야 한다. 또 코덱스 제본의 경우 필경사는 가

로로 한쪽 면만 사용하는 두루마리 책과 달리 파피루스 용지의 양쪽 면에 글을 써야 한다. 게다가 글을 쓰는 지면도 보통 두루마리 책보다 폭이 더 넓어 한 면을 대부분 사용하게 되며, 이를 위해 사방의 여백을 계산해야 한다.

코덱스 책을 만들려면 이처럼 별도의 기술과 과정이 필요했음에도, 그리고 로마의 서책 문화에서는 두루마리 책을 선호했음에도 초기 기독교인들은 코덱스 책을 선호했다. 그 최초의 동기가 무엇이었든지 간에 코덱스 책은 특히, 경전을 필사한 책을 제작할 때 초기 기독교인들이 선호하는 제본 형태로 단기간에 자리 잡았다. 현존하는 초기 증거들이 거의 전부 이집트에서 발굴되었다는 사실을 들어, 이 같은 경향이 로마 제국 전반적으로 일어났던 현상이 맞는지 의문을 품는 독자들도 있을 것이다. 나를 포함해 여러 학자들은 '이집트에서 발굴된 증거가 로마 제국에서 선호되던 제본 형태를 판단하는 데 상당한 대표성을 띤다고 보는 것이 합리적'이라고 생각한다. 앞서 언급했듯이 초기 기독교 사본들이 빠르게 유포되었다는 사실이 이와 같은 판단을 내리는 데 중요한 근거가 되었다. 기독교인들은 지역을 초월해 성경 사본들을 공유했는데, 그들이 공유한 것은 내용뿐 아니라 그 내용을 담은 책의 형태도 포함된다. 따라서 이집트에서 발견된 현존하는 기독교 사본들에 나타나는 코덱스 책에 대한 선호도는 로마 제국 전반적으로 나타난 기독교인들의 선호도를 대변할 가능성이 높다.

노미나 사크라 Nomina Sacra

초기 기독교 사본(특히 기독교 성경 사본)이 지닌 또 다른 놀라운 특징은 '노미나 사크라(거룩한 이름)'다. 이 용어는 기독교인들이 일부 단어들을 특이한 방식으로 축약해서 기록하는 관행을 가리키는데, 보통은 해당 단어의 첫 글자와 마지막 글자만 써서 '축약형'을 만들고, 축약된 단어 위쪽에 가로줄을 그었다. 기독교인들이 코덱스 책을 선호한 것과 마찬가지로 이런 식의 필사 관행 역시 일찌감치 시작되었다. 현존하는 가장 이른 시기의 기독교 필사본 조각들에도 이러한 축약형이 등장한다. 이 사본들 중에는 2세기 중후반까지 거슬러 올라가는 것들도 있다.

특정한 단어들은 훨씬 일관되게 노미나 사크라로 처리되었다는 사실을 눈여겨봐야 한다. 특히 '하나님', '주', '예수', '그리스도'가 그랬다. 그렇다면 단어를 축약하는 관행이 이런 단어들 중 하나로부터 시작되었을 가능성이 높다. 이후 어느 이른 시점부터 필경사들은 다른 단어들도 노미나 사크라로 취급하기 시작했고, 비잔티움 시대에 이르러서는 열다섯 개 넘는 단어가 이런 식으로 표기되었다.

앞서 발간한 여러 출판물에서 나는 '이에수스(Iēsous, 그리스어로 '예수'를 뜻함)'의 축약형으로부터 이 관행이 시작되었을지 모른다는 견해를 지지한 바 있다. 이들 출판물에서 제시한 여러 가지 이유들을 고려할 때, 이에수스 기원설은 특히 노미나 사크라 위쪽에 그어진 가로줄이 어떻게 시작되었는지 설명해준다. 이 가로줄은 그리스어나 라틴어 축약형에 일반적으로 사용되던 관행이 아니었다. 이 관행이 이에수스라는 단어에서 시작되었다고 상정하면 이 단어가 상당수의 초기 필사본에서 독특한 방식으로 축약되고 있는 이유가 설명된다. 대부분의 필사본에서 그리스어 이에수스(ΙΗΣΟΥΣ)가 첫 글자와 마지막 글자로만 '압축한' 형태(예. ΙΣ, ΙΥ)로 발견되었을 뿐 아니라 다른 초기 필사본에서는 처음 두 글자만 쓰고 '중단한' 형태(예. ΙΗ)의 노미나 사크라가 발견되었다. 즉, 노미나 사크라였던 이에수스는 두 가지 형태를 지녔다. 어떤 필사본들은 '압축한' 형태를, 어떤 필사본들은 '쓰다가 중단한' 형태를 썼다. 그러니까 예수라는 이름의 노미나 사크라에는 다른 단어들과는 다른 역사가 나타난다. 여기서 구체적으로 어느 단어 때문에 노미나 사크라 관행이 처음으로 도입되었는지를 깊이 따져볼 필요는 없다. 그보다는 현재 논의에 더 적합한 몇 가지 요점을 살펴보자.

첫째, 노미나 사크라 관행이 어떻게 시작되었든지 간에 기독교인들은 새로운 장치를 고안해 해당 단어들이 본문 안에서 시각적으로 다른 글자들과 차별화되는 효과를 창출한 것으로 보인다. 특히 가로줄이 효과가 있었다. 그리스어를 전혀 모르는 사람이라도 고대 사본을 들여다보면 노미나 사크라를 즉시 알아볼 수 있을 것이다. 둘째, 특정한 단어들을 이런 방식으로 표기하게 된 최초의 동기는 경외감을 표현하려는 시도였을 가능성이 높다. 이런 필사 관행은 초기 기독교인들의 경건함을 시각적으로 표현하는 수단이었다. 즉, 이런 단어들(특히 하나님과 예수를 지칭하는 단어)을 특별한 방식으로 표기하는 것은 그

대상에게 경외감을 표하는 수단이었고, 그 목표를 특히 '시각적으로' 달성하는 방법이었다.

고대 유대교의 경전들을 보면 서기관들이 하나님의 거룩한 이름(야훼YHWH)을 특별한 방식으로 자주 표기했다. 그 이름을 다른 글자로 표기하기도 했다. 예를 들어 일부 그리스어 사본에서는 야훼라는 단어만 히브리어 알파벳으로 표기했다. 히브리어 사본에서는 고대 서기관들이 야훼를 일련의 점으로 교체하기도 했고, 히브리어로 '하나님'을 뜻하는 '엘로힘Elohim' 같은 단어로 야훼를 교체하기도 했다. 이와 같은 유대인의 필사 관행 역시 경외감을 표하는 수단이었다. 이 경우에는 하나님과 그의 거룩한 이름에 대해 경외심을 표한 것이다. 이 주제와 관련해 대다수 학자들은 유대인 서기가 신의 이름을 다루는 방식과 초기 기독교의 노미나 사크라 관행은 경외감을 드러내는 의도와 태도에서 유사성이 있다고 보고 있으며, 나도 이 견해를 지지한다.

유대교와 초기 기독교의 필사 관행에는 차이점도 있다. 노미나 사크라 관행은 기독교인들이 새로 고안한 장치로 보이고, 이 역시 초기 기독교를 다른 종교와 차별화하는 요소였다. 기독교 이전의 유대교 필사본에서 노미나 사크라 형태를 보여주는 단어는 찾아볼 수 없다. 유대교 필사 관행에서도 야훼에 대한 경외감을 표현하고 있지만, 기독교의 노미나 사크라 관행과는 구체적인 '방법'에서 차이가 났다. 일례로 축약한 형태의 글자 위쪽에 가로줄을 긋는 것은 기독교인들이 처음으로 고안한 장치로 보인다. 또 필경사들이 축약해놓은 글자들을 독자들이 다루는 방식에서도 차이가 났다. 발굴된 여러 증거로 미루어보건대, 초기 로마 사회의 다수 혹은 대다수의 경건한 유대인들은 경전을 읽을 때도 하나님의 이름을 발음하기를 기피했다. 그러니까 히브리어로 성경을 소리 내어 읽을 때 야훼라는 글자가 나오면 그 단어를 '엘로힘'이나 '아도나이Adonay'로 대체해 읽었을 것이다. 그리스어 성경을 낭독한 경우에는 흔히 '퀴리오스(주)'라는 말을 대신 사용했을 것이다. 신의 이름을 축약하는 유대인들의 필사 관행은 경외심을 표현하는 기능 외에 야훼라는 단어를 다른 대체어로 읽을 수 있도록 독자들에게 신호를 보내는 역할도 했다.

지금까지 알려진 바로는, 초기 기독교 독자들은 필사본에서 노미나 사크라 형태를 접했을 때 그 단어가 온전히 쓰여 있는 것처럼 소리 내어 발음했다. 이는 노미나 사크라가 철저히 시각적 장치였음을 의미한다. 만약 당신이 고대 기독교인이고 해당 텍스트를 직접 읽지 않고 혹은 읽을 수 없고 다른 사람이 읽는 소리만 들었을 경우 이들 단어가 특별한 형태로 쓰여 있는지 전혀 알지 못했을 것이다.

노미나 사크라는 순전히 시각적인 형태로만 구현되었으며 기독교인들이 그들의 신실함 혹은 경건함을 시각적으로 표시했던 상징적 장치로서는 현존하는 가장 오래된 증거다. 이 같은 필사 관행을 보여주는 가장 오래된 기독교 사본 조각들은 고문서학이 분석한 결과에 따르면 연대가 서기 2세기 중반 혹은 후반으로 거슬러 올라간다. 연대순으로는 초기 기독교 미술의 시원으로 흔히 인용되는 카타콤 벽화 등과 비견할 만하다. 따라서 노미나 사크라는 초기 기독교의 '시각 문화visual culture'가 등장했음을 나타내는 증거이자 실제로 가장 오래된 증거라고 해도 무리가 아니다. 그 후 비잔티움 시대에 이르면 노미나 사크라는 특히 하나님, 예수, 성모 마리아를 지칭할 때 성상이나 성화 같은 텍스트 밖에서도 사용되었다.

3장을 마무리하며

초기 기독교를 제대로 분석했다면 '책을 좋아하는' 기독교의 특징을 인정하지 않을 수 없다. 3장에서 우리는 기독교가 책의 종교로 평가받는 중요한 증거들을 살폈으며, 이 역시 초기 기독교가 로마 시대의 여느 종교들과 남다른 점이었다. 기독교인들은 성경 봉독을 중요하게 여겼고(공중 예배를 드릴 때나 개인적으로나), 새로운 문헌을 활발하게 생산했으며, 사본을 필사하고 배포하는 일에 많은 노력과 자원을 투자했고, 당시 만들어진 기독교 문헌들은 물리적으로나 시각적으로 독특한 특징이 있었다. 이 모든 특징이 결합해 초기 기독교는 당시의 다양한 종교 중에서도 유독 경전을 중시하는 종교로 차별화되었다. 초기 기독교는 처음부터 '텍스트성textuality'이 그 중심에 있었고, 실제로 '책의 종교'였다.

4장

새로운 삶의 법칙을 말하다

오늘날 사람들은 '종교'를 생각할 때 으레 일련의 행동 규범, 곧 삶을 살아가는 방식과 관련해 '해야 할 일과 하지 말아야 할 일'을 함께 떠올리는 경향이 있지만 고대 로마 사회에서는 그렇지 않았다. 그런데 초기 기독교는 신자들에게 요구하는 여러 종교적 책무에서 사회적 실천과 올바른 행동을 중요하게 강조했다는 점에서 독특했다. 또 신자들에게 요구한 특정한 책무라든가, 의미 있는 사회사업으로 평가받아야 할 일에 열성을 다하는 태도에서도 남달랐다. 이 같은 관행을 자세히 살펴보기 전에 초기 기독교인들이 이런 책무를 실천하며 살았던 문화적 배경의 몇몇 특징을 간략히 살펴보는 것이 좋겠다.

로마 시대의 환경

특정한 사회적 관습이나 행동 관습에서 나타나는 초기 기독교의 특수성을 논의하면서 그 배경이 되는 로마 시대를 가리켜 타락 그 자체이며 도덕적 황무지라는 식의 전형적인 말로 규정하고 넘어갈 생각은 없다. 로마 사회가 분명 타락하고 잔혹했던 것은 사실이지만, 우리 시대를 비롯해 무릇 어느 시대나 (정도의 차이만 있을 뿐) 사정은 다르지 않았다. 로마 시대의 시민들이 부패하고 잔인한 사람들이었다고 생각해서는 안 된다. 개개인이 도덕적으로 어떤 일탈 행위를 저질렀든지 간에 평범한 대중은 나름대로 최선을 다해 자신의 가족을 돌보려고 노력했을 것이라고 전제하는 것이 옳다. 그들도 공정한 게임과 정직한 거래, 정의를 바랐고, 관용과 절제의 덕목을 칭찬했고, 우리 시대의 가장 좋은 가치들과 크게 다르지 않은 여러 가치들을 지지했을 것이라고 가정하는 게 자연스럽다.

영아 유기

그럼에도 로마 시대는 오늘날 우리가 다행히도 끔찍하게 여기는 일부 관행들을 아무 거리낌 없이 그것도 합법적으로 저지를 수 있는 시대였던 것 같다. 이 가운데 충격적인 한 가지 사례로 부모들이 원치 않는 아기를 버렸던 관행과 그 배경을 살펴보고자 한다. 학자들 사이에서 흔히 '영아 유기'로 언급되는 이 관행은 원치 않는 아기를 쓰레기장이나 외딴곳에 버리는 행위를 말한다. 버려진 아기는 죽거나 누군가 거둬들이더라도 보통 노예로 길러졌다. 오늘날에는 누구나 이런 관행에 혐오감을 느끼지 않을 도리가 없지만, 로마 시대에는 오늘날처럼 도덕적 분노를 일으키고 사회적으로 공분을 살 일은 아니었다.

기원전 1세기 로마군에 복무 중이던 힐라리온Hilarion이 그의 아내 알리스Alis에게 보낸 편지를 살펴보자. 학자들이 자주 인용하는 이 편지는 당시 영아 유기가 빈번하게 발생했으며, 영아 유기를 대수롭지 않게 여겼음을 보여준다. 게다가 편지를 보면 영아 유기를 저지른 사람들이 그것만 제외하면 상당히 온정이 넘쳐 보인다.

힐라리온은 고향에 있는 아내와 친척들에게 인사말을 건넨 뒤 아내에게 그들의 아이를 가리키며 "어린 것을 잘 돌보시오"라고 부탁하며 급여를 받는 즉시 돈을 부치겠노라고 약속한다. 그리고 출산을 앞두고 있던 알리스에게 "사내아이면 키우고 계집아이면 내다 버리시오"라고 말한다. 이처럼 무심한 요구를 한 뒤에 그는 알리스에게 변함없는 애정을 표현한다. "어떻게 당신을 잊을 수 있겠소? 그러니 염려하지 마시오." 분명 이 사내는 괴물이 아니었으며 사람을 다정하게 대할 줄도 알았다. 영아 유기에 대해 보여준 이 사내의 태도는 당시에는 예삿일이었다. 요지는 이렇다. 아기가 태어난 직후 아버지가 아기를 식구로 인정하지 않을 경우 그 아기를 버리는 관행은 로마 시대 문화의 하나였기 때문에 (그 같은 행위만 아니라면 인정을 베풀 줄 아는 사람들이 있을) 다수가 영아 유기를 별로 꺼림칙하게 여기지 않았을 것이다. 반면에 태어난 아기를 일단 가족의 구성원으로 받아들인 후에 자녀를 버리거나 살해하는 행위에 대해서는 처벌했다.

학자들은 영아 유기가 널리 행해진 이유에 대해 다양한 의견을 제시했다. 일각에서는 빈곤 때문에 그 같은 관행이 형성되었으리라고 추정한다. 생활 형편이 쪼들려서 또 다른 자녀를 부양할 형편이 안 된다고 판단한 부모도 있을 테고, 소수의 자녀에게 더 풍족하게 자원을 제공하는 쪽을 선택한 부모도 있었을 것이다. 요즘에도 가난한 사람들이 원치 않는 아기를 내다 버리는 사건이 더러 일어나는데, 이런 사건들은 언론에서 대대적으로 보도하곤 한다. 하지만 로마 시대에 영아 유기 사건이 대중의 관심을 끄는 일은 거의 없었을 것이다.

힐라리온의 경우에는 빈곤이 이유는 아니었던 것 같다. 편지를 보면 태어나는 아이가 사내아이인 경우에는 기뻐했기 때문이다. 그는 다만 딸을 원하지 않았을 뿐이다. 당시 여아를 기피하는 현상은 특별한 일이 아니었으므로 학자들은 남아보다 여아가 더 많이 버려졌을 것으로 추측한다. 영아 유기가 그토록 만연했던 또 한 가지 이유는 당시에는 피임법이나 낙태 기술이 허락지 않았기 때문인데 힐라리온 같은 부모는 어쨌든 출산 후에 성별을 확인해 자식으로 키울지 말지를 선택할 수 있었다.

부모들이 영아를 유기한 이유가 무엇이었든지 간에 영아 유기는 아기가 죽거나 노예로 산다는 것을 의미했다. 유기된 아기 중 다수는 죽은 목숨이었으나 간혹 유기된 아기를 길러서 나중에 노예로 팔려는 사람들에게 거둬지기도 했다. 유기된 아기들은 실제로 거대한 노예 수요를 충족하기 위한 예비 자원 역할을 했던 것으로 보인다. 한 연구 결과에 따르면 로마 제국은 연간 50만 명이 넘는 새로운 노예가 필요했고, 이 가운데 15만 명가량은 유기된 아기를 노예로 길러서 충당했을 것으로 추정했다. 2세기에 『헤르마스의 목자』를 집필한 기독교인 작가도 분명 이런 사례에 해당한다. 헤르마스는 노예로 팔아먹을 목적으로 유기된 아기들을 기르는 사람 손에서 자랐으며, 훗날 그의 책에 등장하는 기독교 신자인 로다Rhoda에게 팔렸다. 더 불행한 경우에는 남아건 여아건 사창가의 성 노예로 길러져서 주인에게 봉사하거나 다른 주인에게 팔리기도 했다. 2세기의 기독교인 작가인 순교자 유스티누스는 이런 관행을 비난하며 남아건 여아건 버려진 아기들의 운명이 대개 이와 같다고 주장했다(『제1 변증서』 27장 1절).

초기 기독교 문헌들을 보면 영아 유기 관행에 대한 심한 반감이 드러나는데, 유스티누스는 이 같은 견해를 표명한 대표적인 작가였다. 최근의 한 학자가 관찰한 것처럼 "낙태와 영아 유기 문제와 관련해서 우리는 기독교와 전반적인 그리스 로마 문화 사이에 확연한 입장 차이를 확인하게 되었다." 물론 기독교의 태도는 유대교의 전통을 물려받은 만큼 유대교의 태도와 동일하다. 초기 1세기 유대인 작가 알렉산드리아의 필론은 영아 유기를 비판하는 장문의 글을 쓰며 이는 하나님의 율법과 자연이 금한 일이라고 했고, "가장 가증스러운 짓"이라고 규정했다(『특별법에 관하여 On the Special Laws』 3장 112절). 영아 유기 관행을 가장 길게 언급한 글 중 하나가 바로 이 관행을 비판한 필론의 글이다. 필론은 부모들이 때로는 신생아를 목 졸라 죽이거나 바다에 빠뜨리거나 외진 곳에 버렸으며, 버려진 아기는 맹수나 맹금에게 잡아먹히거나 "지나가는 나그네"가 거두어 갔다고 주장했다(『특별법에 관하여』 3장 110~116절, 116절 인용). 또 다른 1세기 유대인 작가 요세푸스 역시 유대교의 율법은 모든 자녀를 양육할 것을 명하고, 낙태나 영아 유기를 금한다고 강조했다(『아피온 반박문』 2권 202절). 당시의 일부 이교도 작가들은 원치 않는 아기를 버리지 않는 유대인들을 특이하게 생각했다.

당시 이교도들 사이에서도 일부나마 영아 유기 관행을 비판하는 목소리가 있었기 때문에 이교도들의 입장을 지나치게 단순화하는 것은 주의해야 할 일이다. 1세기의 위대한 스토아 철학자인 무소니우스 루푸스Musonius Rufus는 아이를 가지는 것은 시민의 의무이며, 영아 유기는 본성을 거스르는 것일 뿐 아니라 신들, 특히 제우스 신에게 불경죄가 된다고 주장했다. 무소니우스는 제우스 신을 "가정에 일어난 잘못된 일을 낱낱이 살피시는 가정의 수호자"라고 묘사했다. 그는 특히 풍족하게 살면서도 먼저 태어난 자식들에게 더 많은 유산을 물려주려고 나중에 태어난 아기들을 유기한 자들을 "가장 극악무도한 자들"이라고 비판했다. 빈곤을 이유로 들어 영아 유기를 정당화하려는 사람들에게 무소니우스는 예수가 썼던 비유와 유사하게 다음과 같은 말로 반박한다. "그대들보다 더 가난한 이 작은 새들은 무엇으로 어린 새끼들을 먹인답니까?" 또 다른 이교도 작가인 로마의 역사가 타키투스는 1세기 후반 혹은 2세기 초에 게르만 민족에 대한 글을 쓰면서 게르만족 부녀자들의 정조를 높이 평가하며 그들이 영아를 유기하지 않았다고 기록했다(『게르마니아Germania』 19장).

그럼에도 이들 이교도 철학가들이나 윤리주의자들을 비롯한 초기 로마 제국 시대의 이교도들은 어느 누구도 영아 유기 관행에 반대하는 선언이라든가 반감을 넘어 영아 유기 관행을 중단시키려는 어떤 진지한 노력도 하지 않았고, 대중을 적극 설득하지도 않았다. 이따금 지방 정부에서 다산을 장려하고 낙태와 영아 유기를 막으려는 정책을 펼쳤지만 구체적으로 영아 유기를 금지하는 로마법은 없었다. 현대의 어느 역사학자는 이렇게 평가했다. "못마땅하게 여기고 슬퍼하긴 했지만, 수치스러워 하지는 않았을 것이다." 일각에서 드러낸 반감도, 어머니들이 내비쳤을 애통함도, 버림받지 않았으면 가족의 일원으로 살았을 것이 분명한 아이들, 즉 적법하고 건강하게 태어난 영아(특히 여아)들을 유기하는 관행을 중단시키지도 억제하지도 못했다. 우리가 아는 한 초기 300년 동안 영아 유기 관행을 비판하고, 거부했던 집단은 유대교와 그 전통을 이어받은 초기 기독교가 유일했다.

로마 시대의 검투사 경기와 볼거리

영아 유기 관행이 개인의 영역에서 주목할 만한 로마 사회의 특징이었다면 이번에는 공공 영역으로 눈을 돌려보자. 로마 시대 대중이 즐겼던 검투사 경기 등의 유혈 스포츠는 영아 유기 못지않게 우리에게 충격적으로 다가온다. 치명적인 무기를 갖춘 두 사내가 경기장에서 전투를 치르는 검투사 경기의 본질은 기본적으로 열광적인 관중이 보고 싶어 하는 피를 제공하는 것이었다. 검투사들이 경기장에서 부상을 입는 것은 예사였고, 둘 중 하나가 목숨을 잃는 경우도 많았다. 검투사들은 본래 전쟁에 패해서 붙잡혀 온 포로들이었다. 이들은 경기장에 들어가 로마 군중이 구경하는 가운데 목숨을 걸고 싸우지 않으면 안 되었다. 그렇게 해서 로마 군중은 적군을 물리친 승전의 기쁨을 즐겼다.

1~2세기경에는 검투사 경기의 인기가 꾸준히 증가하면서 노예 주인들이 관리하는 검투사 양성소에서 훈련받은 노예들을 이용하기에 이르렀다. 뿐만 아니라 자유의 몸이 된 노예들과 심지어 자유민

출신도 자진해서 훈련을 받고 검투사가 되기도 했다. 이들은 경기에서 살아남아 큰돈을 벌어 언젠가 새 인생을 사는 꿈을 꿨다.

검투사 경기가 대중오락에서 가장 중요한 위치를 차지했다는 점은 다양한 전투원을 투입해 경기에 묘미를 더하려고 했다는 사실에서도 엿볼 수 있다. 예를 들어 갑옷을 입고 주로 창을 들고 싸우는 호플로마쿠스hoplomachus가 있었고, 그물과 삼지창을 들고 싸우는 레타리우스retarius, 그리고 레타리우스와 자주 겨뤘으며 기다란 방패로 무장한 무르밀로murmillo가 있었다. 이 외에도 다양한 종류의 검투사들이 있었다. 공통된 특징이라면 모두 이국적인 복장을 착용했다는 것이다. 검투사들은 로마군의 갑옷과 무기를 착용하지 않았다. 그러니까 로마 관중 입장에서는 자신들의 문화적 상징이나 표상과는 거리가 먼 상징물, 즉 적국을 표상하는 검투사들이 서로 격렬하게 싸우다가 죽는 모습을 지켜보는 것이 또 하나의 즐거움이었다. 20여 명에서 심지어 수백 명의 검투사가 조별로 다양한 경기를 펼치며 여러 날에 걸쳐 대회가 펼쳐졌다.

특히 검투사 경기와 황제는 특별한 관계에 놓여 있었다는 사실에 주목할 필요가 있다. 로마에서 황제는 경기를 관람할 때면 전용 좌석에 앉았고 그 자리에서 전투에서 승리한 검투사에게 상을 수여했다. 그 외에도 경기장에 황제의 동상을 배치해 검투사 경기가 펼쳐지는 곳마다 황제와의 유대를 상징적으로 표현했다. 이렇듯 경기장에 세워진 동상은 황제의 권력을, 그리고 황제가 지배하는 제국의 힘을 대변했다. 이런 사실을 보여주듯이 카이사르 아우구스투스Caesar

Augustus는 로마 제국의 신민들과 각 기관에 자신이 기여한 업적들을 열거하면서 다음과 같이 언급했다.

> 내 이름으로 세 차례, 내 아들과 손자의 이름으로 다섯 차례 검투사 경기를 주최했다. 이들 경기에 참여한 사람의 수가 1만이 넘는다. (…) 나는 내 이름과 내 아들들과 손자들 이름으로 서커스나 포럼 혹은 원형 경기장에 아프리카의 맹수들을 스물여섯 차례 제공했으며 이런 행사에서 죽임을 당한 맹수가 3500여 마리에 이른다.

검투사 경기 외에 다른 종류의 폭력적 볼거리도 대중에게 제공되었다. 폼페이 유적에서 나온 한 현수막을 보면 해당 연도 4월에 나흘간에 걸쳐 펼쳐질 30쌍의 검투사 대결과 맹수 사냥을 예고하고 있다. 황제를 비롯해 부유층 후원자들은 종종 하위 계층의 사람들에게 입장권을 무료로 배포하기도 했는데, 이렇게 함으로써 후원자들은 많은 관중을 확보할 뿐 아니라 일반 시민들에게 인기를 얻을 수 있었다. 로마의 거대한 콜로세움 경기장에서 행사가 열리면 5만 명의 관중을 유치할 수 있었다. 다른 수많은 도시의 경기장들은 규모가 이보다 다소 작았지만, 이러한 경기들은 도시 생활에서 중요한 몫을 차지했다. 대회는 다채로운 행사로 구성되었다. 오전에는 동물들 간의 싸움이나 맹수 사냥이 있었고, 점심에는 도망치다 붙잡힌 노예들과 죄수들의 처형(시민이 아닌 경우 십자가형이나 화형, 혹은 맹수를 이용한 처형)이 이뤄졌다. 이어서 광대들의 공연이나 운동 경기가 있었고, 저녁 시간에는 가장 중요한 행사인 검투사 경기가 있었다.

세상과 어울리며 다르게 사는 기독교인

　영아 유기와 폭력적인 볼거리를 언급한 이유는 할리우드 영화에서 흔히 묘사하듯이 로마 시대를 그저 폭력적이고 도덕적으로 타락한 시대로 규정하려는 데 있지 않다. 당시 로마 제국에서 용인되어 곳곳에서 만연했으나, 초기 기독교인들은 부적절한 행위로 간주했던 몇 가지 관행을 제시한 것뿐이다. 여기서 강조할 점은 영아 유기나 폭력적인 볼거리 등과 관련해서 초기 기독교의 입장과 당시의 문화적 풍토 사이에는 차이가 있었다는 사실이다. 이 같은 차이점들을 아예 무시하는 입장도 사실과는 거리가 멀지만, 로마 시대의 문화와 초기 기독교의 관계를 이런 차이점으로만 설명하는 입장 역시 사실을 왜곡할 수 있다. 따라서 그 차이점들을 정확하게 규정하는 데 주의를 기울여야 한다.

　초기 기독교인들은 영아 유기 관행에 자주 반감을 드러냈고, 이에 동조하는 이방인들도 소수지만 존재했다. 그러니까 초기 기독교의 입장이 이방인들과 차이를 보인 지점은 영아 유기 관행에 대한 반감 자체가 아니라 공동체 안에서 그리고 더 크게는 지역 사회 안에서 기독교인들이 이방인들과는 달리 사회적 행동 양식을 바꾸려는 목적의식 아래 공개적으로 거부 의사를 밝혔다는 데 있다. 하지만 이러한 태도는 비기독교인들의 심기를 불편하게 하고, 심지어 적개심을 불러일으킬 수 있었다.

특히 기독교인들이 미심쩍고 이상한 종교 집단으로 널리 인식되었던 처음 300년 동안 그들은 비기독교인들의 분노를 야기해 고소를 당하지 않도록 조심하는 동시에 자신들의 신념과 관습을 지지하고 실천하며 살아야 했다. 기독교인들은 사회생활을 하면서 자주, 때로는 어려운 선택의 기로에 놓였다. 해도 되는 일과 해서는 안 되는 일은 무엇인지, 참여해도 되는 사회 활동은 무엇인지, 용인할 수 있는 사회적 역할은 무엇인지에 대해 가능한 한 최선의 선택을 내리며 원만하게 사회생활을 유지해나가야 했다. 이 과정에서 가장 빈번하게 또 가장 고통스럽게 갈등을 빚게 되는 대상은 정부 당국이 아닌 자신들의 가족과 친구, 지인 들이었다.

2장에서 우리는 이방 신을 섬기는 가족이나 지인 들이 여러 사회 행사에 초대할 때 어떤 것에 응하고 어떤 것을 거부해야 하는지에 관해 바울이 고린도 교회에 보낸 지침을 간략히 살펴봤다. 여러 이방 신들을 공개적으로 숭배하는 자리에 초대받았을 때, 그러니까 이방 신을 찬미하는 제사 음식을 공유하는 연회에 참석하는 것에 대해서 바울은 단호히 반대했다. 또한 바울은 그 같은 연회에 참석하는 것은 "우상 숭배"라고 지적했다(「고린도전서」 8장 1~13절, 10장 14~22절). 이에 비해 시장에서 파는 고기에 대해서는 이방 신에게 제물로 바쳐졌던 고기인지 아닌지 "묻지 말고" 사서 먹어도 좋다고 허용했다(10장 23~26절). 더 나아가 바울은 신자들에게 비기독교인이 저녁 식사에 초대하면

이를 수락하고, 집주인이 고기를 대접하며 그 고기가 이방 신에게 바쳐진 제물이었다고 분명히 밝히지 않는 한 식탁에 올라온 음식에 대해 "묻지 말고(10장 27절)" 먹을 것을 권했다. 하지만 집주인이 그 고기가 이방 신에게 바친 제물이었다고 말한다면, 그때는 그 음식을 먹어서는 안 된다고 했다(10장 28절).

고린도 교회에 보낸 바울의 권면만 봐도 과거 이교도였다가 기독교로 회심한 신자들이 이교도 가족의 일원으로서 그리고 더 크게는 그들이 속한 사회 구성원으로서 관계를 원만하게 유지하는 일이 얼마나 복잡했을지 짐작할 수 있다. 바울이 「고린도전서」에서 그 문제의 결론을 내리며 요약한 글을 보면 종교적 신념을 지키면서 사회적 갈등도 피하고 싶은 소망이 결합되어 있다. "그런즉 너희가 먹든지 마시든지 무엇을 하든지 다 하나님의 영광을 위하여 하라(「고린도전서」 10장 31절)."

현재 논의와 관련해 2세기 말의 기독교 문헌으로 알려진 「디오그네투스에게 보내는 서신」을 다시 살펴보자. 이 서신은 초기 기독교인들이 사회적·문화적 맥락 속에서 어엿한 일원이 되길 원했고 또 인정받길 바랐던 동시에 그들만의 고유한 신념을 표방하며 고수했다는 사실을 증명하는 또 다른 증거물이다. 이 서신은 세 가지 질문을 다루고 있다. 기독교인들이 믿고 섬기는 신은 어떤 신인가? 기독교 신자들이 서로를 향해 품고 있는 강력한 애정의 본질은 무엇인가? 어째서 "이 새로운 종족"과 새로운 생활 방식이 더 일찍 등장하지 않고 이제야 세상에 등장했는가?

첫 번째 질문을 다루면서 저자는 기독교인들이 전통적인 신들을 숭배하지 않는 행위를 옹호하면서 조롱하는 어투로 이방인들이 섬기는 신들은 그저 돌이나 나무, 청동 등의 재료로 만든 물건에 지나지 않는다고 폄하했다(2장 1~10절). 그런 뒤에 저자는 유대교의 관행과 기독교의 관행을 구분하며, 유대인들이 잘못된 가르침을 받아 하나님께 제사를 드리며(3장 1~4절) 음식, 안식일, 할례, 금식, 절기에 따른 규례(4장 1~6절)를 지키고 있는 것으로 묘사했고, 이를 모두 어리석은 관습이라고 규정했다. 저자는 종교적 신념과 관행에 대한 기독교의 남다른 입장을 선언하는 데 조금도 주저함이 없었다.

현재 우리가 논의하는 주제와 관련이 깊은 부분에서 저자는 기독교인들을 묘사하면서 "나라, 언어, 관습으로는 다른 사람들과 구별되지 않는다"라고 설명했다(5장 1절). 기독교인들은 "의복과 음식을 비롯해 여러 생활 양식에서 해당 지역의 관습"을 따르면서도 "그들만의 천국시민권이 지닌 (다들 인정하듯) 독특하고도 놀라운 특징을 보여주었다(5장 4절)." 또한 기독교인들은 "시민으로서 모든 일에 참여하지만" 동시에 "외국인으로서 모든 일을 감내해야" 한다고 불평했다(5장 5절). 나아가 기독교인들은 "다른 사람들처럼 결혼하고 자녀를 낳지만 영아를 유기하는 일은 하지 않는다(5장 6절)"라고 기술한 대목에서 우리는 영아 유기에 대한 기독교인의 반감을 다시 확인한다. 또한 저자는 기독교인들이 난교를 즐긴다는 소문을 확실히 반박하면서 인상적인 진술을 남겼다. "기독교인들이 공유하는 것은 음식이지 아내가 아니다(5장 7절)."

이어서 저자는 기독교인이 지상에서 살아가는 것은 분명하지만 "그들의 시민권은 하늘에 있다"라고 단언했다. 한 나라의 시민권자이지만 고국을 떠나 외국에 살고 있는 사람에 빗대어 기독교인을 설명한 것이다. 저자에 따르면 기독교인은 그들이 살아가는 나라의 법을 준수한다. 뿐만 아니라 기독교인들은 세상의 법을 넘어서는 삶을 살고 있다고 저자는 주장했다(5장 9~10절). 이는 기독교인들이 세상의 법이 요구하는 기준보다 더 높은 기준에 따라 살고 있음을 의미한다. 기독교인은 비록 모욕을 당하고, 비방과 욕설을 듣더라도 모욕하는 자를 존중하며 복을 빌어주었다(5장 14~15절). 부당하게 처벌을 받을 때도 "마치 다시 태어난 것처럼 기뻐했다(5장 15절)"라고 기록했는데 아마도 이는 믿음을 지키기 위해 순교한 기독교인들을 암시하는 말일 것이다.

이어서 저자는 장문의 비유를 통해 기독교인이 이 세상과 맺은 관계를 "영혼과 육신의 관계"에 비유했다(6장 1~10절). 기독교인들은 "세계 곳곳의 도시에" 흩어져 이 세상에 살고 있지만 그들은 "세상에 속하지 않았다." 비록 미움을 받고 부당한 일을 당하지만 "기독교인들은 자신들을 미워하는 자들을 사랑했다." 이를테면 음식과 술을 끊고 금식할 때 영혼이 더 강해지는 것처럼 "기독교인들은 핍박을 받을수록 날마다 그 수가 늘어난다"라고 주장했다. 이처럼 수가 늘어난다는 주장은 7장 8절에도 등장한다.

저자는 이어서 종교적 신념의 문제로 돌아와 기독교 복음의 기본 가르침을 제시했다. 그는 만물을 창조하신 참되신 하나님이 자신의 아들을 "인간의 모습으로 인간들에게" 보내 "강요가 아닌 설득으로" 사람들을 구원했다고 선언했다(7장 4절). 하나님의 모습 그리고 인간의 죄를 대속하려는 하나님의 계획이 하나님의 "사랑하는 자녀" 안에서 온전히 드러났다(8장 1~11절). 하나님의 아들은 "우리를 대신할 속전"이 되었으며, 이는 "하나님의 아들 안에서만" 죄인이 하나님과 관계를 회복할 수 있기 때문이었다(8장 4~5절). 하나님이 인류에게 보여준 사랑을 생각하면 그 보답으로 하나님을 사랑하고, 하나님을 따라 이웃을 사랑하고, 그들의 짐을 나눠 지고, 살림이 궁핍한 자에게 은혜를 베풀고, 필요를 채워주는 것 외에 달리 어떤 반응을 보일 수 있겠는가, 하고 저자는 반문했다(10장 1~6절). 하나님의 사랑을 이해한 사람이라면 기독교인을 조롱하는 대신 믿음을 지키려고 고난받는 사람들을 칭송하고, "세상의 속임수와 잘못을 규탄할 것"이라고 저자는 주장했다(10장 7절).

이 문서는 '디오그네투스 각하'에게 보낸 편지로서 각하라는 표현으로 보아 해당 인물이 관료임을 알 수 있지만, 그가 실존 인물인지 가공 혹은 상상의 인물인지는 분명치 않다. 어쨌든 이 글은 외부인들에게 기독교를 설명하고 옹호하는 글이다. 이 문서의 사본은 기독교인들 사이에서도 유포되어 읽힌 게 분명하다. 종교적 동기가 무엇이든 간에 이러한 '변증서'는 과거에도 그랬고 지금도 내부에 있는 추종자들의 신념을 강화하려는 전제로 집필하는 경우가 많다. 이 서신에서 디오그네투스라는 사람에게 언급한 기독교 신념과 행동 양식에 대한 주장은 당시 여러 기독교 공동체 안에서 촉구하고 옹호하던 내용이 그대로 반영되었을 가능성이 높다. 따라서 이 문헌은 기독교인들이 자신들의 독특한 신념과 행동 양식을 유지하면서 동시에 각자 자신들이 처한 문화적 환경에 긍정적인 영향을 미치려고 노력했음을 보여준다.

올바른 윤리를 요구하는 '종교'

2장에서 나는 로마 시대의 이른바 종교와 철학이 지녔던 전형적인 특징들을 근거로 초기 기독교를 평가한다면 종교보다는 철학에 더 가까워 보인다고 지적한 바 있다. 덧붙여 그럼에도 초기 기독교를 규정할 때 그 성격은 확실히 다르지만 '종교' 운동으로 지칭하는 것이 타당한 이유에 대해서도 설명했다. 우리가 이번 장에서 다루고 있듯이, 기독교가 다른 종교와 차이를 보이는 한 가지 특징은 일상생활의 구체적인 지침을 주고 올바른 행동을 강조했다는 것이다. 로마 시대의 '종교'라고 하면 흔히 신전과 제단, 사당에서 거행되는 제사와 제의적 활동, 그리고 특정한 축일을 준수하는 등의 책무가 대부분이었다. 로마 시대의 종교는 우리가 말하는 '윤리'라든가 '행동 규범', 간단하게 말해 신자들의 '행동'이나 '행실'에 대해서는 별로 다루지 않았다.

초기 기독교인들의 종교와 신자들의 행실이 여느 종교와 달리 밀접하게 결속되어 있음을 확인하려면 현존하는 가장 오래된 문서부터 시작해 초기 기독교 문헌에서 개인의 행동 규범에 관한 글이 얼마나 많은 지면을 차지하는지 살펴보면 된다. 일례로 여러 바울 서신에는 이 점이 분명히 드러난다. 각 서신 가운데 핵심 부분, 어쩌면 거의 대부분의 내용이 기독교인의 행실에 대한 가르침과 권면으로 채워져 있다. 물론 이런 권면들은 일반적으로 신학적 신념과 확신에 굳건히 뿌리내리고 있다. 그리고 초기 기독교 문헌에 나오는 이 신학적 근거들은 당시의 대다수 철학 문헌들과 비교해 남다른 특징이 있었다. 무소니우스 루푸스나 그의 제자인 에픽테토스처럼 예외적인 경우도 있지만, 당시의 철학자들이 옹호했던 행동은 그 동기를 살펴보면 주로 절제의 미덕과 사회적 체면 정도였다.

신학적 이론에 근거한 올바른 행실을 강조한 문헌으로 바울의 서신 중 하나인 「데살로니가전서」를 살펴보자. 바울은 데살로니가 신자들이 복음을 열성적으로 받아들인 일을 칭찬하는 말로 글을 시작했다(1장 1~10절). 그리고 데살로니가 사람들과 다른 이방인들에게 복음을 전하는 과정에서 자신이 했던 일들을 열거했다(2장 1~16절). 이어서 그는 데살로니가 신자들을 직접 다시 만나기를 몹시 바랐으나 뜻을 이루지 못하게 된 사연을 설명했다(2장 17절~3장 13절). 이 후에 바울은 신자들에게 "어떻게 행하며 하나님을 기쁘시게 할 수 있는지" 그 방법에 대해 권면의 말을 건넸는데 우선 "주 예수 안에서 너희에게 구하고 권면하노니"의 말을 상기시키며 그가 데살로니가 교회를 세웠을 때 전했던 가르침을 언급했다(4장 1~2절).

바울은 편지를 쓰며 이 부분에서 데살로니가 신자들에게 하나님이 바라는 것은 '거룩함(또는 성화, 그리스어로 하기아스모스hagiasmos)'이라는 사실을 상기시켰다. 여기서 거룩함이란 특히 '음행(또는 음란, 그리스어로 포르네이아porneia)을 버릴 것'을 의미하는데, 신자들(특히 남성들)에게 그들의 색욕을 "거룩함과 존귀함"으로 다스리며 "하나님을 모르는 이방인과 같이" 행동하지 말라고 권면한 것이다(4장 4~5절). 여기서 바울의 관심사는 색욕을 끊고 금욕 생활을 하라는 것이 아니라 그가 '음행'이라고 딱지를 붙인 행위를 중단하라는 데 있다. 음행은 불법적인 성행위를 지칭하는 것으로 보인다. 「고린도전서」에서도 이러한 관심사를 다룬 대목이 있는데, 이 부분에 대해서도 곧 다룰 생각이다. 「데살로니가전서」에서 바울은 구체적으로 (남성) 신자들에게 간음(즉, 다른 남자의 배우자와 맺는 성교)을 피하라고 권면한다. 여기서 바울은 간음을 형제를 해하는 행위로 지칭하며(4장 6절), 이 말씀을 지키지 않는 자는 하나님을 저버리는 것이라고 했다(4장 7~8절).

이교도의 그리스어 문헌에서는 '포르네이아'가 여성이 몸을 파는 행위인 매춘을 의미한다는 사실이 흥미롭다. 반면에 이 단어의 용법에 대한 최근 연구 결과가 보여주듯 유대교 문헌과 기독교 문헌에서 포르네이아는 '넓은 의미의 혼외정사'를 의미했고 이는 로마 시대 문화에서는 대체로 너그럽게 용납되었던 행위다. 구체적으로는 매춘부나 정부, 노예와 맺는 성적 관계를 포함하는 말이며, 매춘부들은 다수 또는 대다수가 노예이기도 했다. 「데살로니가전서」와 그 외에 다른 문헌에서 바울은 넓은 의미로 이 단어를 쓴다. 따라서 포르네이아는 '간통(유부녀와 맺는 성적 관계)'을 비롯해 다른 옳지 않은 성행위 역시 포함하는 말이었다.

물론 바울의 권면에 드러나는 남성 우월주의 논조가 오늘날 양성평등을 주장하는 독자들에게는 다소 당혹스럽게 들릴 것이다. 예를 들어 바울이 형제의 아내와 동침함으로써 공동체 형제에게 잘못을 저질러서는 안 된다고 남성을 향해 권면한 교훈(「데살로니가전서」 4장 6절)을 살펴보자. 이 구절은 분명 간통이 남편의 권리를 침해하는 행위라는 고대인의 생각을 그대로 반영하고 있다. 마찬가지로 바울이 "각각 거룩함과 존귀함으로 자기의 아내 대할 줄을 알고(4장 4절)"라고 훈계할 때 한 남자의 아내를 가리키는 비유적인 말로 그릇, 가정용품, 도구 따위를 뜻하는 '스케우오스skeuos'라는 그리스어 단어를 사용한 것도 현대인에게는 기이하게 들릴 것이다. 이런 남성 중심적 표현에 대해 현대인이 느끼는 당혹감은 새 개역표준역본(NRSV)이 4절을 어떻게 번역했는지만 봐도 짐작할 수 있다. 이 번역본은 4절을 "각각 '자신의 몸인' 아내를 거룩함과 존귀함으로 대할 줄 알"라고 번역했고(여러 한글 번역본은 대체로 '아내'라고 옮김 - 옮긴이), 4장 6절의 말은 "분수를 넘어서 형제를 '혹은 자매'를 해하지 말라"라고 번역했다(여러 한글 번역본은 대체로 '자매'를 따로 언급하지 않는다 - 옮긴이).

바울의 남성 중심적인 표현은 아마도 의도적일 것이며, 특히 그가 처했던 맥락에서는 무리가 없는 말이었을 것이다. 이 편지의 배경인 로마 사회에서는 성적인 문제에 대해 이중 잣대가 적용되었다. 아내에게는 보통 결혼 생활 중에 정조를 지킬 것을 엄격히 요구한 반면 남편들은 상당히 자유로웠다. 남자들은 특히 사회적으로 지위나 명망이 보잘것없다고 여겨지는 여성과 거리낌 없이 성관계를 맺곤 했다. 유부녀나 자유민 출신의 처녀와 성관계를 맺는 일은 용인하지 않았지만 그 외의 성행위에 대해서는 구애받지 않았고 심지어 장려하기도 했다. 애첩 및 창녀와의 성관계, 특히 노예 소년과의 성관계가 이에 해당한다. 자주 인용되는 기원전 4세기 그리스의 수사학자 데모스테네스Demosthenes의 진술에서는 후대의 세태가 드러나는데, 남자들의 성생활에 대한 관대한 시선은 여전하다. "우리(남자들)에게는 쾌락을 제공할 헤테라이(heterai, 정부)가 있고, 일상적으로 보살핌(성적 행위를 돌려서 말함)을 받을 수 있는 여종들이 있고, 적법한 자녀를 낳고 가정을 지킬 아내가 있다." 로마 사회의 윤리적 통념에 따르면 결혼한 여인의 성행위는 심각한 사건이 되었지만, 남자들의 성행위는 미혼이나 기혼 할 것 없이 너그럽게 용인되었다.

바울의 남성 중심적인 권고의 글은, 기독교 신자인 남편들에게 로마 사회의 통념과는 아주 다른 기준을 제시하려는 의도로 작성되었을 가능성이 높다. 이는 당시의 문화에서 여성, 특히 아내들에게 요구되는 "거룩함과 존귀함"의 기준을 남성에게도 동일하게 적용해 당시의 지배적인 '이중 잣대'에 도전하는 행위였다. 기본적으로 「데살로니가전서」에서 바울은 남편들에게 성관계의 대상을 아내로 한정하고 아내를 명예롭게 대할 것을 요구했다. 이는 다른 여자들과 성행위를 즐기면서 아내는 그저 자녀를 생산하는 도구로 이용하지 말라는 권면이거나 그런 뜻을 포함하는 말이다. 여기서 "거룩함과 존귀함"으로 번역된 그리스어는 신을 섬기려는 용도로 따로 준비된, 이를테면 제단이나 제의 용구 같은 신물神物이라든가 사제를 수식하는 용어다. 바울은 특히 기독교인 남자들에게 그들의 성생활에서 거룩함을 실천할 것을 요구한 것이다. 이는 성행위를 멀리하라는 것이 아니라 그들이 하나님께 순종하고 있으며 하나님을 섬기도록 선택받은 사람들답게 성생활을 영위하라는 것이다.

기독교 신자의 성생활 양식을 간략히 다룬 뒤 바울은 다른 문제에 대해서도 권면했다. 그는 교인들 간에 서로 형제처럼 사랑할 것(형제애, 그리스어로 필라델피아philadelphia)을 말하면서 데살로니가 신자들이 이미 이 가르침을 모범적으로 실천하고 있음을 칭찬했다(4장 9~10절). 그런 뒤 바울은 그들에게 이렇게 권면했다. "또 너희에게 명한 것 같이 조용히 자기 일을 하고 너희 손으로 일하기를 힘쓰라. 이는 외인에 대하여 단정히 행하고 또한 아무 궁핍함이 없게 하려 함이라(4장 11~12절)."

이어서 바울은 자신이 데살로니가에 교회를 세우고 처음 사역했을 때 설교했던 내용들을 재차 확인한다. 여기서 바울이 문제 삼는 행위들(이를테면 불륜이나 교인들 간의 갈등)을 일으키는 신자들이 실제로 많았는지, 혹은 일부였는지 아니면 그저 기독교인들이 '내집단' 안에서 마땅히 취해야 할 올바른 행동을 가르치려는 의도였는지 그것은 분명치 않다. 어쨌든 기독교의 독특한 집단 정체성을 강화할 목적으로 바울이 이 편지를 쓴 것은 분명하다. 바울은 서신에서 '우리와 저희'로 구분해 기독교 신자들이 마땅히 따라야 할 행동 규범은 불신자들의 그것과는 차이가 있음을 강조한다.

그러고 나서 바울은 곧바로 예수의 재림(4장 13절~5장 11절)과 관련해서 제기된 문제들에 대해 답한다. 구체적으로는 '이미 죽은 자들'의 운명, 아마도 같은 신자들인데 예수가 하늘에서 재림(그리스어로 파루시아parousia)하기를 기다리다가 죽은 자들에 대한 걱정이었을 것이다. 바울은 이 같은 우려를 먼저 다루며 데살로니가 신자들에게 죽은 기독교인들이 버림받는 일은 없을 것이라고 단언했다(4장 13~18절). 바울은 예수가 재림하면 그때 살아 있는 자들과 함께 죽었던 자들도 "항상 주와 함께 있으리라"라고 답했다. 그리고 데살로니가 신자들에게 "이러한 말로 서로 위로하라"라고 촉구했다. 여기서도 바울의 목적은 그저 교리를 명쾌하게 설명하는 데 그치지 않는다. 바울은 자신이 제시했던 특별한 소망을 신자들이 굳게 믿고 서로 격려하도록 당부하면서 신자들이 공동체 안에서 취해야 할 올바른 행동을 강화하고자 했다.

기독교 신자들의 행실에 대한 우려는 그 다음 문단에서 더 분명하게 드러난다. 예수가 재림하는 시기에 대한 질문(5장 1~11절)을 다루는데, 바울은 구체적인 시기에 대해서는 쓸 것이 없다고 일축했다. 바울은 "주의 날이 밤에 도둑같이 이를 줄" 알라고 선언했는데, 사전에 아무런 공지도 없을 것이고 그 날을 계산할 방법도 없다는 것이었다. 따라서 신자라면 언제 예수가 재림할지 걱정할 것이 아니라, 그 같은 일이 반드시 일어날 줄로 알고 '취한' 혹은 '잠들어' 있지 말고 오직 깨어 있어야 한다고 권면했다. 예수의 재림이 가져올 결과가 어떠할지 인식한 사람들답게 처신해야 한다는 것이다. 바울은 군사 용어를 비유로 써서 "믿음과 사랑의 호심경을 붙이고 구원의 소망의 투구를 쓰자"라고 촉구했고, 신자들이 서로 격려하고 피차 "덕을 세우기를" 요구했다.

연이은 구절(5장 12~28절)에서 바울은 "너희 가운데서 수고하고 주 안에서 너희를 다스리며 권하는 자들"을 귀히 여기며, 서로 화목하고, 서로 돕고, 악으로 악을 갚지 말고, 기뻐하고, 기도하고, 범사에 감사하고, 선지자들의 예언을 신중하게 헤아릴 것을 촉구했다. 바울은 편지 말미에 데살로니가 신자들을 위해 하나님이 "너희를 온전히 거룩하게 하시"기를 기도한다고 밝혔다. 이어서 자기 자신을 위해 기도해줄 것을 부탁하고, "거룩하게 입맞춤"으로 형제에게 문안할 것이며 이 편지를 전체 교인에게 들려줄 것을 지시하며 편지를 끝맺었다.

「데살로니가전서」 외에도 바울의 다른 편지들과 다른 초기 기독교 문헌들을 조사하면 기독교를 믿은 후에 신자들이 마땅히 취해야 할 행동이 어떠해야 할지 강조하는 부분을 쉽게 찾을 수 있다. 특정한 문제들이 발생했을 때 이에 대응해서 작성된 문서가 많아 세부적으로는 저자들이 권면하는 신자들의 행동 규범에 조금씩 차이가 있다. 하지만 저자들이 기독교 신자들에게 촉구한 행동에는 일관된 양식이 있으며, 기독교인이 된다는 것은 신자에게 요구되는 특정한 행동에 공동으로 헌신해야 한다는 견해가 반영되어 있다.

「고린도전서」에 나타난 성과 결혼

　다른 문제를 다루기 전에 성과 결혼이라는 주제를 마저 살펴보자. 이 문제가 초기 기독교 문헌에서 상당한 지면을 차지하고 있기 때문이다. 바울이 「데살로니가전서」에서 포르네이아에 반대하며 성관계에서 '거룩함'을 촉구한 글을 앞서 살펴봤는데, 비슷한 문제를 다룬 「고린도전서」의 몇몇 구절을 살펴보자. 이 편지는 고린도 신자들이 보내온 편지에 대한 답신이었다. 고린도 신자들은 여러 가지 문제를 바울에게 문의했는데 그 문제를 여기서 전부 다루지는 않고, 남녀 관계 및 부부의 성생활과 관련한 고린도 교회의 질문에 바울이 어떤 의견을 표명했는지를 주로 살펴보고자 한다. 다만 「고린도전서」에 나오는 바울의 답변들은 성과 결혼이라는 주제에 대한 총론으로 보기는 어렵다. 바울은 자신에게 제기된 특정한 상황에 초점을 맞춰 문제를 다루고 있기 때문이다. 그럼에도 기독교라는 종교가 등장한 초창기에 바울이 그가 세운 교회에서 신자들에게 이 문제와 관련해 촉구한 행동이 무엇이었는지를 보여주는 사례라는 점에서 바울의 답변은 주목할 가치가 있다.

　「고린도전서」에서 성행위와 관련한 문제는 5장 1~13절에 처음으로 언급된다. 이 경우에 문제가 되는 행위를 가리켜 바울은 포르네이아라 지칭했는데, 그의 말에 따르면 심지어 이방인 사이에서도 용납받지 못할 행위였다. 고린도 교회의 한 신자가 "아버지의 아내"를 취한 것이다(5장 1~2절). 근친상간을 금지하는 일부 구약성경 본문을 연상시키는 흥미로운 표현(어머니라고 하지 않은 점에서)인데, 아마도 문제를 일으킨 여자가 남자의 계모라는 뜻일 것이다. 그렇다면 이 여자는 아버지보다 훨씬 젊었을 테고, 문제를 일으킨 남자와 나이가 엇비슷해서 성적으로 유혹을 느꼈을 가능성이 높다. 어쨌든 바울은 나머지 신자들이 혹은 적어도 상당수의 신자들이 이런 사태를 용인한 것으로 묘사했다. 이에 바울은 고린도 신자들에게 교회가 나서서 "이런 자를 사탄에게 내어주었으니 이는 육신은 멸하고 영은 주 예수의 날에 구원을 받게 하려 함이라(5절)"라고 지시했다. 이 구절이 의미하는 여러 가지 사안을 자세히 다루고, 바울이 해당 성관계를 특히 정죄한 이유를 모두 다루기에는 지면이 허락지 않는다. 여기서 내가 전하고자 하는 요지는 바울이 이 문제를 다룸으로써 교회의 구성원으로서 마땅히 준수해야 할 '도덕적' 행동 규범, 이 경우에는 신자들의 적절한 성관계를 규정했다는 점이다. 기독교 신자라면 특정 기준에 따라 살아야 하고, 이 기준을 위배한 신자들은 교회가 나서서 제재하도록 했다.

이후 「고린도전서」 6장 9~20절에서 바울은 하나님의 나라를 "유업으로 받지 못할" 행위에 관해 경고하고 나서 다시 '음행' 문제를 언급한다. 주석자들에 따르면 이 문제는 고린도 교회가 직면해 있던 여러 가지 골치 아픈 문제들 중 하나였는데, 바로 '기독교인이 창녀와 관계를 맺어도 괜찮은가?' 하는 문제였다. 이미 언급했듯이 창녀와 성관계를 맺는 것은 당시 로마인들의 통념에는 아무 문제도 되지 않는 일이었고, 고린도 신자들 중에도 그러한 성관계가 교회의 구성원이라는 새 신분과 상충되지 않는다고 여겼던 이들이 있었던 모양이다. 이교도의 삶을 아직 벗어던지지 못했기 때문이었을까, 아니면 창녀와의 성관계가 기독교 신앙과 양립할 수 있는 논리적 근거를 찾았던 것일까? 이를테면 그들이 육체로 무슨 짓을 저질러도 내면의, 참된 영적 거룩함은 영향받지 않는다고 생각했을지도 모른다.

어쨌든 이 대목에서 바울은 창녀와의 성관계를 찬성하는 신자들이 주창하는 근거를 인용했다. "모든 것이 내게 가하나(12절)"라든지 "음식은 배를 위하여 있고 배는 음식을 위하여 있으나(13절)" 같은 주장이 그렇다. 새 개역표준역본 같은 현대 번역본들은 이런 주장들이 바울 자신의 진술이 아니라 고린도 교회 일부 신자들이 제기한 주장임을 지적하기 위해 인용 부호를 쓴다. 이런 진술들이 바울의 견해가 아니라 바울이 교정하려고 했던 사람들의 주장으로 봐야 하는 주된 이유는 각 구절에서 바울이 이런 주장을 언급하고 나서 해당 주장에 대해 곧바로 이의를 제기하기 때문이다. 그러니까 6장 12절에서 바울은 "모든 것이 내게 가하나"라는 주장에 대해 "다 유익한 것이 아니요"라고 반박했고, 또 그들의 주장을 다시 언급하고 나서 "내가 무엇에든지 얽매이지 아니하리라"라고 주장했다. 6장 13절에서는 "음식을 배를 위하여 있고"라는 주장을 인용한 뒤에 다음과 같이 대응했다. "몸은 음란을 위하여 있지 않고 오직 주를 위하여 있으며 주는 몸을 위하여 계시느니라."

사실 「고린도전서」 6장 12~20절 전반에 걸쳐 바울은 신자들의 '몸'이, 이를테면 믿음을 실천하며 살아가기 위해 머무는 중요한 장소라고 강조했다. "너희 몸이 그리스도의 지체"라고 바울은 선언했고 따라서 신자들은 불법적인 성 관계, 이를테면 창녀와 관계를 맺어서는 안 되었다(15절). 바울은 여기서 놀랍게도 「창세기」의 창조 이야기에서 한 구절―보통 결혼을 통해 이루어진 '육체적' 결합을 가리키는 것으로 보이는 "둘이 한 육체가 된다 하셨나니(16절)"―을 예로 들어 창녀와의 성관계에 적용했다! 바울은 이처럼 가벼운 성관계도 육체적 결합으로 보았다. 정확히 이런 이유로 포르네이아는 심각한 문제가 되는 것이다. 이어서 바울은 신자들에게 음행이라는 죄의 육체적 성격을 강조하며(18절) 신자들의 육체가 각각 "하나님께로부터 받은 바 너희 가운데 계신 성령의 전"이라고 선언했다. 그러고 나서 바울은 다음과 같이 권고하며 글을 맺었다. "너희는 너희 자신의 것이 아니라. 값으로 산 것이 되었으니(예수의 대속적 죽음을 의미) 그런즉 너희 '몸으로' 하나님께 영광을 돌리라(19~20절)."

앞서 지적했듯이 로마 사회에서 포르네이아는 창녀들이 하던 행위인 매춘을 가리킬 때 사용하던 용어였다. 반면에 바울이 사용한 포르네이아는 고대 유대교와 이후 기독교의 용법을 반영하며, 고대 로마 사회에서 일반적으로 용인되었던 것으로 보이는 창녀, 애첩, 노예와의 성관계를 비롯해 '남자'들이 맺는 다양한 성행위를 가리켰다. 바울은 이런 행위들을 통틀어 포르네이아로 지칭함으로써 그것들이 죄악이며 신자들이 해서는 안 될 짓이라는 딱지를 붙인 것이다. 당시의 사회적 통념에 정면으로 배치되는 입장을 표명한 것이다. 특히 남자 성도들이 마땅히 지켜야 할 성적 규범을 이방의 그것과 확실하게 구별하려 했다.

바울이 성생활을 금지한 것은 아니었다. 그는 「고린도전서」 6장에서 신자들의 성행위와 관련해 사회적 통념과 다른 새로운 근거를 제시하고, 신자들에게 적절한 성행위가 무엇인지 가르쳤다. 「데살로니가전서」에서 바울은 신자들이 하나님께 책임질 수 있는 태도로 성 문제를 대할 것을 주장했다. 「고린도전서」 6장에서 바울은 성육신하신 그리스도의 육체가 부활했음을 강조하며, 이와 같이 다시 살아날 신자들이 몸을 입고서 혹은 몸을 가지고 저지르는 행위가 그만큼 중요하다고 주장했다. 「고린도전서」 15장에서 바울은 그리스도께서 부활한 첫 사람으로 본보기를 보였고 미래에 신자들도 이를 따라 부활할 것이며, 신자들에게는 이것이 최고의 소망이라는 점을 분명히 지적했다. 따라서 바울에게 신자들이 미래에 부활한다는 것은 필멸의 육신이 영광스러운 불멸의 존재로 변신하는 것을 의미했다. 이는 단순히 '영적인' 존재가 되는 것이 아니라 몸의 부활을 의미했다.

바울의 관점에서는 신자들이 필멸의 육신을 입고 무슨 일을 행하든지 그 행위는 의미가 있고, 정확히 그런 이유로 육체 활동인 성행위는 중요한 문제였다. 로마 사회는 물론 일부 고린도 신자들 사이에서도 바울이 포르네이아로 지칭하는 다양한 성행위가 이제껏 용인되었을지 몰라도 신자라면 절대로 해서는 안 되는 행위라는 것이다.

「고린도전서」 7장에서 바울은 결혼 문제를 다루는데, 이에 대한 그의 답변은 무척 흥미롭다. 이 대목에서도 앞서와 같이 일부 신자들이 주장하는 바를 먼저 인용하고 나서 자신의 입장을 전개한다는 것이 학계의 통설이다. 고린도 교회의 일부 신자들은 "남자가 여자를 (성적으로) 가까이 아니함이 좋으나(7장 1절)"라고 말하며 금욕을 주창했다. 6장 12~13절에서 신도들의 잘못된 주장을 인용하고 바로 반박했듯이 바울은 7장 2~5절에서 곧바로 이 주장에 반대되는 견해를 제시했다. 위와 같은 주장 때문에 고린도 교회 신자들 사이에는 기혼자임에도 심지어 상대가 배우자라 해도 성관계를 삼가야 한다고 생각하는 이들이 있어서 바울은 이를 바로잡으려 했던 것 같다. 그러니까 고린도 교회에는 상반되는 두 가지 견해가 존재한 것으로 보인다. 6장 12~20절에서 바울은 창녀와의 성관계를 용인할 수 있다고 보는 신자들의 견해를 바로잡았으며, 7장 1~40절에서는 부부간 성생활에서도 금욕주의를 주창하는 사람들의 견해를 바로잡는다.

7장 1~5절에서 바울은 먼저 부부간의 성관계를 긍정함으로써 해당 주장을 반박하는데, 그의 답변을 구체적으로 살펴보는 것이 좋겠다. 첫째, 바울은 여러 가지 음행이 성행하고 있으므로 결혼이나 부부간 성관계가 그 유혹을 물리치는 데 도움이 된다고 설명한다. 여기서 바울은 음행을 통칭할 때 복수형으로 '포르네이아스porneias'라고 칭했다. 이는 비단 바울만의 생각이 아니었다. 다른 고대 문헌, 특히 유대교 문헌에도 부부간 성관계가 불법적 성관계의 유혹을 물리치는 데 도움이 된다는 견해가 나타난다(「잠언」 5장 15~23절, 「토비트」 4장 12절). 이런 문헌들을 구체적으로 살펴보면 오직 남성의 올바른 성생활에 대해서만 권면한다. 하지만 「고린도전서」 7장 2절에서 바울은 결혼이 '남편은 물론 아내에게도' 불법적 성관계의 유혹을 물리치는 데 도움이 된다고 암시한다. "남자마다 자기 아내를 두고 '여자마다 자기 남편을 두라.'" 이어서 바울은 남편과 아내가 각자 배우자의 권리를 존중할 것을 권면했다(3절). 그리고 남편이 성적인 의미에서 아내의 몸에 대해 주장할 수 있는 정당한 권리를 가지는 것처럼 아내도 남편에 대해 정당한 성적 권리를 지닌다고 선언했다(4절).

더 나아가 바울은 배우자의 권리를 "분방分房하지 말라"라고 권고했다(5절). 일방적으로 부부간 성관계를 삼가서는 안 된다는 의미다. 바울이 쓴 '분방하다(아포스테레오apostereō, 영어로 deprive)'라는 단어는 일반적으로는 어떤 사람의 물건을 훔치거나 속여서 빼앗는 행위를 지칭하는 강력한 표현이다(「고린도전서」 6장 7절, 「마가복음」 10장 19절). 바울은 또 이어서 부부간 성관계를 삼가는 행위는 오직 상호 합의하에 제한적인 기간 동안만, 이를테면 서로 기도에 전념하는 기간에만 허용되어야 한다고 주장했다. 그 기간이 지나고 나면 부부간에 다시 합하여 정기적으로 성관계를 맺어야 하고, 그러지 않으면 불법적 성관계의 유혹에 빠질 위험이 있다고 지적했다.

특히 이 구절들에서 눈여겨볼 대목은 바울이 부부간 성관계를 강하게 긍정하고, 고린도 교회의 일부 신자들이 보이는 금욕적 태도를 배격했다는 사실이다. 또 바울은 결혼으로 (남성뿐 아니라) 부부가 '동등하게' 성적 권리를 지니게 된다고 했고, 부부간 성관계가 다른 성관계(포르네이아스)의 유혹을 물리치는 데 도움이 된다는 사실을 인정했다. 남편뿐 아니라 아내도 서로 '동등하게' 성적 권리와 의무를 지닌다는 상호성 외에도 바울은 결혼한 신자들의 성관계 대상을 그 배우자에 한정시켰다. 복수형인 포르네이아스는 분명 배우자가 아닌 사람과의 다양한 성관계를 지칭하는 말인데 바울은 이 역시 금지했다. 포르네이아가 유대교와 초기 기독교 문헌에서 사용된 용례를 비춰볼 때, 복수형인 포르네이아스는 창녀와의 성관계뿐 아니라 이를테면 정부나 노예와의 혼외정사까지 포함할 가능성이 높다.

로마 시대에는 특히 창녀나 정부, 소년 들과의 성관계가 용인되었을 뿐 아니라 '간통—자유민 처녀나 유부녀와의 성관계—의 유혹을 물리치게 해주는 장치'로서 인정받기도 했다. 일부 고대 유대교 문헌과 더불어 바울은 다양한 성관계를 포르네이아스라고 지칭하며 정죄했으며, 여러 '혼외정사의 유혹을 물리치는 장치'로서 부부간 성관계의 장점을 강조했다. 요컨대 바울의 권면을 보면 로마 사회에서 금지하는 좁은 의미의 간통 외에도 다양한 성관계를 금지하고 있음을 알 수 있다. 이것 하나만 봐도 초기 기독교 신자들의 관습은 로마 사회의 관습과는 사뭇 달랐다.

한 아내의 남편

초기 기독교가 로마 시대에 만연했던 성관계에 대한 이중 잣대에 반대했음을 보여주는 또 다른 사례가 있다. 「디모데전서」 3장 2절을 보면 흥미롭게도 "감독(그리스어로 에피스코포스episkopos)은…… 한 아내의 남편"이어야만 한다는 요건이 제시되어 있다. 12절을 보면 '집사(그리스어로 디아코노이diakonoi)'로 섬길 사람들도 이 요건을 충족해야 했다. 주석자들에 따르면 이 표현은 고대의 도덕률, 즉 한 남자와 결혼 생활을 끝까지 유지하는 여성을 칭찬할 때 쓰던 "한 남편의 아내"라는 표현을 연상시킨다. 라틴어와 그리스어에는 실제로 그런 여인에게 적용되는 칭찬의 말이 따로 있을 정도였다. 라틴어 '우니비라univira' 혹은 그리스어 '모난드로스monandros'라는 단어는 이혼이 흔했던 남성 지배적 문화 속에서 혼인 관계를 충실히 유지하는 일이 높이 평가받고 화제가 되었음을 나타낸다. 이런 용어들은 여성의 묘비에 그 덕을 기리는 문구로 자주 등장했다. 「디모데전서」 5장 9절에는 이 표현이 직접적으로 사용되었는데, 교회의 지원을 받는 명록에 과부로 이름을 올리기 위한 그 요건 중의 하나가 "한 남편의 아내였던 자"여야 했다.

사람들이 흔히 간과하는 경우가 많은데 「디모데전서」에서 부부 사이의 정조는 여성뿐 아니라 남성에게도 요구되었다는 사실에 주목해야 한다. 적어도 교회에서 지도자로 섬기거나 본을 보여야 하는 남성이라면 부부간의 정조를 지키는 신자여야 했다. 라틴어와 그리스어에는 남성에게 적용되는 우니비라 혹은 모난드로스에 상응하는 단어가 없었는데, 이는 많은 것을 시사한다! 그 당시 문화에서 배우자에 대한 정조는 여성에게 요구되는 미덕이었던 것이다.

따라서 「디모데전서」의 저자는 이러한 미덕을 남성 지도자들에게 요구하면서 자신의 의도를 달성하기 위해 새로운 말을 고안할 수밖에 없었다. 즉, "미아스 귀나이코스 안드라(mias gynaikos andra, 한 아내(한 여인)의 남편(남자)이라는 뜻)"였다. 여기서 우리는 로마 사회에서 '고결한' 여성으로 추앙받는 이들에게 기대했던 성적 행실과 동일한 수준을 남성에게도 요구함으로써 초기 기독교가 진일보한 모습을 보여주었음을 목격한다. 부부간 신의와 정조를 지키는 문제에서 초기 기독교는 여성에게 적용되는 규칙은 남성에게도 동일하게 적용된다고 보았다.

소아 성학대

이제 좀 더 민감한 이야기를 해야겠다. 최근에는 소아 성학대 문제가 공론화되어 그 심각성을 인지하고 있으며 대중은 이를 당연히 죄악시한다. 이런 영향 때문인지 소아 성학대 문제와 관련해 고대 세계를 연구하는 것에 대한 학자들의 관심도 증가했다. 하지만 로마 시대에는 청소년이나 어린아이를 포함한 아동 성학대가 널리 용인되었다. 심지어 유베날리스, 페트로니우스, 호라티우스, 스트라토, 루키아노스, 필로스트라투스 같은 이교도 작가들은 이런 행위를 칭송하는 시를 쓰기도 했다. 그리스어에는 실제로 명사형인 파이데라스테스(paiderastēs, 소년·사내아이 성애자), 동사형인 파이데라스테오(paiderasteō, 소년·사내아이와 성관계를 가지다), 그리고 파이데라스티아(paiderastia, 소년애)처럼 소아 성학대에 관련된 어휘들이 따로 있었다. 소년들과의 성관계가 널리 용인되었음을 암시하는 이들 단어는 전혀 부정적 의미를 담지 않았고, 그저 어떤 사실을 서술하는 표현일 뿐이었다.

하지만 존 마르텐스John Martens는 중요한 연구 논문에서 초기 기독교가 이러한 관행을 비난했으며, 심지어 비난의 뜻을 담아 기독교만의 독특한 용어를 만든 것으로 보인다고 제시했다. 기독교인들은 파이도프토레오paidophthoreō라는 동사와 파이도프토로스paidophthoros라는 명사를 고안했다. 마르텐스는 이들 용어가 각각 "아이들을 성적으로 학대하다(타락시키다)"와 "아이들을 성적으로 학대한(타락시킨) 사람"이라는 의미를 띠었을 것이라고 설득력 있게 주장했다. 이런 용어들은 기독교가 '남색'을 강력히 배격했음을 보여준다. 따라서 남색을 가리켜 '아동 학대(파괴)'라는 용어를 새로 만들었고, 아이들과 성관계를 맺는 사람을 가리켜 '(성적인 의미에서) 소년을 사랑하는 자(파이데라스테스)'가 아니라 '아동을 타락시키는 자(학대하는 자·희롱하는 자·파이도프토로스)'라는 용어로 대체했다.

새로운 동사 '아동을 타락시키다(파이도프토레오)'가 등장하는 가장 이른 시기의 작품은 2세기 기독교 문헌 「디다케」와 「바나바 서신」으로, 신자들이 삼가야 할 특정 행위를 나열한 목록에서 이 용어가 등장한다. 「디다케」 2장 2절에서 살인과 간통이 먼저 언급되고, 곧바로 "아이들을 (성적으로) 타락시키지 말라(그리스어로 우 파이도프토레세이스ou paidophthorēseis)"라는 명령이 등장한다. 이어서 '성적 부도덕(우 포르네우세이스ou porneuseis)', 도둑질, 악령을 빌리는 마술과 요술, 낙태와 영아 살해(영아 유기) 등을 금지 사항으로 열거하고 나서 이 외에도 신자들이 기피해야 할 여러 죄악을 열거한다(2장 3~7절). '아동을 타락시키다'라는 뜻의 동사는 「바나바 서신」 19장 4절에서 "주의 계명"으로 소개된 금기 사항에도 등장한다. 여기서 '주'는 예수를 지칭하는 것으로 보인다. 소아 성학대는 여러 가지 형태의 성적 부도덕 및 간통과 더

불어 언급되는 세 가지 금기 사항 중의 하나였다. 이들 초기 기독교 문헌에 사용된 용어에서 아이들을 '타락시키는' 행위는 아이들을 성적으로 착취한(남용한) 것을 가리키는 게 틀림없다.

각기 독자적으로 기록된 것으로 보이는 두 문헌에 이 독특한 용어들이 동시에 등장한다는 점을 고려할 때 아마도 이들 용어는 이보다 일찍 기독교 담론에 등장했을 가능성이 높다. 이들 용어는 당시 로마 사회의 관행과 기독교의 관행을 구별하고, 기독교 신자들 사이에서 세속적 관행을 금지하려는 과정에서 만들어졌을 것이다. 또한 초기 기독교는 신자들이 따라야 할 특정한 행동 규범에 적극 헌신할 것을 촉구함으로써 그들만의 독특한 집단 정체성을 형성하려고 노력했음을 알 수 있다.

서기 2세기와 3세기 인물인 유스티누스, 타티아누스, 데오빌로, 알렉산드리아의 클레멘트, 오리게네스 등의 초기 기독교인 작가들의 글에도 소아 성학대를 비난하기 위해 만든 이 특별한 용어들이 등장한다. 이런 용어들은 이방인과 이교도의 타락상을 예시하거나 "기독교의 적대 세력이었던 그리스 로마의 문명권을 공격하는 기독교 변증에" 무기로 등장하기도 했다. 그러나 이들 용어가 등장한 가장 오래된 문헌이라고 볼 수 있는 「디다케」와 「바나바 서신」의 용례를 살펴보면, '남색'을 '아동을 (성적으로) 타락시키는 행위'로 고쳐 불러 이를 비난함과 동시에 기독교인들 사이에서 행해지는 남색을 근절하려는 것이 이들 용어를 만든 원래 목적이었다. 요컨대 이들 용어는 고대 기독교가 외부인만을 대상으로 사용한 선전 도구는 아니었다. 동시에 이들 용어는 관련 행위를 묘사하는 새로운 말을 만들어 로마 사회에서 용인되는 관행에 맞서고, 기독교 신자다운 행동 규범을 형성하려는 집단의 노력을 나타낸다.

이교도 철학자들의 목소리

앞서 간략히 언급했지만, 적어도 몇몇 문제에서는 '이교도' 인사들 역시 초기 기독교 공동체에서 제기했던 주장과 유사한 목소리를 냈다. 이들도 올바른 행실을 권고하며 그 근거로 여러 신들의 이름을 호출하기도 했다. 예를 들어 무소니우스 루푸스는 여자들이 간통을 피하고, 식탐, 만취 등의 여러 악행을 삼가야 하듯이 남자들에게도 이와 유사한 기준을 적용해야 한다고 주장했다. 실제로 그는 남성과 여성 모두 성관계는 부부간에만 해야 하고, 자녀를 낳기 위한 목적으로만 해야 한다고 주장했다. 부부간이라도 쾌락을 위해 성관계를 갖는 것은 잘못이라고 주장했는데, 이는 바울이 주장한 부부간 성관계와는 견해가 사뭇 다르다. 알렉산드리아의 클레멘트 같은 후대의 기독교 작가들은 바울보다는 무소니우스에 더 가까운 주장을 펼치기도 했다. 무소니우스는 성관계에 대해 엄격한 입장을 고수하며 남편들에게 보다 구체적으로 애첩(헤타이라hetaira)이나 그들의 여종과 성관계를 맺어서는 안 된다고 권고했다.

무소니우스가 종족 유지 외의 성관계를 배격했던 이유는 성욕과 탐닉(그리스어로 아프로디시오이aphrodisioi)이 절제력(소프로쉬네sōphrosyne)의 결핍을 증명하고, 이는 남자(남편)이 수치스럽게 여겨야 할 태도였기 때문이다. 명예와 수치를 중요하게 여겼던 로마 시대의 문화에서는 타당한 주장이었다. 무소니우스는 그러나 이런 문제에서 남편이 아내에 대해 어떤 책임을 져야 하는지에 대해 구체적으로 언급하지 않았고, 성욕을 채우는 도구로 이용되는 여종들에 대해서도 아무런 관심을 표명하지 않았다. 또 무소니우스는 올바른 행동을 권면할 때 종교적 근거를 제시하기도 했다. 일례로 그는 낙태와 영아 유기를 가리켜 "신들을 거스르는 죄악이고…… 제우스를 거스르는 죄"라고 규정했다.

내가 볼 때 초기 기독교 문서에 보이는 주장과 이교도 철학자들의 주장 간에는 몇몇 중요한 차이점이 있다. 철학자들이 권면하는 규율 역시 칭찬할 만하고, 일부 문제에서는 초기 기독교 문헌에서 권면하는 행실과 별반 다르지 않았지만 사회적 영향력에서는 기독교와 차이가 있었다. 무소니우스 같은 철학자들의 가르침은 기본적으로 일부 헌신적인 제자들을 대상으로 제시한 것이었고, 이들은 철학 스승들 밑에서 오랫동안 엄격한 훈련을 받고 그 원칙에 따라 살아가는 데 기꺼이 헌신한 사람들이었다. 무소니우스 등의 당시 철학가들이 사회 전반에 걸쳐 사람들의 행동에 변화를 주기 위해 본격적으로 힘을 썼음을 증명하는 기록은 없다. 그러므로 올바른 행동 규범을 가르치는 일에서 무소니우스라든가 로마 시대의 다른 도덕주의자들이 기독교인들에 앞서 선도적 역할을 했다고 묘사하는 것은 과장된 주장이다. 로마 시대의 성 통념과 관행을 연구하는 일부 현대 학자들의 평가에 따르면 "비관론자들인 스토아 철학자들의 발언들이 지나치게 높이 평가된 면이 있다."

이와 대조적으로 초기 기독교 문헌들을 살펴보면 기독교가 지지하는 올곧은 행동들을 공동체 차원에서 실천하고 헌신하도록 신자들을 격려하는 데 적극적으로 나섰음을 알 수 있다. 기독교 신자들이 얼마나 일관되게 이러한 행동들을 실천했는지 그 여부와는 별개로 신자들은 세례를 받는 즉시 이와 같은 규율을 준수할 의무를 부여받았다. 그러므로 여러 지역에서 발굴된 초기 기독교 문헌은 수 세기에 걸쳐 주목할 만한 일종의 사회 운동이 벌어졌음을 나타낸다. 지역을 초월해 신자들이 '공동체'를 형성하고 그들의 독특한 집단 정체성에 '부합하는' 특정한 행동들을 '공동으로' 실천하는 노력은 당시로서는 매우 낯선 일이었다. 비록 전체 인구에 비한다면 이 같은 운동을 펼친 사람들의 숫자는 작았지만, 이들이 원대한 포부를 품고 매우 진지하게 이 운동에 임했음은 기독교 문헌에 드러나 있다. 이러한 노력은 기독교 추종자들의 숫자가 증가하고 전반적으로 그들의 행동에 영향력을 미쳤다는 점에서 눈에 띄는 성공을 거뒀다고 볼 수 있다.

더 나아가 초기 기독교 신자들이 지지하는 행동에 대해 기독교 담론에서 제시한 근거도 로마의 철학가들이 제시한 근거와는 달랐다. 무소니우스 등의 철학 전통에서 지지하는 삶의 양식을 뒷받침하는 근거는 대체로 자신의 명예를 지키고, 자기 양심이나 다른 사람들의 눈에 부끄럽지 않게 살아야 한다는 개인적 차원에 머물렀다. 그러나 초기 기독교 문헌에서는 신자들이 거룩함을 드러내야 하는 근거로서 보통 하나님의 명령을 언급했다. 하나님의 부르심에 합당한 삶을 살아야 한다고 신자들에게 호소했으며, 특히 한 공동체의 형제자매로서 서로 행동을 조심하고 격려해야 할 의무가 있음을 강조했다. 이는 초기 기독교가 '집단의 기풍'을 형성하는 일에 중점을 뒀음을 나타낸다. 즉, 초기 기독교의 가르침에서는 일상적인 행동에서 하나님에 대한 종교적 책임을 다할 것을 강조했고, 올바르게 행동하며 살아가야 하는 이유로 사회적 불명예 대신에 신학적 근거를 제시했다. 기독교인이라면 사회적 체면을 걱정하기보다 하나님의 심판을 두려워하라는 것이다. 이러한 차이점은 매우 크다. 독특한 초기 기독교의 가르침이 실제로 사회에 미쳤던 영향력은 "성도덕 논리에서의 근본적인 변화"와 관련이 있다고 평가해도 무리가 없다.

더욱이 기독교인들은 신자가 된 순간부터 하나님께 성령을 선물로 받으리라는 약속과 함께 성령에 힘입어 기독교인답게 처신할 것을 요구받았다. 초기 기독교 문헌에 나오는 표현을 빌면, 하나님의 성령이 가까이 있어 새롭게 도덕적 결단을 내리고 이를 실행에 옮길 수 있게 힘을 불어넣어 주신다. 바울이 로마에 있는 성도들에게 보낸 편지(「로마서」 6장 1~23절)에서 중요한 구절을 하나 인용하자면, "죄에 대하여는 죽은 자요 그리스도 예수 안에서 하나님께 대하여는 살아 있는 자로" 여기고 더는 죄가 육신을 지배하지 못하도록 도덕적으로 철저히 헌신할 것—완전히 변화될 것—을 촉구했다(6장 11~12절). 그리고 조금 뒤에서(8장 1~17절) 바울은 이런 노력을 실행에 옮길 수 있도록 하나님의 영이 신자들에게 힘을 부여한다고 강조했다. 하나님의 영이 능력을 부여한다는 개념을 어떻게 받아들이든지 간에, 이는 신자들에게 요구되는 도덕적 규범과 그 규범을 준수하는 데 필요한 능력의 원천이 무엇인지 특징짓는 가장 오래된 기독교 담론에 속한다.

「디다케」로 알려진 2세기의 문헌을 비롯해 여러 초기 기독교 문헌에서는 하나님이 신자들에게 요구하는 행위에 대해서만 나열할 뿐이다. 이 문헌의 초반부(1장 1절~4장 14절)에는 "생명의 길"이라는 주제 아래 하나님이 당부하는 삶의 지침을 열거하고 있으며, 이 지침들은 크게 두 가지 계명 즉 하나님을 사랑하는 것과 이웃을 사랑하는 것으로 나눌 수 있다(2장 1절).

여기 열거된 권면 사항은 신자들이 준수할 종교적 의무이지만 그 내용을 살펴보면 모두 사회적 행동이나 대인 관계와 관련되어 있다. 예를 들어 신자들은 그들을 미워하는 사람까지도 사랑해야 하고, 앙갚음해서는 안 되고, 모든 이에게 관용을 베풀어야 한다. 또 살인, 간통, 남색이나 도적질을 해서는 안 되며, 마술을 행하거나 영아를 유기해서는 안 된다. 또 남의 소유를 탐하거나, 거짓 맹세를 하거나, 위증을 해서는 안 된다. 자신을 높이지 말고, 겸손한 이들과 교제하고, 분열을 일으키지 말고 동료 신자들 사이에 평화를 도모해야 한다. 부모가 자녀에게 '하나님을 경외하는 법'을 가르치고 훈육하는 법에 대해서도 지시하고 있으며, 또 주인에게는 노예를 다스리는 법을 지시한다. "너희와 마찬가지로 동일한 하나님께 소망을 두고 있는" 노예들에게 가혹한 명령을 내리지 말아야 하며, "너와 네 수하 모두를 다스리는 하나님을 경외하기를 중단하지 않도록" 주인으로서 주의해야 한다(4장 9~10절). 또 이 규율이 신자 개인이 아니라 교회 공동체를 향한 규율임을 확인할 수 있는 항목이 있는데, 일례로 신자들은 공회에서 자신의 허물을 고백해(4장 14절) 양심에 거리낌이 없는 상태에서 기도에 임하도록 했다.

    이 책의 1장에서 우리는 갈레노스가 다소 못마땅한 투로 기독교인들의 행실을 칭찬했다는 사실을 살핀 바 있다. 기독교인들 가운데 다수가 철학 교육을 받지 못한 하위 계층에 속한다고 보았기 때문이다. 갈레노스의 평가는 내가 지금 하려는 말과 일맥상통하는 대목이 있다. 초기 기독교는 물론 독특한 종교였지만 몇몇 규율은 이교도 철학과 별반 다르지 않았다. 내가 볼 때 역사적 관점에서 볼 때 가장 두드러진 차이점은 기독교가 남녀 구별 없이 또 사회 계층 구별 없이 모든 신자들에게 올바른 규범을 가르치고 촉구했다는 점이다. 그리고 이러한 노력과 자세는 기독교의 특징으로 기독교 공동체를 특별한 종교 집단으로 규정지었다. 즉, 초기 기독교는 사람들의 행동거지를 올바르게 교정하기 위해 '공동으로 노력한 특별한 집단'이었다.

어느 이교도 공동체의 종교와 도덕

    로마 시대라는 환경에서 태동한 초기 기독교, 그리고 고대 리디아 왕국 필라델피아(현재 터키의 필라델피아 네오카이사레이아)에 있었던 한 밀교 집단을 예로 들어 두 집단의 공통점과 고유한 특징을 살펴보고자 한다. 이 필라델피아 지역에서 기원전 2세기 말 혹은 1세기 초의 것으로 추정되는 흥미로운 비문이 발굴되었다. 이 비문에는 디오니시우스Dionysius라는 한 집안 어른이 꿈(환상)에서 제우스 신에게 들은 규율이 새겨져 있었다. 제우스의 지시 내용에는 이 규율을 새기라는 것 외에 몇몇 신들의 제단을 세우라는 명령도 있었다. 신들의 이름은 토착신인 아그디스티스를 제외하면 모두 낯익은 그리스 신들이었다. 신전을 주재하는 신은 제우스 에우메네스와 헤스티아였고, '고대의 관습에 부합하는' 정화 의식을 비롯해 다양한 제례 의식을 수행하도록 되어 있었다. 따라서 월 단위와 연 단위로 정해진 기간에 여러 신에게 제사를 올리도록 했다.

이 필라델피아 밀교 집단의 구성원들은 비문에 새겨진 규율의 내용을 준수할 의무가 있었으며, 몇몇 규율 내용은 초기 기독교 집단의 규율과 비교할 만하다. 비문에 적힌 규율에 따르면 구성원들은 남자나 여자나 자유민이나 노예나 모두 신들 앞에 다음과 같이 맹세해야 했다. 속임수를 쓰지 않을 것, 독약이나 사악한 주문을 쓰지 않을 것, 최음제, 피임약, 피임 기구를 사용하지 않을 것, "아이들에게 해를 끼치는 어떤 것"도 사용하지 않을 것, 그런 것들을 사용하려는 어떤 사람과도 공모하지 않을 것 등이었다. 더 나아가 자유민 남자는 자기 아내 외에 자유민이든 노예든 다른 유부녀와 성관계를 맺어서는 안 되고, "소년이나 처녀와 성관계를 맺어서도 안 된다"라고 했다.

이어서 밀교 집단 내의 자유민 여자들이 지켜야 할 규율 조항이 열거되어 있는데 남자들에 대한 조항보다 조금 더 길다. 자유민 여자는 오직 자기 남편과 성관계를 맺고 정절을 지켜야 했다. 이 규정을 어긴 아내는 부정한 몸이기 때문에 신에게 바치는 제사나 관련된 의식에 참여할 수 없었다. 규율을 어긴 여자에게 신들은 강력한 저주를 내릴 것이었다. 또한 신들은 비문에 새겨진 규율을 위배한 자를 미워하고 벌할 것이며, 규율을 준수하는 자들은 다정하고 관대하게 대할 것이었다.

흥미롭게도 초기 기독교 집단의 특징과 유사한 점들이 눈에 띈다. 필라델피아 밀교 집단은 자유민과 노예, 성인과 어린이로 구성된 한 집안 사람들이었는데, 이는 특히 1세기에 수많은 초기 기독교 교회들이 기본적으로 한 집안의 식구들로 구성되었던 점과 유사하다. 필라델피아 밀교 집단의 규율은 초기 기독교인들에게 요구되었던 행동 규범과 여러모로 비슷했고 또 엄격했다. 특히 두 집단 모두 성관계를 규제하는 일을 강조했다.

하지만 필라델피아 밀교의 비문을 연구한 몇몇 학자들의 논의 속에서 이 둘의 유사성이 과장된 측면도 있다. 일례로 자유민과 노예, 남자와 여자가 동일하게 제의에 참여했다고 해서 필라델피아 밀교가 새로운 보편주의나 민주화를 이룩했다고 보기는 어렵다. 고대에는 상위층 집안의 구성원들이 그만큼 다양했고, 이들은 마땅히 집안의 가장이자 주인이 주재하는 제의 활동에 참여해야 했다. 비문의 내용을 봐도 급진적 양성평등 사상이 존재했음을 반영하는 구절은 없다. 당시 이교도 가정에서 흔히 행해지던 제의를 보면 남자와 여자의 역할은 엄격히 구별되었다. 가정에서 행해지던 제의에서는 남자들만 제사를 집행할 수 있었다. 노예들도 제의에 참여했지만 그들은 시중 드는 역할을 했다. 비문의 내용을 보면 필라델피아 밀교의 제의도 이와 별반 다르지 않았다.

비문에는 항목별로 권고 사항과 금기 사항이 세세하게 언급되어 있는데 비문에 언급되지 않은 사안과 관련해 의문이 든다. 이를테면 남자들은 유부녀나 소년 혹은 처녀와 성관계를 갖지 말라고 구체적으로 명시하고 있는데 그렇다면 어째서 창녀나 정부에 대한 언급은 없는가? 이는 '집안의 구성원들 사이에' 지장을 주는 성관계를 특히 우려했다는 뜻으로 그런 배경에서 비문에서는 남자가 집 밖의 외부인과 맺는 성관계에 대해서는 명시하지 않은 것으로 보인다.

또한 여기서 다루는 비문에 나타난 밀교는 특정한 지역의 한 집안에서 숭배하던 의식을 나타내고 있을 뿐이다. 이 밀교가 지역을 초월해 널리 세력을 형성했음을 암시하는 기록은 없다는 점에 주목해야 한다. 그러니까 집안의 가장이었던 디오니시우스라는 사람이 자기 집안사람들 외의 다른 사람들에게 이 의식을 전파했음을 암시하는 증거는 전혀 없다. 이와 대조적으로 초기 기독교는 열정적으로 그들의 신앙과 관행을 선포했고, 자신들의 인맥을 활용해 사회 속에서 다른 사람들을 개종시키려고 적극 노력한 것으로 보인다. 게다가 규모가 작고 여러 지역에 흩어져 있던 초기 기독교 공동체들은 다른 지역의 신자들과 긴밀하게 결속되어 있다고 생각했고, 공통된 신념과 관행을 실천하는 종교 운동의 구성원으로 활동했다. 요컨대 필라델피아의 한 가정에서 신봉했던 밀교의 규율은 기독교와 비슷하지만, 그 추구하는 목적이나 사회 및 역사적으로 미친 영향 면에서는 기독교와 전혀 유사성이 없다.

초기 기독교의 계급적 기반

신자들의 행실에 대한 초기 기독교의 권면을 제대로 평가하려면 로마 사회라는 맥락에서, 특히 세력을 확장하던 처음 200년 동안 그 권면의 대상이었던 신자들이 주로 사회적으로 어떤 신분이었는지 고려하는 것이 중요하다. 당시 기독교 신자들은 가정 교회에서 모였다. 현재 논의에서는 초기에 기독교 집회가 열렸던 가정 교회의 물리적 구조보다는 집회에 참여한 구성원들의 속성을 따져보는 것이 좋겠다. 앞서 예를 들었던 필라델피아 밀교처럼 가정 교회 구성원들은 모두 혹은 대부분 한 집안의 식구들이었을 가능성이 높다. 조부모부터 손자까지 몇 세대에 걸쳐 다양하게 구성된 경우도 있었을 것이고, 집에서 부리던 노예들도 포함되었을 것이다. 그런데 필라델피아 밀교와 달리 기독교 공동체에는 다른 집안의 식구들도 소속되어 있었을 것이다. 초기 기독교 교회에서 나타나는 사회적·경제적 스펙트럼을 조사해보면, 노예들과 자유민들을 비롯해 경제적·사회적 수준이 다양한 사람들로 구성되었음이 분명해 보인다. 물론 사회적으로 최상위 계층에 속한 기독교인은 2세기 후반 그리고(또는) 3세기 이전까지는 소수에 불과했다.

　신자들의 행실에 대한 초기 기독교의 훈계와 권면에 어떤 특징이 있고 어떤 가치가 있는지 평가할 때, 교회 환경과 관련해 눈에 띄는 사실이 하나 있다. 노예, 자유민, 여자, 남자 이렇게 서로 밀접한 관계에 있는 각각의 무리들이 함께 모인 자리에서, 각 무리를 향해 권면이 주어졌기 때문에 모두가 서로에게 해당하는 권면의 말을 들었다는 것이다. 초기 기독교인들이 주고받은 권면의 말을 살펴보면 종교 의식이나 종교 관행보다는 이른바 대인 관계와 관련된 지침이 많다. 특히 신자들이 서로 어떻게 대해야 하는지에 관한 훈계가 눈에 띈다. 예를 들어 바울이 「갈라디아서」 5장 16~26절에서 열거한 "육체의 일"과 이와 대비되는 "성령의 열매"는 바꿔 말하면 대인 관계에 긍정적인 행동과 부정적인 행동 목록이다. 신자들이 단체로 모인 자리에서 권면의 말들을 전달하고, 선포하는 것은 기독교 공동체의 일원인 신자들이 중요하게 여겨야 할 규율을 강화하는 효과를 냈다. 구성원 개인이 성장하고 발전하는 일은 개인에게 맡겨진 일이 아니었다. 초기 기독교가 권면한 규범은 공동체 전체가 따라야 할 의무였으며 신자들을 전부 불러 모아놓고 촉구하는 일종의 사회 운동이었다.

　기독교 공동체가 태동한 초기부터 남자와 여자, 자유민과 노예, 어른과 아이들을 차별 없이 일원으로 수용했다는 사실도 기억해야 한다. 물론 무소니우스 루푸스는 딸들과 아내들도 철학을 배워야 한다고 주장했지만, 그가 여학생들을 자신의 제자로 적극 받아들이려 했음을 암시하는 흔적은 거의 없다. 이와는 대조적으로 초기 기독교 공동체는 일반적으로 그 구성원들의 성별과 연령, 사회적 신분이 다양했다.

그것은 초기 기독교인들이 각각의 사회 집단을 대상으로 권면한 말들을 살펴보면 분명히 드러난다. 특히 '가정생활 규범'으로 자주 언급되는 신약성경의 여러 본문이 대표적이다. 「골로새서」 3장 18절~4장 1절, 「에베소서」 5장 21절~6장 9절, 「디모데전서」 2장 8~15절, 3장 4~5절, 6장 1~2절, 「디도서」 2장 1~10절, 그리고 「베드로전서」 2장 17절~3장 7절이 그 예다. 이들 본문은 지금까지 1세기 넘게 학자들의 관심을 끌어 수많은 연구가 진행되었지만, 여기서 그 모든 연구 결과를 세세하게 검토하는 것은 현실적이지도 않고 필요한 일도 아니다.

기본적으로 이들 문헌은 세 가지 중요한 사회적 관계를 다룬다. 곧, 아내와 남편, 부모와 자녀, 노예와 주인이다. 이들 문헌에서는 각 관계에 반영되어 있는 사회 구조를 기본적으로 수용하고 있으며, 그 사회 구조 안에서 각 구성원들이 서로에게 어떻게 처신해야 하는지를 가르치고 있다. 예를 들면 「골로새서」 3장 18~4장 1절에서는 아내들을 향해 "남편에게 복종하라"하고, 남편들을 향해 "아내를 사랑하며 괴롭게 하지 말라"라고 권면한다. 자녀는 "부모에게 순종하라"하고, 부모는 "자녀를 노엽게 하지 말"아야 한다. 기독교도 노예들은 "육신의 상전"을 성실하게 섬겨야 하고, 기독교도 주인들은 "하늘에 상전이 계심"을 알고 노예들을 "의와 공평"으로 대해야 한다. 가정생활 규범을 다루고 있는 다른 문헌들의 권면 사항도 기본적으로 이와 유사하다.

고대 철학 문헌에도 가정을 다스리는 일과 관련한 가르침이 있는데, 여기에도 기독교와 유사한 권면의 말들이 있다. 특히 아리스토텔레스와 플루타르코스, 크세노폰의 글들이 그렇다. 「집회서」 3장 1~16절 같은 고대 유대교 문헌에도 비슷한 주장들이 있다. 여기서 우리가 관찰할 수 있는 사실 하나는 기독교인들의 가정생활 규율은 그리스 로마 문화에서 지지하는 이상에 버금가거나 이를 더 능가하는 수준이었다는 점이다.

그리스 로마 문화와 유사한 점도 있지만 초기 기독교의 권면의 말에는 독특한 점들이 있다. 문헌에 자주 등장하는 '주(예수)'에 대한 언급만 봐도 이들 문헌이 기독교의 것임을 쉽게 알아볼 수 있다. 가정생활에 대한 독특한 권면이 드러난 글들 중에 가장 긴 글은 「에베소서」 5장 25~33절일 것이다. 남편들에게 "교회를 사랑하시고 교회를 위하여 자신을 내어주신(25절)" 그리스도를 본받아 헌신적이고 희생적으로 아내를 사랑하라는 권면의 말이 담겨 있다.

기독교도 노예들에게 전한 장문의 격려와 권면의 말이 담긴 「베드로전서」 2장 18~25절 역시 주목할 만하다. 이 글에서 저자는 (아마도 이교도 주인들을 섬기는) 기독교도 노예들이 당하는 부당한 고난을 그리스도가 당한 고난에 비유했다(21~25절). 노예들의 고난을 그리스도의 고난과 연결 지은 것은 최소한 담론 차원에서라도 노예들의 처지를 격상시킨 것으로, 이는 노예들의 인권이 조금도 고려되지 않던 세상임을 고려하면 진일보한 견해였다. 물론 이런 담론이 (적어도 그 시점에는) 노예제 폐지나 노예들의 자유 보장까지 나아간 것은 아니었다. 하지만 노예들을 향한 이 연민 어린 권면의 말들이 로마 세계에서 설령 기독교만의 입장은 아니었을지 몰라도 통상적인 견해가 아니었던 것만은 분명하다.

여기서 내가 주목하는 것은 이런 권면의 말을 들었던 사람들의 사회적 신분을 나타내는 몇 가지 특징이다. 먼저 '이교도' 철학 문헌에서 가정 경영에 관한 조언은 한 집안을 책임지고 있는 남성들을 위해 작성되었다. 주로 아내와 자녀, 노예를 다스리는 법을 남편들에게 가르치는 내용이었다. 반면에 초기 기독교 문헌에서는 집안의 주인인 남성에게만 권면하는 것이 아니라 남성과 사회적 관계를 맺고 있는 사람들에게도 직접 권면하고 훈계한다. 이미 지적했듯이 기독교 문헌에서는 아내들을 대상으로 남편들에게 복종할 것, 외모가 아니라 정결한 행위로 단장할 것을 권면했다(「골로새서」 3장 18절, 「에베소서」 5장 22~24절, 「베드로전서」 3장 1~6절). 또 자녀들을 향하여는 부모에게 순종할 것을 권면했다(「골로새서」 3장 20절, 「에베소서」 6장 1~3절). 노예들에게는 주인을 성심껏 섬기라고 권면했다(「에베소서」 6장 5~8절, 「골로새서」 3장 22~25절, 「베드로전서」 2장 18~25절). 이렇듯 종속 계층에 해당하는 사람들을 권면 대상으로 설정하고 직접 훈계하는 형식을 취한 것은 가정생활 규범을 다룬 문헌들 중에서는 기독교만이 보여준 새로운 방식이었다. 초기 기독교의 가정생활 규범과 고대 사회의 가정 경영에 관한 권면 사이에는 분명 유사성이 있다. 하지만 고대 이교의 문헌에서는 다양한 사회적 관계에서 지배 계층이 아닌 종속 계층의 구성원들에게 직접 권면하는 화법과 유사한 사례를 찾을 수 없다.

종속 계층에 속한 당사자들에게 직접 말을 건네는 화법은 그들을 도덕적 행위의 주체로서 대우하는 것이다. 즉 그들에게는 건네받은 교훈을 실천할 능력이 있고, 실천할 책임이 있음을 인정한다는 뜻이다. 물론 권면의 말을 들은 사람들이 어떻게 반응하는지는 기본적으로 그들이 처한 처지와 사회적 신분에 제약받기 마련이다. 기독교 문헌은 당시의 사회 구조를 전복하자는 주장을 펼치지 않았고 사회 구조에 의문을 제기하지도 않았다. 그러나 사회 구조를 전복하는 문제라면 기독교뿐 아니라 고대의 사상가들 중에서도 이를 진지하게 고려했다는 증거는 희박하다.

일례로 노예들은 자신의 신분에서 벗어나길 소망했을 테고 또 자유민이 될 기회를 얻었을 때 기뻐했을 테지만, 다른 사람들은 물론 노예들 사이에서도 노예제 자체를 폐지하거나 폐지할 수 있다는 생각은 없었다. 자유민이 된 노예들은 여건이 허락하는 즉시 자신들을 섬길 노예를 곁에 두곤 했다. 노예들에게 봉기할 것을 촉구하지 않았고, 기독교도 주인들에게 즉시 모든 노예를 해방시키라고 요구하지 않았다는 점에서 안전한 생활을 하는 현대인이 보기에는 초기 기독교 문헌에 나타난 사상이 도덕적으로 결함이 있겠지만 당시에는 이 두 가지 모두 현실적인 선택지가 아니었다.

기독교도 아내들, 노예들, 자녀들이 비록 사회적 여건 때문에 행동 범위에 제약이 따랐던 것은 맞지만, 그럼에도 초기 기독교 문헌에서 그들을 도덕적 행위의 주체로 다뤘다는 점은 강조할 필요가 있다.

또 교회가 여러 가지 권면의 말을 전할 때 신자들을 지체로서 모두 동등하게 대우했다는 점도 중요하다. 상대를 주체로 존중하는 이런 태도가 고대 세계에서 자신들의 처지를 바꿀 수 없었던 종속 계층의 사람들에게 어떤 의미를 지녔는지 현대인의 시선으로 속단하고 무시하는 것은 옳지 않다.

기독교의 가정생활 규범에는 독특하고도 중요한 특징이 또 하나 있었다. 사회적으로 종속 계층에 속할지라도 그리스도의 몸을 이루는 한 지체로서 인정받은 신자들은 자신들과 관계를 맺는 지배적 위치의 사람들, 곧 남편과 부모, 주인에게 주어진 권면의 내용을 한자리에서 같이 들었다. 이를테면 골로새 교회에 보낸 편지(「골로새서」 3장 19절~4장 1절)가 집회 중에 낭독된다고 하면 기독교도 남편들에게 "아내를 사랑하며 괴롭게 하지 말라"라고 권면하는 것을 기독교도 아내들도 함께 들었다. 마찬가지로 그들의 아버지들에게 "자녀들을 노엽게 하지 말"라고 교회가 권면하는 것을 기독교도 자녀들도 함께 들었다. 또 그들의 주인들에게 "의와 공평을 종들에게 베풀"고, 하늘에 계신 주인을 생각해 자신의 행동에 책임져야 한다고 교회가 권면하는 것을 노예들도 함께 들었다.

「베드로전서」 역시 사회적으로 각기 처지가 다른 신자들에게 직접 권면의 말을 건넸다. 이는 지배 계층에 속한 이들이나 종속 계층에 속한 이들이나 모두 한자리에서 권면의 내용을 함께 들었음을 나타낸다. 기독교도 주인들은 기독교도 하인들이 주인들에게 순종해야 한다고 권면하는 것을 지켜봤으며(2장 18절), 노예들에게 가해지는 부당한 고통에 대해 교회가 어떻게 권면하는지도 노예와 주인 들이 함께 들었다(2장 18~20절). 노예들이 '억울하게' 고통을 당할 수 있다는 것은 로마 시대에는 일반적이지 않은 개념이었다. 그들은 기독교도 노예들의 고난을 그리스도의 대속적 고난에 비유하는 말도 함께 들었을 것이다(2장 21~23절). 초기 기독교 문헌에서 이러한 언급은 노예들의 고난에 특별한 의미를 부여했고, 그들의 고난을 명예롭게까지 만들었다. 「베드로전서」 3장에서는 남편들에게 아내를 귀히 여기고 "생명의 은혜를 함께 이어받을 자로(7절)" 여기라는 지시를 기독교도 아내들도 함께 듣는다.

이렇게 다양한 사회 계층의 신자들이 모인 자리에서 각 계층에게 직접 권면하고 또 그 권면을 모두가 함께 들었다는 것은 초기 기독교의 독특한 권면 양식 중 하나였다. 요점은 초기 기독교에서 신자들에게 권면의 말을 전달하는 환경은 스승이나 철학자가 상위 계층의 남자 제자들만 모아놓고 올바른 인생을 사는 법을 토론하는 환경과 분명 차이가 있다는 것이다. 가정 경영에 관한 조언이 담긴 그리스 로마 시대의 문헌들에 나타나 있듯이 당시 사회에서는 자유민, 그리고 지배 계층의 남성 저자가 자신과 동일한 사회 계층에 속한 남성들에게 권면하는 형태였으며, 이 역시 초기 기독교의 가정생활 규범이 전달되는 방식과 전혀 달랐다.

문헌에 나타난 초기 기독교의 가정생활 규범은 다양한 사회 계층의 신자들에게 원론적인 지침을 제시한 것이어서 신자들은 자신이 처한 현실에 따라 원칙을 조금씩 수정하며 사람들과의 관계를 조율

했을 것이다. 때로는 언짢고 또 때로는 역겨운 타협을 해야 할 때도 있었을 것이다. 예컨대 노예들은 주인들(남자 주인이든 여자 주인이든)의 성욕을 해소하는 일에도 봉사해야 했다. 이 같은 일은 포르네이아에 해당하는 성관계이기 때문에 기독교도 노예들은 도덕적으로 갈등이 심했을 것이다. 비기독교도와 결혼한 기독교도 아내, 비기독교도 부모를 둔 기독교도 자녀들 역시 우상 숭배로 여기는 행위를 기피하면서 자신의 신앙을 지키느라 갈등을 겪고 어려움을 느꼈을 것이다. 예컨대 한 집안의 구성원이라면 모두 그 집안의 수호신들을 숭배하는 의식에 마땅히 참여해야 했다. 현실에서 직면하는 어려움에 타협하는 경우도 있었지만, 초기 기독교 공동체는 올바른 행동 규범을 강조하고 이들 규범을 일상에서 실천하려고 각별한 노력을 기울였으며 이는 고대 로마 사회의 종교 환경에서 초기 기독교가 독특한 위치를 차지했던 중요한 이유다.

4장을 마무리하며

초기 기독교가 신자들에게 권면하고 요구한 일상의 행동은 로마 시대에 이방인들이 관용하거나 심지어 찬성했던 행동들과는 여러 가지 점에서 확연히 구분되었다. 초기 기독교의 행동 규범과 당시의 일부 철학 학교에서 지지하던 규범 사이에는 일부 유사점도 있었다. 그러나 이런 공통점을 감안하더라도 초기 기독교의 행동 규범이 역사적으로 미친 영향을 고려하면 초기 기독교의 가르침과 로마 시대의 철학적 교훈 사이에는 현격한 차이가 있다. 모든 사회 계층의 기독교 신자들은 세례를 받는 순간부터 기독교 신앙에서 요구하는 행동 규범에 맞게 살아야만 했다. 초기 기독교는 신자에게 요구되는 행실을 '집회에서 공론화'함으로써 새로운 사회 운동을 펼친 셈이다.

특정한 행동들에 대한 초기 기독교의 신념에는 예수 운동을 배태했던 유대교의 배경이 반영되어 있다. 특정한 행동을 통해 집단 정체성을 드러내려고 노력한 점에서 유대교와 기독교 사이에는 유사성이 존재했다. 그러나 초기 기독교의 행동 규범은 유대교와 다른 독특한 특징이 있었는데, 이는 예수 신앙과 관련한 신념들이 반영되었기 때문이다. 그뿐만 아니라 성에 대한 당시의 이중 잣대에 문제를 제기하고, 아동의 성적 착취에 대해 반감을 드러내는 새로운 용어를 만드는 등 성적인 문제와 관련해서도 초기 기독교의 가르침은 남달랐다.

마지막으로 초기 기독교의 행동 규범은 사회적 신분이 다른 다양한 신자들이 한자리에 모여 예배를 드리는 독특한 집회 환경에서 전달되었다. 따라서 기독교인들은 자신의 사회적 신분에 해당하는 규범뿐 아니라 다른 사람들이 어떤 행동 규범을 따라야 하는지도 잘 알고 있었다. 이러한 환경은 분명 신자들 사이에 올바르게 행동해야 하는 공동의 책임감을 강화하는 효과를 냈다.

맺음말

맺음말

초기 300년 동안 기독교는 당시의 수많은 종교와는 다른 종류의, 아니 독특한 종교 운동을 펼쳤다. 나 혼자만의 역사적 판단이 아니라 당시 고대인들도 그렇게 생각했다. 로마 시대에는 기독교를 무척 유별나게 여기고, 심지어 반감을 느끼는 이들이 많았다. 기독교인들의 식인 풍습이나 난교에 대한 소문이 돌았던 것은 무지한 대중의 선입관으로 치부할 수도 있다. 그러나 기독교의 신앙과 관행, 문헌을 정확히 알기 위해 적지 않은 시간을 투자했던 사람들 사이에서도 그 반응이 매우 부정적일 때가 많았다.

일례로 본격적인 기독교 비판서를 쓴 켈수스처럼 이교도 작가들이 자료를 조사하고, 생각을 정리하고, 비판서를 작성하는 데 투자한 그 많은 시간과 노력을 고려하면 기독교에 대한 반감이 어떠했는지 가히 짐작이 갈 것이다. 켈수스와 마르쿠스 아우렐리우스 같은 교양 있는 이교도들은 기독교가 믿을 수 없는 종교일 뿐 아니라 사실상 그들이 알고 있는 종교와 공존할 수 없다고 여긴 것이 분명하다. 그들에게 기독교는 맞서서 싸워야 할 이른바 '명백하고 현존하는 위협'이었다.

기독교를 종교적 관점에서 고려해봤을 때 당시에 가장 이상했던 점은 기독교의 '무신론적 태도'였을 것이다. 즉, 기독교인들은 그리스 로마의 전통적인 신들을 숭배하지 않으려 했다. 물론 이는 앞서 살펴본 대로 유대교의 배타주의와 동일하다. 유대인들도 이방 신들을 거부했지만 이교도들은 이를 유대인의 민족적 특징으로 이해하고 별로 문제 삼지 않았다. 하지만 초기 기독교는 유대인에 국한된 종교가 아니라 민족을 초월해 세력을 확장했던 만큼 이방 신들을 숭배하지 않는 태도를 기독교인들의 고유한 민족적 특징으로 내세울 수 없었고, 그만큼 기독교에 대한 이교도들의 '반감'은 강했다. 기독교뿐 아니라 당시에 등장했던 여러 종교 운동들도 각기 특이한 점들이 있었다. 하지만 초기 기독교는 그저 특이하기만 한 것이 아니었다. 기독교는 전통적인 종교를 위협하는 세력으로 여겨졌고, 그런 점에서 사회 안정을 해친다는 두려움을 안겼다.

예를 들어 켈수스는 초기 기독교인들이 노예와 어린아이, 그리고 사회적 신분이 낮고 어리석은 하위 계층 사람들에게만 그들의 신앙을 전파했다며 비난하고 조롱했다. 하지만 이는 켈수스가 과장한 것이고, 앞서 확인한 대로 상위 계층에서도 기독교를 받아들였다. 켈수스가 기독교를 조롱한 것은 이 반사회적이고 우려스러운 종교 운동이 (그들이 보기에 우월하고 전통적인 종교의 신념과 관행을 마땅히 따라야 하는) 상류층 사람들에게도 전파되었기에 어쩌면 이를 불안하게 여긴 것일지도 모른다. 플리니우스가 총독으로 부임한 지역에서 기독교 신앙을 (그야말로!) 박멸하기 위해 단호하게 대처했다는 사실을 상기하

자. 기독교가 전파되면서 전통적 종교와 관련된 경제 활동이 위축되었다는 주장에 대해서도 앞서 살펴봤고, 기독교 신앙을 단념하라는 요구를 거부한 기독교인들을 켈수스가 가혹하게 처벌했다는 사실도 확인했다. 거듭 말하지만 초기 기독교의 특징이 위험할 정도로 독특했다고 주장한 것은 내 사견이 아니라 당시의 교양 있는 이교도들의 견해였다.

서기 300년 동안 기독교인이 된다는 것은 위험한 일이었다. 그런 까닭에 기독교에서는 신앙을 지키다가 죽임을 당한 순교자들의 역사를 전통적으로 중요하게 기억한다. 세베대의 아들 야고보는 서기 42년경에 헤롯 아그립바 왕에게 처형당했고 수많은 기독교인이 네로 황제에게 핍박당했으며, 1세기 후반에 버가모(페르가몬)에서 안티파스가 죽임을 당했고, 이름이 알려지지 않은 여러 기독교인들이 2세기 초에 플리니우스에게 처형당했다. 확률로 따지면 기독교인이 실제로 처형당하는 경우는 그리 많지 않았을 것이다. 하지만 이따금 일어나는 일이라 해도 기독교인이 죽임을 당한 사건은 이를 아는 모든 기독교인에게 두려움을 심어주기에 충분했을 것이다. 소규모 종교 운동을 일으키고 있던 적은 무리의 신자들은 자신들의 신념이 당시의 문화와 상충한다는 사실을 잘 알았고, 그들의 세력이 미약함을 모르지 않았기 때문이다. 이 같은 소식은 분명 일부 기독교인들의 의욕을 꺾는 요인으로 작용했을 것이다.

초기 300년 동안 기독교인들은 일상생활에서도 여러 비용을 치러야 했다. 예를 들어 기독교인이 된 사람은 가족이나 친구, 지인 들에게 배척을 받거나 괴롭힘을 당할 수 있었다. 이교도 주인을 섬기는 기독교도 노예들은 체벌을 받을 수 있었고, 이교도 남편을 둔 기독교도 아내는 언어폭력이나 물리적 폭력을 겪을 수 있었다. 길드의 수호신들을 숭배하기를 거부한 기독교도 회원들은 조합에서 조롱과 멸시를 받을 수 있었다. 기독교인이 되기 위해 사회적으로 치러야 하는 이런저런 비용들을 고려하면 어째서 그 당시 사람들이 기독교인이 되려고 했는지 궁금증이 생길 수밖에 없다.

지금까지 이 질문에 제시한 여러 학자들의 답변을 보면 내가 보기에는 손쉽게 내린 결론이 대부분이지만, 여기서 이 문제를 자세히 파고들 생각은 없다. 다만 초기 300년 동안 기독교인이 되기 위해 사회적 관계에서 수시로 치러야 했던 비용은 초기 기독교의 독특함을 보여주는 또 다른 증표였다고 말하고 싶다. 기독교인이 된 이후에 치러야 하는 대가는 다른 종교 집단이나 단체에 자발적으로 입회했을 때 치르는 대가와는 달랐다. 당시에 기독교인이 되려면 훨씬 많은 각오를 해야 했다. 전통적인 신들을 배격해야 한다는 점에서 초기 기독교의 추종자가 되는 일은 여느 종교 집단의 추종자가 되는 일과는 차원이 달랐다.

초기 기독교가 독특한 것은 맞지만, 하나부터 열까지 유별났던 것은 아니다. 세부적인 차이를 무시하고 큰 틀에서 보면, 기독교 집회의 일환이었던 공동 식사는 당시의 다른 다수 혹은 대다수 종교에서도 보이는 특징이었다. 비유하자면 초기 기독교인들도 다른 사람들과 마찬가지로 샌들을 신을 때 한 번에 한 짝씩 신었다고 말할 수 있겠다. 「디오그네투스에게 보내는 서신」을 보면 기독교인들은 사회의 일원으로서 음식, 옷, 그 외 여러 가지 관습에서 다른 구성원들과 별반 다르지 않다고 강조한다. 또한 우리는 올바른 행실에 관한 기독교의 가르침과 유사성이 있는 유대교 전통과 아울러 이교도 철학 학교에서 강조하는 몇몇 규율도 앞서 살펴봤다.

행동 규범에서 유대교나 이교 철학과 유사한 점도 있었지만 사회 현상으로서 평가할 때 초기 기독교는 남다른 점이 있었다. 일례로 로마 시대의 유대교는 이방인들 사이에서 자신들의 종교적 가르침이나 도덕적 가르침을 실천하라고 강력히 요구한 적이 없으며 적극적으로 권면하지도 않았다. 그리스 로마 철학에서도 그 가르침의 대상은 대체로 스승들이 주창한 도덕적 원리를 내면화하는 일에 자발적으로 헌신한 제자들이었다. 물론 여러 지역을 돌아다니며 가르침을 전파하던 '대중적인' 철학자들도 있었다. 특히 '견유-스토아 학파 Cynic-Stoic camp'의 철학자들은 공공장소에서 '유세하며' 자신들이 주창하는 삶의 방식을 선전했다. 그러나 이런 활동이 의미 있는 사회 운동을 일으켰다는 증거는 거의 없다.

훗날 기독교가 된 예수 운동은 초창기부터 지역과 민족의 경계 없이, 사회 계층과 성별의 구분 없이 대중에게 가르침을 베풀었으며, 이렇게 신자가 된 이들은 예수 운동에 입회한 순간부터 특정한 신념과 행동에 헌신해야 했다. 이 예수 운동은 비록 처음 몇 세기 동안은 작고 보잘것없었을지 모르나 지역을 초월해 꾸준히 성장하며 그 독특함으로 화제의 중심에 놓였고, 비기독교인들이 수시로 표출하는 반감에서 드러나듯이 외부 사회에 큰 반향을 일으켰다.

요컨대 당시의 여러 종교 집단이나 철학 학교와의 유사성을 인정하더라도 이른바 '사회 운동' 관점에서 고려했을 때 초기 기독교는 특별했다. 물론 기독교는 외계 생명체처럼 하늘에서 뚝 떨어진 종교는 아니다. 기독교는 역사적 현상이었고, 그러한 맥락에서 연구될 수 있다. 하지만 앞서 우리가 몇 가지 살핀 것처럼 초기 기독교가 어떤 점에서 새롭고 유별났는지 역사 현장을 간과한 채 안이하게 인과 관계를 엮는다면 엉성한 결론에 도달하기 쉽다.

책을 시작하면서 언급했듯이 고대에서 현대로 넘어오면서 우리가 망각해버린 문화적 맥락을 간략하게나마 다루는 것이 이 책을 집필한 목적 중 하나였다. 여기서 요지는 오늘날 우리가 그 영향으로 이 책에서 다루는 초기 기독교의 독특한 요소들을 종교에 수반되는 당연한 요소로 전제하고 있다는 것이다. 예를 들어 종교를 믿든 믿지 않든 현대인은 '하나님'이라는 유일신을 일단 전제하고 이야기를 이어갈 가능성이 높다. 사람들은 흔히 하나님에 대해 어떤 신앙을 고백하거나 아니면 하나님의 존재를 부정하곤 한다. 흔히들 '신'은 하나뿐이라고 가정한다. 일이 이렇게 된 것은 기독교의 영향이 크다.

현대인은 또한 민족 정체성과 종교 정체성을 원론적으로 구분 가능한 것으로 생각하고, 또 자발적으로 종교를 선택할 수 있다고 생각하는 경향이 있다. 우리는 이 문제와 관련해 초기 3세기 동안 기독교가 아주 이른 시기부터 어떻게 영향을 미쳤는지 살펴봤다. 중세로부터 근대에 이르기까지 기독교 왕국인 유럽 사회에 사는 이들은 유럽에 위치한 이런저런 국가의 시민이라는 이유로 자신들이 기독교인이라고 생각해왔다. 예를 들어 대다수 그리스인과 덴마크인, 이탈리아인은 출생과 함께 자신들의 종교는 명목상 기독교라고 생각하는 경향이 있다. 많은 유럽인들에게 (자신이 소속될 종교를 선택할 기회를 의미하는) 종교의 '자유'는 근대성과 관련된 개념으로 시기적으로 근대에 들어서 생긴 개념이다. 하지만 앞서 지적했듯이 초기 기독교로 인해 국가 및 민족의 정체성과 상관없는 종교 정체성 개념이 도입되었다. 유럽의 기독교 세력이 전성기를 구가할 때도 기독교는 특정한 나라의 정체성에 묶이지 않았다. 기독교는 초민족적 종교였다. 그러니까 특정 민족의 정체성과 철저하게 분리되지는 못했더라도 적어도 어느 한 민족과 동일시되는 종교가 아니었다.

초기 기독교에서 책이 누렸던 지위는 고대 로마 시대의 기준에 비추어도 놀라운 수준이었다. 이러한 기독교의 특징은 오늘날 우리가 당연하게 여기는 개념들에 기독교가 영향을 미쳤음을 보여주는 또 다른 사례다. 우리는 종교라고 하면 당연히 경전이 있을 것이라고 기대하고, 공중 예배에서든 개인 예배에서든 경전을 읽는 행위를 으레 종교 관행에 포함시킨다. 현대인들이 종교와 경전을 불가분의 관계로 전제하는 이유에 대해 이야기하자면, 이것 역시 기독교에서 큰 영향을 받았다. 두루마리 형태가 아니라 실제로 현재 우리에게 익숙한 형태인 코덱스 책이 유행하고 현대에 정착한 것도 몇 가지 지표를 보면 기독교, 특히 콘스탄티누스 대제 이후 기독교의 영향이 반영된 것이라고 해석해도 무방한 부분이 있다.

기독교가 신자의 중요한 책무로서 올바른 행실을 강조하고 이와 관련한 가르침을 제공한 것 역시 기독교만의 독특한 특징으로 후대에 중대한 영향을 미쳤다. 고대 로마 시대부터 인간의 역사를 살펴보면 이른바 '종교'라는 것은 신들에게 동물을 바치는 제사나 그와 관련한 의식들을 거행함으로써 신들을 경외하고, 달래고, 신들의 호의를 구하는 일에 주로 집중하는 편이었다. 로마 사회의 '종교'는 일반적으로 우리가 '윤리'라고 부르는 것, 이를테면 타인을 대하는 법, 가족이나 사업체를 이끄는 법, 그리고 인격을 향상하는 법에 관해 할 말이 많지 않았다. 오늘날 사람들이 종교를 생각할 때 윤리를 떠올리고, 올바른 태도나 삶의 자세를 가르치는 일에 종교가 관심을 보이는 것이 당연하다고 전제한다면, 이 역시 구체적으로는 기독교의 영향일 것이다. 인간의 행동을 교정하는 데 미치는 기독교의 영향력을 당신이 인정하느냐 하지 않느냐는 여기서 별개의 문제다. 현대인은 별다른 의심 없이 모든 종교가 윤리적 행동에 대해 가르침을 제공한다고 전제하는데 이는 십중팔구 기독교에서 비롯되었다는 것이 내가 말하고자 하는 핵심이다.

나는 이 책에서 초기 3세기 동안 초기 기독교가 어떤 점에서 특별했는지에 주목하면서 그 시기의 흥미로운 역사적 사실들을 구체적으로 살폈고, 당시의 여러 신흥 종교들 사이에서 유일하게 살아남아 수 세기에 걸쳐 우리 삶에 영향을 미친 놀라운 기독교 운동을 역사적 맥락에서 이해하려고 시도했다. 초기 기독교가 지닌 독특한 특징들이 지금 우리가 살고 있는 세상을 어떻게 형성했는지 주목한 이유는,

우리가 살아가는 현대의 시간과 공간에 대해서 잘 알고 있는 현대인들이 고대 로마 세계에서 일어났던 이 놀라운 종교 운동의 중요성과 그 영향력에 대해서도 제대로 평가할 수 있기를 바랐기 때문이다.

부록

학문적 관점에서 바라본
초기 기독교의 역사

    초기 기독교에 대한 역사적 접근법이 등장하면서 초기 기독교가 로마 시대의 종교 환경과 얼마나 유사했는지, 얼마나 차이가 났는지에 대한 치열한 논의가 19세기에 본격적으로 전개되기 시작했다. 1888년 옥스퍼드 대학교에서 진행한 자신의 히버트 강연Hibbert Lectures을 책으로 엮은 『그리스 사상이 기독교 교회에 미친 영향The Influence of Greek Ideas and Usages upon the Christian Church』에서 에드윈 해치Edwin Hatch는 그 자신을 "제대로 탐사된 적 없는 영역"을 깊이 파헤치고 들어간 '선구자'로 묘사했다. 그는 "역사학이…… 사실상 처음으로 기독교사의 영역에 들어섰다"라고 표현했다. 해치의 책은 특정한 신학적 주제, 즉 초기 기독교만의 특징과 동력(해치가 긍정적으로 단언했던 부분) 그리고 이후 그리스 철학 사상에 영향받은 요소들(해치가 다소 부정적으로 간주한 부분)을 구분하는 작업과 인상적인 역사 연구가 결합된 산물이었다.

해치는 실제로 자신의 신학적 관심사를 드러내며 이 연구를 통해 기독교가 새롭게 거듭나기를 바란다는 (원대한) 포부를 밝히기도 했다. 당시 교양 있는 많은 지식인들이 인정하는 자유주의 신학Liberal Protestant Christianity을 표방한 해치가 말하는 새로운 기독교란, 자신이 유감스럽게 여겼던 '형이상학적 교리', 곧 그 당시 전통 기독교의 핵심을 차지하고 있는 니케아 신경의 여러 교리들을 내던지고(적어도 그 가치를 경시하고), 산상 수훈에 담긴 윤리적 가치를 중시하는 것을 의미했다.

이후 수십 년에 걸쳐 초기 기독교를 역사 속에서 파악하려는 노력이 여러 나라의 학자들 사이에서, 특히 20세기 초에 이른바 종교사학파religionsgeschichtliche Schule에 속한 독일 학자들의 영향력 있는 연구 논문들 속에서 활발하게 전개되었다. 그들은 엄청난 양의 논문을 쏟아냈는데, 이 논문들 역시 단순히 역사적 사실만 탐구하는 결과물은 아니었다. 이후 여러 학자들이 보여주었듯이 종교사학파 학자들의 연구는 그들이 살던 시대와 환경에서 촉발된 여러 신학적 관심에 의해 형성된 산물이었다.

에드윈 해치는 특히 그리스 사상이 초기 기독교에 미친 영향에 관심이 많았고, 독일의 종교사학파 학자들은 '동방'의 종교적 개념과 관행이 초기 기독교에 많은 영향을 끼친 것으로 묘사했다. 그들이 말하는 '동방'이란 지금의 '중동'을 의미하며, 현대의 이란과 시리아 지역의 영향을 상정한다. 수잰 마천드Suzanne Marchand는 그녀의 뛰어난 연구 논문 「독일의 오리엔탈리즘German Orientalism」에서 자유주의 신학자들이 학자인 동시에 교회를 이끌던 교역자들로서 독일 사회를 위한 실천적인 문제들에 대해 공감하고 있었음을 보여주었다. 종교사학파 학자들이 중요하게 여긴 목표는 동방의 것으로 추정되는 요소들을 제거하고 기독교 신앙과 관행을 새롭게 천명하는 것이었다. 즉, 그들은 '근대의' 교양 있는 사람들이 수용할 수 있는, 특히 독일 '민중 Volk'이 도덕적으로 거듭나도록 격려할 수 있는 기독교를 만들고 싶어 했다.

에드윈 해치를 필두로 이후 여러 학자들이 초기 기독교가 어떤 '영향들(그리스의 영향이든 동방의 영향이든)'을 받았는지 확인하는 작업에 중점을 두었다. 해치가 2~4세기까지 전개된 기독교의 발전 과정에 초점을 맞췄다면, 독일의 종교사학파 학자들은 기독교 운동이 갓 태동한 1세기, 정확히는 초기 몇십 년에 집중했다. 이로 인해 종교사학파의 주장은 더욱 큰 논란을 불러일으켰다. 신약성경 자체에, 그리고 신흥 종교인 기독교가 전파되던 초창기부터 '이방의' 사상과 관행 들이 영향을 미쳤다고 주장한 것이기 때문이다. 더욱이 해치는 물론, 독일의 종교사학파 학자들은 이런 영향들과 그로 인해 생겨난 기독교 신념과 관행 들을 대단히 유감스럽게 평가하고 (근대적인 기독교 신앙을 천명하려던 그들의 목적을 위해서는) 제거하면 좋을 요소로 간주했다.

리하르트 라이첸슈타인Richard Reitzenstein은 엄밀히 말해 이런 학파의 일원은 아니었지만, 이들의 의견에 공감한 가장 영향력 있는 인물이다. 그는 고대 근동의 '신비 종교'가 초기 기독교에 선례와 유사 사례를 제공했으며, 세례와 성찬 같은 초기 기독교의 의식과 신앙에도 영향을 미쳤다고 주장했다. 특히 라이첸슈타인은 기독교 이전 시기의 이른바 '영지주의 구원자 신화'에 집착하다시피 매달렸지만 그의 주장은 이후 정밀한 검토와 반박을 통해 근거를 잃고 말았다. 라이첸슈타인은 동방의 신비 종교와 초기 기독교 관행의 유사성을 강조했지만 그의 주장들은 설득력이 부족했고, 표면적인 유사성만 보고 인과 관계로 엮을 때가 많았다.

초기 기독교의 세례와 유사하다고 주장하는 이른바 '동방의' 사례들을 살펴보자. 몸을 정결하게 하는 정화 의식이 고대 세계에 널리 퍼져 있었던 것은 사실이다. 그러나 동방의 이교에서 거행되는 정화 의식들이 지닌 기능은 일반적으로 기독교와 전혀 달랐다. 이교에서 (이른바 밀교에서) 침례는 흔히 밀교에 입회하는 의식을 준비하는 과정의 일환이었지만, 초기 기독교 공동체에서는 세례가 입회 의식에서 핵심을 차지했다. 그뿐만 아니라 이교에서 세정 및 침례는 의식에 참여하기 위해 불결함을 제거하는 역할이었지만, 초기 기독교의 세례는 (윤리적·도덕적 행위와 관련이 있는) '죄'를 신에게 사면받는 죄 사함의 의미가 있었다. 더욱이 「로마서」의 저자인 바울에 말에 따르면 세례는 부활하신 예수와의 연합을 나타내는 것으로, 신자는 이러한 연합으로 "죄에 대하여는 죽은 자"이지만, "하나님께 대하여는 살아 있는 자"로 여겨져 의로운 삶을 살 수 있는 힘을 얻는다고 했다(「로마서」 6장 1~14절). '밀교 제의'에서는 이런 식의 세례를 전혀 찾아볼 수 없다.

종교사학파 저작들 중에 가장 영향력 있고 논란이 많은 작품은 빌헬름 부세트Wilhelm Bousset의 고전 『주 그리스도Kyrios Christos』(1913년)

일 것이다. 부세트는 예수를 신성한 주님으로 섬기는 신앙이 근본적으로 이런 '동방' 종교를 흡수한 영향이라고 묘사했으며, 이를 유감스럽게 평가하며 제거하면 좋을 요소로 보았다. 그는 초창기의 기독교 운동 공동체(부세트는 이들을 "팔레스타인 원시 공동체"라고 불렀다)가 믿었던 신앙에서 예수는 '인자(사람의 아들)'로 인식되었으며, 이는 가까운 미래에 하나님이 계획한 구원을 실현할 천상의 메시아를 가리키는 칭호로서 유대인들에게 익숙한 개념이었다. 하나님께서 예수를 죽은 자 가운데서 일으키시고 그에게 대속 사업을 맡겼다는 것이다.

하지만 예수에 대한 "팔레스타인 원시 공동체"의 기독론은 부세트가 "이방인 기독교 원시 공동체The Gentile Christian Primitive Community"라고 명명한 집단의 기독론으로 일찌감치 또 빠르게 대체되었다. 이들은 안디옥과 다마스쿠스 같은 비유대계 도시들에서 (적어도 대다수가) 개종한 이방인들로 구성된 공동체들이었던 것으로 추정된다. 유대교의 유일신 사상은 이방인 교회에 별 영향을 미치지 못했던 것으로 추정된다. 이런 환경에서는 신적인 영웅들과 신인神人에 대한 이교도 신앙이 영향력 있는 요인이었다고 부세트는 주장했다. 이처럼 이교도 신앙의 영향을 받은 비유대계 신자들은 예수에 대한 색다른 견해를 형성했다. 즉 예수를 '인자'가 아닌 신성한 '주님(퀴리오스)'으로서 숭배했던 것이다. 이렇게 부활한 예수를 사실상 신으로 대우하는 것(부세트는 이것을 "퀴리오스 숭배"라고 했다)은, 부세트의 주장에 따르면 당시의 다신교 관행을 반영한 것으로 기독교 역사상 가장 이른 시기에 발생한 결정적이고 중요한 변화였다. 이 변화가 아주 일찍부터 시작되었다고 판단한 부세트는 당연히 이 같은 기독론이 초기 기독교를 대표하는 신앙이 되었고, 따라서 유대인 공동체에서 예수 추종자들을 가장 격렬히 반대하던 바울이 '개종한' 후에 몰두한 신앙 역시 이 기독교 신앙이었다고 주장했다. 바울은 기독교를 전파한 사역자들 중에서 가장 유명한 인물이라고 해도 과언이 아니다. 바울의 개종은 보통 예수가 십자가 처형을 당한 지 두어 해가 지났을 때의 일이라는 것이 공통된 의견이다.

여기서 부세트의 작품과 다른 종교사학파의 저작들을 세부적으로 다루지는 않을 생각이다. 나는 여러 해에 걸쳐 논문을 발표하고 부세트에 대해 적절한 비평을 제공했다. 종교사학파 학자들은 역사적 관점에서 중요한 질문들을 제기했으며, 나는 그들의 노고를 높이 평가한다. 그러나 그들의 판단은 섣부른 추측과 자신들이 지향하는 신학적 목표에 의해 왜곡되는 경우가 많았던 것으로 보인다.

내가 강조하고 싶은 점은 종교사학파 학자들이 초기 기독교 신앙과 관행의 핵심 요소가 로마 시대의 종교 환경, 특히 동방의 여러 신비 종교에 영향을 받았다(사실상 그 영향을 받아 형성되었다)고 주장했다는 사실이다. 이 주장을 지지하기 위해 부세트와 종교사학파 학자들은 초기 기독교가 로마의 시대적 환경과 유사하다고 추정되는 요소들을 강조한 반면, 차이점에는 별 관심을 보이지 않았다. 그들은 자료를 이용할 때도 시대적 순서를 고려하지 않는 경향을 보였다. 일례로 그들은 수 세기 후에나 등장하는 만다야교 문헌들을 이용하면서 그것들이 초기 1세기 기독교의 배경을 보여준다고 주장했다. 그러나 이는 분명 방법론 관점에서 신뢰할 수 없는 부분이다. 또한 구약성경과 유대교 전통의 연관성이나 그 영향력을 탐구하는 데 소홀한 반면 동방 종교(이교)의 자료들은 사실로 상정하고, 이 작업을 위해 온갖 노력을 기울인 것으로 보인다.

기독교가 초창기부터 동방 종교에 많은 영향을 받았다는(즉, 오염되었다는) 주장은 당연히 상당한 반발을 불러일으켰다. 종교사학파 학자들의 연구 목적이 단순히 역사적 사실을 밝히는 데만 있지 않고, 그들의 신학적 사견이 반영되어 있음을 (정확하게) 파악한 학자들이 특히 목소리를 높였다. 내가 지적했듯이 실제로 부세트와 그의 동료들은 전통적인 기독교 신앙고백을 구성하는 핵심 교리의 타당성에 공공연하게 의문을 제기했다.

에든버러 대학교 뉴 칼리지의 저명한 학자로 전임자였던 해리 앵거스 알렉산더 케네디H. A. A. Kennedy는 그의 논문에서 '신비 종교'가 초기 기독교에 미친 영향에 대한 라이첸슈타인의 주장을 심도 깊게 다룬 바 있다. 케네디 교수는 이 논문에서 라이첸슈타인의 주장들이 부정확하다고 (나의 사견이지만 설득력 있게) 반박했다. 이 밖에도 수많은 학자들이 부세트의 연구 논문을 비판했다. 게할더스 보스Geerhardus Vos는 실제로 부세트의 책이 출간된 지 3년 만에 학계의 이와 같은 비판적 견해를 정리하고 검토하는 귀중한 논문을 발행했으며 분량이 70쪽에 달했다. 이후로도 부세트에 대한 비판적 연구는 계속 이어졌다. 미국의 신학자인 존 그레셤 메이첸J. G. Machen과 영국의 신학자인 앨프레드 에드워드 존 롤린슨A. E. J. Rawlinson의 연구서가 대표적이다. 두 사람은 부세트의 작품을 철저히 분석해 전통적인 기독교 신앙에 대한 도전에 반박했다.

    요컨대 종교사학파 학자들이 공공연히 종교적·신학적 의도를 드러낸 만큼 반대 입장에 있는 학자들 역시 그들의 종교적·신학적 의도를 드러내며 반격에 나선 것이다. 초기 기독교와 그 배경이 되는 로마 시대의 환경 사이에 어떤 유사점과 차이점이 있는지 탐구하는 작업 자체는 타당한 역사적 연구다. 다만 그 같은 연구에 이런저런 종교적·신학적 목표가 반드시 결부할 필요는 없다고 생각한다.

참고문헌

들어가는 말

1. Wayne A. Meeks, The Origins of Christian Morality: The First Two Centuries (New Haven: Yale University Press, 1993)
2. Philip E. Esler, The Early Christian World, 2 vols. (New York: Routledge, 2000)
3. Margaret M. Mitchell and Frances M. Young, The Cambridge History of Christianity, vol. 1, Origins to Constantine (Cambridge: Cambridge University Press, 2006)
4. William Tabbernee, Early Christianity in Contexts: An Exploration across Cultures and Continents (Grand Rapids: Baker Academic, 2014)
5. Susan Ashbrook Harvey and David G. Hunter, The Oxford Handbook of Early Christian Studies (Oxford: Oxford University Press, 2008)
6. Brent D. Shaw, "The Myth of the Neronian Persecution," Journal of Roman Studies 105 (2015)
7. Keith Hopkins, "Christian Number and Its Implications," Journal of Early Christian Studies 6 (1998)
8. Johannes Quasten, Patrology, vol. 1, The Beginnings of Patristic Literature (Westminster, Md.: Christian Classics, 1986; original publication 1950)
9. Claudio Moreschini and Enrico Norelli, Early Christian Greek and Latin Literature: A Literary History, vol. 1, From Paul to the Age of Constantine, trans. Matthew J. O'Connell (Peabody, Mass.: Hendrickson, 2005)

10. Eric Osborn, The Emergence of Christian Theology (Cambridge: Cambridge University Press, 1993)

11. Ramsay MacMullen, Christianizing the Roman Empire A.D. 100 – 00 (New Haven: Yale University Press, 1984).

12. Robin Lane Fox, Pagans and Christians (New York: Alfred A. Knopf, 1987)

13. A. D. Nock, Conversion: The Old and the New in Religion from Alexander the Great to Augustine of Hippo (Oxford: Oxford University Press, 1933)

14. Gillian Clark, Christianity and Roman Society (Cambridge: Cambridge University Press, 2004)

15. Rodney Stark, "Why Religious Movements Succeed or Fail: A Revised General Model," Journal of Contemporary Religion 11 (1996)

16. Michael W. Holmes, The Apostolic Fathers: Greek Texts and English Translations, 3rd ed. (Grand Rapids: Baker Academic, 2007)

17. Alan F. Segal (Rebecca' Children: Judaism and Christianity in the Roman World [Cambridge, Mass.: Harvard University Press, 1986])

18. Jan Bremmer, "The Social and Religious Capital of the Early Christians," Hephaistos 24 (2006)

19. E. A. Judge, David M. Scholer (Peabody, Mass.: Hendrickson, 2008)

20. Karen L. King, "Which Early Christianity?" in The Oxford Handbook of Early Christian Studies, ed. Susan Ashbrook Harvey and David G. Hunter (Oxford: Oxford University Press, 2008)

21. Larry W. Hurtado, Lord Jesus Christ: Devotion to Jesus in Earliest Christianity (Grand Rapids: Eerdmans, 2003)

22. Paula Fredriksen ("Christians in the Roman Empire in the First Three Centuries CE," in A Companion to the Roman Empire, ed. David S. Potter [London: Blackwell, 2006])

1장 : 기이한 종교의 탄생

1. L. W. Hurtado, "Early Jewish Opposition to Jesus-Devotion," Journal of Theological Studies 50 (1999)
2. Martin Hengel, The Pre-Christian Paul (London: SCM Press, 1991)
3. Martin Hengel, The Zealots (Edinburgh: T&T Clark, 1989)
4. Torrey Seland, Establishment Violence in Philo and Luke: A Study of Non-conformity to the Torah and Jewish Vigilante Reactions (Leiden: E. J. Brill, 1995)
5. Simon Hornblower and Antony Spawforth (Oxford: Oxford University Press, 2003)
6. Stephen Anthony Smith and Alan Knight (Oxford: Oxford University Press, 2008)
7. Keith Hopkins, "Christian Number and Its Implications," Journal of Early Christian Studies 6 (1998)
8. Ramsay MacMullen, Enemies of the Roman Order: Treason, Unrest, and Alienation in the Empire (New York: Routledge, 1992 [orig. ed. 1966])
9. T. D. Barnes, "Legislation against the Christians," Journal of Roman Studies 58 (1968)
10. Richard Walzer, Galen on Jews and Christians (London: Oxford University Press, 1949)
11. Michael Bland Simmons, "Graeco-Roman Philosophical Opposition," in The Early Christian World, ed. Philip F. Esler (New York: Routledge, 2000)
12. Rodney Stark, The Rise of Christianity (Princeton: Princeton University Press, 1996)
13. Eric Osborn, The Emergence of Christian Theology (Cambridge: Cambridge University Press, 1993)
14. A. D. Nock, Conversion: The Old and the New in Religion from Alexander the Great to Augustine of Hippo (Oxford: Oxford University Press, 1933)

2장 : 이도교들은 기독교를 왜 위험한 종교로 봤을까

1. Nock, Conversion: The Old and the New in Religion from Alexander the Great to Augustine of Hippo (Oxford: Oxford University Press, 1933)
2. Brent Nongbri, Before Religion: A History of a Modern Concept (New Haven: Yale University Press, 2013)
3. David Frankfurter, "Traditional Cult," in A Companion to the Roman Empire, ed. David S. Potter (London: Blackwell, 2006)
4. Simon Price, Religions of Rome, 2 vols. (Cambridge: Cambridge University Press, 1998)
5. Charles King, "The Organization of Roman Religious Beliefs," Classical Antiquity 22 (2003)
6. Keith Hopkins, A World Full of Gods: Pagans, Jews, and Christians in the Roman Empire (London: Weidenfeld & Nicolson, 1999)
7. Ramsay MacMullen, Paganism in the Roman Empire (New Haven: Yale University Press, 1981)
8. Robert Turcan (The Cults of the Roman Empire, trans. Antonia Nevill [Oxford: Blackwell, 1996])
9. John E. Stambaugh, The Ancient Roman City (Baltimore: Johns Hopkins University Press, 1988)
10. Terry M. Griffith ("$EI \Delta \Omega AON$ as 'Idol' in Non-Jewish and Non-Christian Greek," Journal of Theological Studies 53 [2002])
11. J. N. Sevenster, The Roots of Pagan Anti-Semitism in the Ancient World, Novum Testamentum Supplements 41 (Leiden: Brill, 1975)
12. Shaye J. D. Cohen, "Crossing the Boundary and Becoming a Jew," Harvard Theological Review 82 (1989)
13. Adolf von Harnack, Der Vorwurf des Atheismus in den drei ersten Jahrhunderten,

Texte und Untersuchungen 13/1 (Leipzig: J. C. Heinrichs, 1905)
14. Beard, North, and Price, Religions of Rome, 311.
15. Keith Hopkins, "Christian Number and Its Implications," Journal of Early Christian Studies 6 (1998)
16. Wayne A. Meeks, "Social and Ecclesial Life of the Earliest Christians," in The Cambridge History of Christianity, vol. 1, Origins to Constantine, ed. Margaret M. Mitchell and Frances M. Young (Cambridge: Cambridge University Press, 2006)
17. McGowan, Ancient Christian Worship, 135
18. Jerome Kodell, The Eucharist in the New Testament (Wilmington, Del.: Michael Glazier, 1988)
19. Erik Peterson, "Das Kreuz und das Gebet nach Osten," in Frühkirche, Judentum und Gnosis: Studien und Untersuchungen (Rome: Herder, 1959)
20. Larry W. Hurtado, God in New Testament Theology (Nashville: Abingdon, 2010).
21. David T. Runia, "God and Man in Philo of Alexandria," Journal of Theological Studies 39 (1988)
22. Werner Beierwaltes, "The Love of Beauty and the Love of God," in Classical Mediterranean Spirituality, ed. A. H. Armstrong (New York: Crossroad, 1986)
23. Campbell Bonner ("Some Phases of Religious Feeling in Later Paganism," Harvard Theological Review 30 [1937])
24. Larry W. Hurtado, " 'Ancient Jewish Monotheism' in the Hellenistic and Roman Periods," Journal of Ancient Judaism 4 (2013)
25. Larry W. Hurtado, One God, One Lord: Early Christian Devotion and Ancient Jewish Monotheism (Philadelphia: Fortress, 1988; 2nd ed., London: T&T Clark, 1998; 3rd ed. London: Bloomsbury T&T Clark, 2015)
26. L. W. Hurtado, "Early Jewish Opposition to Jesus-Devotion," Journal of Theological Studies 50 (1999)

3장 : 이전에는 없었던 '책의 종교'

1. Harry Y. Gamble, Books and Readers in the Early Church (New Haven: Yale University Press, 1995)
2. Bart D. Ehrman, The New Testament: A Historical Introduction to the Early Christian Writings (Oxford: Oxford University Press, 1997)
3. Peter Lampe, From Paul to Valentinus: Christians at Rome in the First Two Centuries, trans. Michael Steinhauser (Minneapolis: Fortress, 2003)
4. Carroll Osburn, "The Greek Lectionaries of the New Testament," in The Text of the New Testament in Contemporary Research: Essays on the Status Quaestionis, 2nd ed. Bart D. Ehrman and Michael W. Holmes (Leiden: Brill, 2013)
5. Rouwhorst ("Bible in Liturgy," in Paget and Schaper, New Cambridge History, 833-5)
6. John S. Kloppenborg Verbin, "Dating Theodotos (CIJ 1404)," Journal of Jewish Studies 51 (2000)
7. Hans Dieter Betz, Galatians (Philadelphia: Fortress, 1979)
8. Robert W. Funk, "The Apostolic Parousia: Form and Significance," in Christian History and Interpretation: Studies Presented to John Knox, ed. W. R. Farmer, C. F. D. Moule, and R. R. Niebuhr (Cambridge: Cambridge University Press, 1967)
9. Joseph Verheyden, "Justin's Text of the Gospels: Another Look at the Citations in 1 Apol. 15.1-," in The Early Text of the New Testament, ed. Charles E. Hill and Michael J. Kruger (Oxford: Oxford University Press, 2012)
10. Paul Foster, "Marcion: His Life, Works, Beliefs, and Impact," Expository Times 121 (2010)
11. Skarsaune, "Justin and His Bible," in Parvis and Foster, Justin Martyr
12. William V. Harris, Ancient Literacy (London: Harvard University Press, 1989)
13. Lincoln H. Blumell, Lettered Christians: Christians, Letters, and Late Antique Oxyrhynchus (Leiden: Brill, 2012)

14. Claudio Moreschini and Enrico Norelli, Early Christian Greek and Latin Literature: A Literary History, vol. 1, From Paul to the Age of Constantine, trans. Matthew J. O'Connell (Peabody, Mass.: Hendrickson, 2005).
15. Robin Lane Fox (Pagans and Christians [New York: Alfred A. Knopf, 1987])
16. Anna Collar (Religious Networks in the Roman Empire [Cambridge: Cambridge University Press, 2013])
17. Martin R. P. McGuire, "Letters and Letter Carriers in Christian
18. Richard A. Burridge, What Are the Gospels? A Comparison with Graeco-Roman Biography (Cambridge: Cambridge University Press, 1992; 2nd ed., Grand Rapids: Eerdmans, 2004)
19. David E. Aune, Jesus, Gospel Tradition and Paul in the Context of Jewish and Greco-Roman Antiquity (Tubingen: Mohr Siebeck, 2013)
20. Philip S. Alexander, "Rabbinic Biography and the Biography of Jesus: A Survey of the Evidence," in Synoptic Studies, ed. C. M. Tuckett (Sheffield: JSOT Press, 1984)
21. Simon Swain, "Defending Hellenism: Philostratus, In Honour of Apollonius," in Apologetics in the Second Century: Pagans, Jews, and Christians, ed. Mark Edwards, Martin Goodman, Simon Price, and Christopher Rowland (Oxford: Oxford University Press, 1999)
22. Raymond E. Brown, The Community of the Beloved Disciple: The Life, Loves, and Hates of an Individual Church in New Testament Times (New York: Paulist, 1979)
23. George W. Nickelsburg, 1 Enoch 1: A Commentary on the Book of 1 Enoch, Chapters 1 – 6 (Minneapolis: Fortress, 2001)
24. Adela Yarbro Collins, Crisis and Catharsis: The Power of the Apocalypse (Philadelphia: Westminster, 1984)
25. Eldon J. Epp, "The Significance of the Papyri for Determining the Nature of the New Testament Text in the Second Century: A Dynamic View of Textual

Transmission," in Gospel Traditions in the Second Century: Origins, Recensions, Text, and Transmission, ed. William L. Petersen (Notre Dame, Ind.: University of Notre Dame Press, 1989)

26. S. R. Llewelyn, New Documents Illustrating Early Christianity, vol. 7 (North Ryde, Australia: Macquarie University Ancient History Documentary Research Centre, 1994)

27. E. G. Turner, The Typology of the Early Codex (Philadelphia: University of Pennsylvania Press, 1977)

28. William A. Johnson, "The Ancient Book," in The Oxford Handbook of Papyrology, ed. Roger S. Bagnall (New York: Oxford University Press, 2009)

29. Irven M. Resnick ("The Codex in Early Jewish and Christian Communities," Journal of Religious History 17 [1992])

30. Larry W. Hurtado, "The Origin of the Nomina Sacra: A Proposal," Journal of Biblical Literature 117 (1998)

31. Robin Margaret Jensen, Understanding Early Christian Art (New York: Routledge, 2000)

4장 : 새로운 삶의 법칙을 말하다

1. Nock, Conversion: The Old and the New in Religion from Alexander the Great to Augustine of Hippo (Oxford: Oxford University Press, 1933)

2. William V. Harris ("Child-Exposure in the Roman Empire," Journal of Roman Studies 84 [1994])

3. Hunt and C. C. Edgar, Select Papyri I: Private Affairs (Cambridge, Mass.: Harvard University Press, 1932)

4. William V. Harris, "Demography, Geography and the Sources of Roman Slaves," Journal of Roman Studies 89 (1999)

5. Carolyn Osiek, Shepherd of Hermas: A Commentary (Minneapolis: Fortress, 1999)

6. Fik Meijer, The Gladiators: History' Most Deadly Sport, trans. Liz Waters (London: Souvenir, 2004)

7. P. A. Brunt and J. M. Moore, Res Gestae Divi Augusti: With an Introduction and Commentary (Oxford: Oxford University Press, 1969)

8. Michael W. Holmes, ed., The Apostolic Fathers: Greek Texts and English Translations, 3rd ed. (Grand Rapids: Baker Academic, 2007)

9. Kyle Harper, "Porneia: The Making of a Christian Sexual Norm," Journal of Biblical Literature 131 (2012)

10. Ernest Best, A Commentary on the First and Second Epistles to the Thessalonians (New York: Harper & Row, 1972)

11. Amy Richlin, "Sexuality in the Roman Empire," in A Companion to the Roman Empire, ed. David S. Potter (London: Blackwell, 2006)

12. Larry O. Yarbrough, Not Like the Gentiles: Marriage Rules in the Letters of Paul (Atlanta: Scholars Press, 1985)

13. Anthony C. Thiselton, The First Epistle to the Corinthians (Grand Rapids: Eerdmans, 2000)

14. Dale B. Martin, The Corinthian Body (New Haven: Yale University Press, 1995)

15. Gordon D. Fee, The First Epistle to the Corinthians (Grand Rapids: Eerdmans, 1987)

16. John W. Martens, " 'Do Not Sexually Abuse Children': The Language of Early Christian Sexual Ethics," in Children in Late Ancient Christianity, ed. Cornelia B. Horn and Robert R. Phenix (Tubingen: Mohr Siebeck, 2009)

17. Bart Ehrman, The Apostolic Fathers (Cambridge, Mass.: Harvard University Press, 2003)

18. Peter Brown, The Body and Society: Men, Women, and Sexual Renunciation in Early Christianity (New York: Columbian University Press, 1988)

19. Richard Walzer, Galen on Jews and Christians (London: Oxford University Press, 1949)

20. Stephen Barton and G. H. R. Horsley ("A Hellenistic Cult Group and the New Testament Churches," Jahrbuch für Antike und Christentum 24 [1981])

21. Roger W. Gehring, House Church and Mission: The Importance of Household Structures in Early Christianity (Peabody, Mass.: Hendrickson, 2004)

22. Wayne A. Meeks, The First Urban Christians: The Social World of the Apostle Paul (New Haven: Yale University Press, 1983)

23. K. R. Bradley, Slaves and Masters in the Roman Empire: A Study in Social Control (Oxford: Oxford University Press, 1987)

맺음말

1. A. D. Nock (Conversion: The Old and the New in Religion from Alexander the Great to Augustine of Hippo [Oxford: Oxford University Press, 1933])